LANGENSCHEIDTS
PRAKTISCHE LEHRBÜCHER

LANGENSCHEIDTS PRAKTISCHES LEHRBUCH ENGLISCH

Neubearbeitung

von

HANS G. HOFFMANN

LANGENSCHEIDT

BERLIN · MÜNCHEN · WIEN · ZÜRICH · NEW YORK

Langenscheidts Praktisches Lehrbuch Englisch
Ein Standardwerk für Anfänger
Neubearbeitung
von Hans G. Hoffmann

Materialbeschaffung und Recherchen: Brigitte Hoffmann
Sprachliche Durchsicht und Beratung: Dr. Sonia Brough, Dr. Hilary Heltay
Phonetische Durchsicht und Beratung: Graham Pascoe
Redaktion: Dr. Sonia Brough, Helga Krüger
Umschlagfoto: The Image Bank

Dieses Lehrbuch berücksichtigt die von der International Certificate Conference entwickelten Lernzielkataloge zum Grundbaustein und zum Volkshochschul-Zertifikat Englisch.

Ein Schlüssel zu den Übungen, der auch zusätzliche Lernhilfen für Alleinlernende enthält, ist gesondert lieferbar.
Es empfiehlt sich, zu diesem Lehrbuch auch die beiden Begleitcassetten zu verwenden. Sie enthalten die Tonaufnahmen sämtlicher A-Texte des Lehrbuchs sowie zusätzlicher, im Schlüssel abgedruckter Diktatübungen.
Schlüssel (Best.-Nr. 26 126) und Cassetten (Best.-Nr. 80 412) sind im Buchhandel erhältlich.

Dieses Lehrbuch ist in verschiedenen Ländern der Bundesrepublik Deutschland für bestimmte Schulformen als Unterrichtsmittel zugelassen. Für den Schulgebrauch ist zu beachten, daß in das Buch nicht hineingeschrieben werden darf.

Auflage: 10. 9. 8. 7. | Letzte Zahlen
Jahr: 1995 94 93 | maßgeblich

Druck: Druckhaus Langenscheidt, Berlin-Schöneberg
Printed in Germany · ISBN 3-468-26121-7

Inhaltsverzeichnis

Nachweis der Bildquellen

Der Großteil der Illustrationen stammt vom Autor und vom Verlag. Wir danken den folgenden Rechtegebern für die Überlassung weiterer Vorlagen (Seitenangaben in Klammern):

American Map Corporation, Maspeth, New York (213)
Beate Andler-Teufel (51, 106, 159 und Gestaltung der Kreuzworträtsel)
Australian Tourist Commission (111)
Bibliographisches Institut, Mannheim (Meyers Enzyklopädisches Lexikon, 1973, Seite 814 in Band 7) (13)
Britain On View Photographic Library (BTA/ETB) (61)
Sonia Brough (30)
Collins Publishers, Great Britain (210–211)
Foto dpa (134)
Alex Graham/Mail Newspapers plc (98)
The Illustrated London News Picture Library (161, 166)
Jarrold, Norwich, England (214–215)
Jessie McGuire (33)
Mail Newspapers plc (139)
Robin Moyer/Time Magazine (43)
The Photo Source Ltd. (119, 141)
Popperfoto (128)
PUNCH (34, 50, 62, 64, 77, 82, 100, 104, 133, 146, 148, 231, 236, 247)
Süddeutscher Verlag Bilderdienst (80, 90, 94, 105, 120, 127, 158, 167)
Syndication International (1986) Ltd. (135)
J. Whitaker and Sons Ltd., London (Whitaker's Almanacks) (212)

Vorwort

Langenscheidts Praktisches Lehrbuch Englisch bietet echten Anfängern und Lernenden mit „verschütteten" Vorkenntnissen eine gründliche, systematische Einführung in die englische Sprache. Der sprachliche Stoff wird in knappen, sachlich interessanten und dadurch motivierenden Lesetexten eingeführt, grammatisch und lexikalisch eingehend erklärt und in vielfältigen Übungen gefestigt. Zahlreiche Abbildungen verdichten die im Text gegebenen Informationen und vermitteln etwas von dem Flair der englischsprachigen Welt. Kreuzworträtsel und quizartige Elemente lockern den Unterricht zusätzlich auf. Im Anhang findet der/die Lernende ein Angebot an Nachschlagehilfen und Ergänzungsmaterialien, das in einem Lehrbuch dieses Umfangs einmalig ist.

Dieses einbändige Lehrwerk führt alle wichtigen grammatischen Strukturen des Englischen und einen Grundwortschatz von ca. 1700 Wörtern ein. Die behandelten Sprachsituationen bilden einen Querschnitt durch die wichtigsten Bereiche der Alltagskommunikation; von ihnen ausgehend kann sich der/die Lernende im praktischen Gebrauch der Sprache leicht zusätzliche Wörter und Redensarten erarbeiten. Erste Schritte zu einer Erweiterung des in den 22 Lektionen erworbenen Grundsprachschatzes werden vom Lehrbuch selbst ermöglicht, und zwar durch die „Alltagsredensarten" (S. 216–218) und den „Ergänzungswortschatz zum Volkshochschul-Zertifikat" (S. 219–227) im Anhang.

Nach Aneignung des im Lektionsteil und im Anhang gebotenen Stoffes verfügt der/die Lernende über Kenntnisse, die es ihm/ihr ermöglichen, sich in der Kommunikation mit Englischsprachigen – sei es bei Begegnungen im eigenen Land oder bei Auslandsaufenthalten – in allen normalen Alltagssituationen sprachlich zu behaupten. Seine/Ihre Sprachkenntnisse entsprechen damit den Lernzielen, die einer objektiven internationalen Prüfung zugrunde liegen: der Prüfung zum Volkshochschul-Zertifikat Englisch, deren Anforderungen etwa den für den mittleren Schulabschluß geforderten Englischkenntnissen entsprechen. Lernenden, die sich auf eine Prüfung dieser Art vorbereiten, wäre allerdings der zusätzliche Besuch eines etwa einsemestrigen Konversations-, Lektüre- oder Korrespondenzkurses bzw. das Durcharbeiten einer Lektüre wie *Short Stories* (Langenscheidt-Lektüre 42) und einer Anleitung zur privaten Korrespondenz (z. B. *Dear John – Dear Sir*; Langenscheidts Musterbriefe, Best.-Nr. 41 921) zu empfehlen, falls sie nicht über andere sprachpraktische Erfahrungen verfügen. Eine Fremdsprache lernt man vor allem durch Übung!

Langenscheidts Praktisches Lehrbuch Englisch ist so konzipiert, daß es sich sowohl für das autodidaktische Lernen als auch für den Gruppenunterricht mit

Lehrer(in) eignet. Zahlreicher als andere Lehrwerke bietet es dem/der Lernenden leichtverständliche Erklärungen zu Grammatik und Sprachgebrauch, die noch dazu über den benutzerfreundlichen Nachschlageapparat leicht aufzufinden sind. Das Lehrwerk empfiehlt sich für Anfänger- und Auffrischkurse nicht nur an Sprachenschulen und Volkshochschulen, sondern auch an Abendgymnasien, Abendrealschulen und berufsbildenden Schulen. Die leichte autodidaktische Nutzbarkeit des Materials dürfte gerade auch den Lernbedürfnissen von Teilnehmer(inne)n an nur einmal wöchentlich stattfindenden Kursen entgegenkommen.

Die Beachtung folgender Hinweise wird Ihnen helfen, rasch zu praktisch verwertbaren Englischkenntnissen zu kommen:

1. Hören Sie die Texte mehrmals, bevor Sie sie sprechen. Üben Sie dann mit Hilfe der Toncassette, indem Sie die Texte mitsprechen oder mit der Pausentaste das Band stoppen und jeweils einen Satz oder eine Phrase nachsprechen. Achten Sie dabei nicht nur auf die Aussprache, sondern auch auf die Intonation (→ S. 12) der Mustersprecher(innen).

2. Lernen Sie Wörter nach Möglichkeit nicht isoliert, sondern in Anwendungsbeispielen; der Lektionswortschatz (S. 168 ff.) hilft Ihnen durch die phraseologische Darstellung und zweispaltige Anordnung der Wörter englisch-deutsch.

3. Schreiben Sie den A-Text oder einen Teil desselben ab, und lassen Sie dabei für jedes fünfte (oder leichter: jedes sechste/siebte) Wort eine Lücke. Lesen Sie den abgeschriebenen Text zu einem späteren Zeitpunkt wieder, und setzen Sie dabei die fehlenden Wörter ein.

4. Machen Sie zu jeder Lektion mindestens eine Schreibübung mit Hilfe des in der Tonaufnahme enthaltenen und im Schlüssel abgedruckten Diktats.

5. Üben Sie regelmäßig – jeden Tag eine Viertelstunde ist besser als einmal die Woche zwei Stunden! Nutzen Sie jede Möglichkeit, Englisch zu hören: im Radio, im Fernsehen (unsynchronisierte Filme) usw. Falls Sie einen Videorecorder besitzen, zeichnen Sie Filme mit englischem Originalton und deutschen Untertiteln auf, sehen Sie sie mehrmals (mit Ton und Untertiteln), und machen Sie dann eine Kopie des Soundtrack auf Toncassette, die Sie dann wiederum mehrmals intensiv anhören. Sie werden überrascht sein, welche schnellen Fortschritte im Hörverstehen Sie machen.

6. Benutzen Sie jede sich bietende Gelegenheit, englisch zu sprechen: im Urlaub, bei der Begegnung mit Touristen, im Beruf, mit ebenfalls Englisch lernenden Partnern.

7. Sie werden bald feststellen, daß Sie ein englisches Wörterbuch als ergänzendes Nachschlagemittel benötigen. Wir empfehlen Ihnen aus dem großen Langenscheidt-Angebot zunächst Langenscheidts Schulwörterbuch Englisch (Englisch-Deutsch, Deutsch-Englisch in einem Band).

Last but not least: Begeistern Sie sich für das Englische, machen Sie das Englischlernen zu Ihrem Hobby, verkrampfen Sie sich nicht, dann wird der Lernerfolg um so größer sein.

VERFASSER UND VERLAG

Erläuterungen zur Aussprache und Lautschrift

Vorbemerkung

Am besten lernen Sie die Aussprache unter Anleitung eines Lehrers oder eines anderen, des Englischen kundigen Partners. Es ist leichter, die englischen Laute nachzuahmen, wenn man nicht nur hört, sondern auch sieht, wie sie gebildet werden. Hilfsmittel für das autodidaktische Lernen – sei es ausschließlich im Selbstunterricht oder in der häuslichen Nachbereitung von im Unterricht Gelerntem – sind die Begleitcassetten und die Lautschrift im Lehrbuch.

Der regelmäßige Gebrauch der Toncassette empfiehlt sich auch beim Lernen mit Lehrer(in), da der/die Lernende auf diese Weise eine Vielfalt von Musterstimmen kennenlernt: männliche und weibliche, ältere und jüngere; auch verschiedene regionale Akzente wie etwa „typisch britische" und „typisch amerikanische". Nicht zuletzt für die Schulung des Hörverstehens ist das Arbeiten mit einem Tonträger von großem Vorteil.

Dieses Buch verwendet die heute in Lehr- und Wörterbüchern allgemein verwendete „Internationale Lautschrift". Sie brauchen die Lautschrift nicht auf einmal zu lernen, sondern können sich mit den Zeichen und den durch sie dargestellten Lauten allmählich vertraut machen, indem Sie sie immer wieder nachschlagen in der Tabelle auf Umschlagseite 3, wo sie knapp erklärt sind; eine ausführlichere Darstellung der Lautzeichen und Laute finden Sie nachstehend. Besonders wenn Sie Anfänger(in) sind und ohne Lehrer(in) lernen, sollten Sie die in diesem Kapitel gegebenen Hinweise aufmerksam lesen.

Beachten Sie zu den folgenden Erläuterungen: Die zur Erklärung herangezogenen deutschen Muster geben die Aussprache der englischen Laute nur ungefähr wieder. Die für das Englische typische Artikulation lernen Sie am besten durch Imitieren eines „lebenden" Aussprachemodells, d.h. etwa der Lehrerstimme und/oder der Stimmen auf der Toncassette.

Vokale (Selbstlaute)

Das Zeichen [ː] bedeutet, daß der vorhergehende Vokal lang zu sprechen ist. In allen anderen Fällen ist der Vokal kurz.

[iː]	*see* [siː], *evening* [ˈiːvnɪŋ]	langes *i* wie in *nie*, *lieben*
[ɪ]	*in* [ɪn], *city* [ˈsɪtɪ]	kurzes *i* wie in *Mitte*, *billig*
[e]	*let* [let], *men* [men]	*ä* wie in *hätte*, *Mäntel*
[æ]	*flat* [flæt], *madam* [ˈmædəm]	mehr zum *a* hin als *ä* in Wäsche (Mund weiter öffnen, Zunge weiter nach hinten und unten)
[ɒ]	*shop* [ʃɒp], *job* [dʒɒb]	wie *o* in Gott, aber Mund weiter öffnen
[ɔː]	*morning* [ˈmɔːnɪŋ], *course* [kɔːs]	wie in *Lord*, aber ohne *r*
[ɑː]	*after* [ˈɑːftə], *park* [pɑːk]	langes *a*, etwa wie in *Bahn*
[ʊ]	*good* [gʊd], *look* [lʊk]	kurzes *u* wie in *Mutter*
[uː]	*too* [tuː], *shoot* [ʃuːt]	langes *u* wie in *Schuh*, aber offener
[ʌ]	*much* [mʌtʃ], *come* [kʌm]	kurzes *a*, etwa wie in *Matsch*, *Kamm*
[ɜː]	*first* [fɜːst], *learn* [lɜːn]	etwa wie in *flirten*, aber offener (Lippen breit, nicht gerundet)
[ə]	*after* [ˈɑːftə], *arrival* [əˈraɪvl]	wie das End-*e* in *Berge*, *mache*, *bitte*

Ähnlich wie im Deutschen wird in engl. *restaurant* ein französisch nasaliertes *a* gesprochen: [ˈrestrɑ̃ː].

Diphthonge (Doppellaute)

[eɪ]	*eight* [eɪt], *stay* [steɪ]	klingt wie *äi*
[əʊ]	*home* [həʊm], *know* [nəʊ]	von [ə] zu [ʊ] gleiten
[aɪ]	*my* [maɪ], *night* [naɪt]	etwa wie in *Mai*, *Neid*
[aʊ]	*now* [naʊ], *about* [əˈbaʊt]	etwa wie in *blau*, *Couch*
[ɔɪ]	*join* [dʒɔɪn], *choice* [tʃɔɪs]	etwa wie in *neu*
[ɪə]	*near* [nɪə], *here* [hɪə]	von [ɪ] zu [ə] gleiten, *i* kürzer als in *hier*
[eə]	*air* [eə], *square* [skweə]	wie *är* in *Bär*, aber kein *r* sprechen
[ʊə]	*sure* [ʃʊə], *tour* [tʊə]	wie *ur* in *Kur*, aber kein *r* sprechen

Halbvokale

[w]	*way* [weɪ], *one* [wʌn], *quick* [kwɪk]	sehr kurzes *u*, von dem man sofort zum nachfolgenden Vokal gleitet
[j]	*yes* [jes], *tube* [tjuːb]	wie *j* in *jetzt*

Konsonanten (Mitlaute)

Die in der folgenden Aufstellung nicht berücksichtigten Konsonanten werden wie im Deutschen gesprochen. Zu beachten ist allerdings, daß die Lautpaare *b-p*, *d-t* und *g-k* im Auslaut – im Gegensatz zum Deutschen – deutlich unterschieden werden. So werden z. B. das *b* in *job*, das *d* in *good* und das *g* in *dog* stimmhaft, d. h. weich ausgesprochen, während die entsprechenden Buchstaben in den deutschen Wörtern *Lob*, *Rad*, *Trog* stimmlos, d. h. hart gesprochen werden.

[l]	*let* [let], *like* [laɪk], *look* [lʊk], *still* [stɪl], *also* [ˈɔːlsəʊ], *welcome* [ˈwelkəm], *hotel* [həʊˈtel]	vor Vokal wie *l* im Deutschen; sonst mit gehobener Hinterzunge, als ob man ein [ɑː] sprechen wollte
[r]	*room* [ruːm], *street* [striːt], *hurry* [ˈhʌrɪ], *around* [əˈraʊnd]	nicht rollen! Zunge an den Gaumen und leicht zurückbiegen – kein Zäpfchen-*r*!
[v]	*very* [ˈverɪ], *over* [ˈəʊvə]	obere Zähne auf obere Kante der Unterlippe – wie *f*, aber stimmhaft
[s]	*see* [siː], *stay* [steɪ], *famous* [ˈfeɪməs], *past* [pɑːst]	stimmlos, also scharf, wie in *lassen*, *Liste*
[z]	*zero* [ˈzɪərəʊ], *is* [ɪz], *runs* [rʌnz]	stimmhaftes *s* wie in *lesen*, *Linsen*
[ŋ]	*thing* [θɪŋ], *English* [ˈɪŋglɪʃ], *think* [θɪŋk], *thinking* [ˈθɪŋkɪŋ]	wie *ng* in *Ding*; beachten Sie die Kombination [ŋg] in *English*, *finger*
[ʃ]	*shop* [ʃɒp], *fish* [fɪʃ]	wie *sch* in *Scholle*, *Fisch*
[tʃ]	*cheap* [tʃiːp], *much* [mʌtʃ]	wie *tsch* in *tschüs*, *Matsch*
[ʒ]	*television* [ˈtelɪvɪʒn], *usual* [ˈjuːʒəl]	stimmhaftes *sch* wie in *Genie*, *Etage*
[dʒ]	*just* [dʒʌst], *bridge* [brɪdʒ]	wie in *Job*, *Gin*
[θ]	*thanks* [θæŋks], *nothing* [ˈnʌθɪŋ], *both* [bəʊθ]	wie *ß* in *Faß*, aber gelispelt, d. h. Zunge zwischen die Zähne
[ð]	*that* [ðæt], *other* [ˈʌðə], *with* [wɪð]	wie *s* in *Sense*, aber gelispelt, d. h. Zunge zwischen die Zähne

Betonung

Das Zeichen [ˈ] steht vor den Silben, auf denen die Hauptbetonung liegt: *orange* [ˈɒrɪndʒ], *detective* [dɪˈtektɪv], *nationality* [næʃˈnælətɪ] usw.

Zusammensetzungen aus Attribut + Substantiv (besonders auch Namen) haben häufiger als im Deutschen doppelte Betonung: *Leicester Square* [ˈlestə ˈskweə], *Victoria Station* [vɪkˈtɔːrɪə ˈsteɪʃn], *Clinton Hotel* [ˈklɪntən həʊˈtel], *London Bridge* [ˈlʌndən ˈbrɪdʒ], *Buckingham Palace* [ˈbʌkɪŋəm ˈpæləs], *federal republic* [ˈfedrəl rɪˈpʌblɪk], *world tour* [ˈwɜːld ˈtʊə], *luxury liner* [ˈlʌkʃərɪ ˈlaɪnə], *ocean floor* [ˈəʊʃn ˈflɔː] usw.

Im Satz wird wie im Deutschen das betont, was wichtig ist. Dies führt häufig dazu, daß Silben, die im Einzelwort Hauptbetonung tragen, im Satz nicht betont sind, wie z. B. in:
He's got all the important symphonies. [hɪz gɒt ˈɔːl ðɪ ɪmpɔːtnt ˈsɪmfənɪz]
Hier ist die im Einzelwort *important* [ɪmˈpɔːtnt] druckstarke Silbe „eingeebnet", weil die Hauptbetonung auf *symphonies* liegt.

Viele der häufigsten Wörter (*and, are, as, at, can, for, from, has, have, of, than, them* usw.) haben eine sogenannte Schwachtonform – das heißt, ihr Vokal (meist [e], [æ], [ɑː], [ɒ] oder [ɔː]) wird zu [ə], es sei denn, sie sind betont oder stehen am Satzende. Das *h* von Wörtern wie *has, have, he, him* und *his* wird in der Schwachtonform normalerweise nicht gesprochen. Beispiele:
I'm from London. [ˈaɪm frəm ˈlʌndən] Aber: *Where are you from?* [ˈweər ə jʊ ˈfrɒm]
A cup of tea. [ə ˈkʌp əv ˈtiː] Aber: *The word of.* [ðə ˈwɜːd ˈɒv]
Where have you been? [ˈweər əv jʊ ˈbiːn] Aber: *Yes, they have.* [ˈjes ðeɪ ˈhæv]

Achten Sie auf die Schwachtonformen, wenn Sie die Toncassette oder andere

„authentische" Englischsprecher(innen) hören – Sie werden Englisch viel besser verstehen, wenn Sie *nicht* immer die Starktonformen erwarten.

Bindungs-r

Ein im Einzelwort oder vor Konsonant stummes *r* wird gesprochen, wenn ihm ein mit Vokal anlautendes Wort folgt. Beispiele:
near: *near the station* [nɪə ðə ˈsteɪʃn] – *near a station* [nɪər ə ˈsteɪʃn]
for: *it's for you* [ɪts fə ˈjuː] – *it's for us* [ɪts fər ˈʌs]
you're: *you're tired* [jɔː ˈtaɪəd] – *you're ill* [jɔːr ˈɪl]

Intonation (Satzmelodie)

Achten Sie beim Hören und Nachsprechen darauf, wann die Mustersprecher(innen) (Lehrer[in], Tonaufnahmen) die Stimme heben (steigende Intonation) oder senken (fallende Intonation). Bemühen Sie sich, neben der Aussprache auch die Intonation so genau wie möglich zu imitieren. Sie werden bestimmte typische Intonationsmuster erkennen, je nachdem ob es sich um Aussagesätze, *yes/no*-Fragen, *wh-/how*-Fragen, Aufforderungssätze usw. handelt. Sie werden vielleicht auch bemerken, daß sich die Intonation des Englischen von der des Deutschen merklich unterscheidet und daß in dieser Hinsicht auch deutliche Unterschiede zwischen britischem und amerikanischem Englisch bestehen.

Eine theoretische Darstellung typischer englischer Intonationsmuster wäre im Rahmen dieses Lehrbuches nicht sinnvoll. Es sei aber auf zwei Satztypen hingewiesen, bei denen Lernende am Satzende gern die Stimme heben, die aber korrekt normalerweise mit fallender Intonation gesprochen werden:
What's your ↘ *room number?* (*wh-/how*-Frage: trotz des Fragezeichens die Stimme am Satzende – wie im Deutschen – senken, nicht heben!)
You've had the car serviced, ↘ *haven't you?* (Angehängte Kurzfrage – in der Regel ebenfalls mit fallender Intonation zu sprechen.)

Das Aussprachemodell

Englisch ist Muttersprache u. a. auf den Britischen Inseln, in Nordamerika, Australien und Neuseeland. Wie beim Deutschen sind beim Englischen eine größere Zahl von mundartlichen Aussprachevarianten zu beobachten. Für die lautschriftliche Wiedergabe der Aussprache wurde in diesem Buch – wie in Lehr- und Wörterbüchern für das deutsche Sprachgebiet üblich – die britische „Standardaussprache" (Received Pronunciation) zugrunde gelegt, die als dialektfrei empfundene Aussprache gebildeter Engländer(innen) der mittleren Generation. Auch die Sprecher(innen) der Tonaufnahmen sprechen im wesentlichen diese – allgemein akzeptierte – Variante des Englischen. In der Sprachpraxis wird der/die Lernende einer Vielzahl von anderen (etwa mittel- und nordenglischen, schottischen, irischen, amerikanischen und australischen) Akzenten begegnen – sie ergeben in ihrer Gesamtheit das bunte, interessante Bild einer in vielen Ländern als Erst- und Zweitsprache gebrauchten und in ständiger Entwicklung befindlichen Weltsprache.

Um dem/der Lernenden auch einen Eindruck von der in mancherlei Hinsicht anders klingenden amerikanischen Aussprache zu geben, sind einige Texte der Tonaufnahme von amerikanischen Sprecher(inne)n gelesen: 6A, 13A, 16A und 17A.

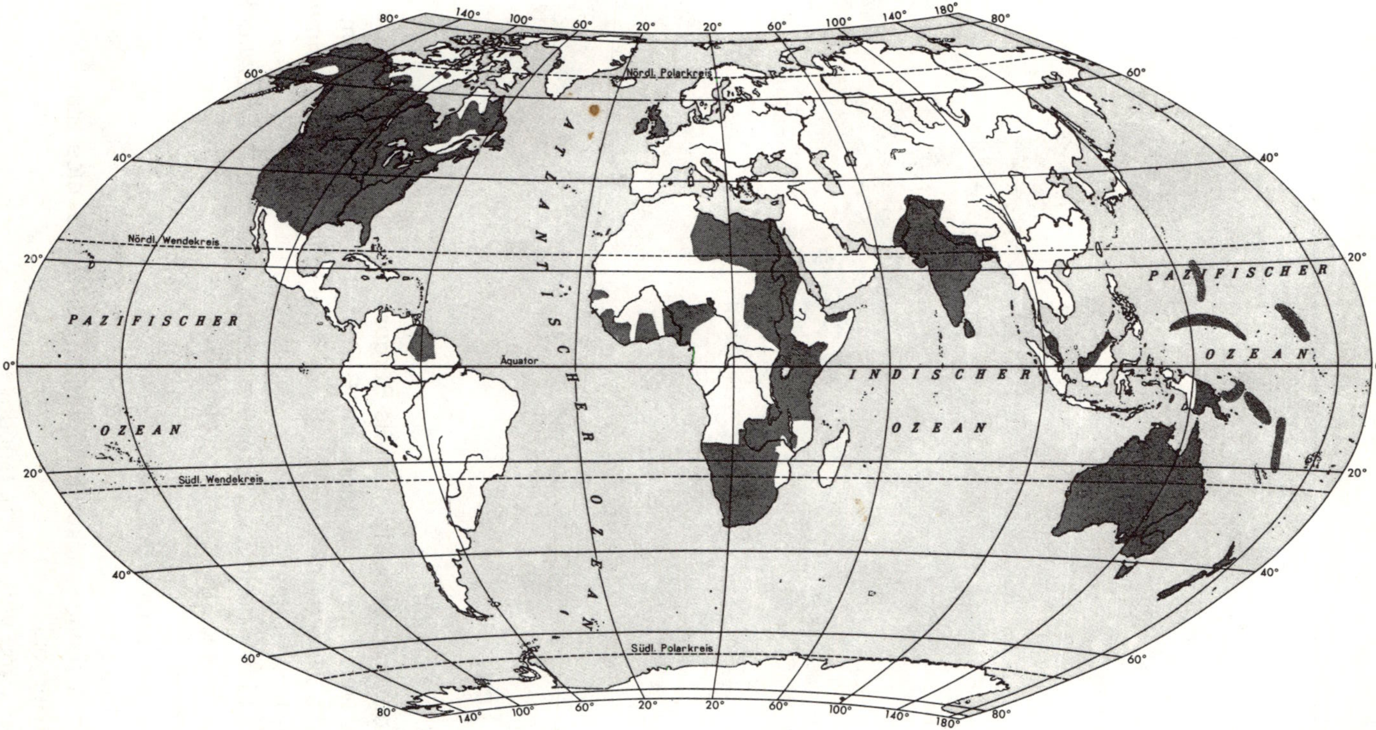

Verbreitung des Englischen als Muttersprache und Zweit- bzw. Amtssprache

1A

1A Text

Arrival in London

B: Good afternoon. My name is Burger . . .

S: Ah, welcome to London, Mr Burger. I'm Sally Smith from United Tours. Now let me see . . . Your hotel is the Sherlock Holmes.

B: Sherlock Holmes?

S: Yes, Sherlock Holmes, after the famous detective. It's in Baker Street, near Baker Street Underground Station.

B: I see.

S: Here's the hotel brochure.

B: Oh, that's useful.

S: And a theatre ticket for tonight. – Have a nice stay in London, Mr Burger.

B: Thank you very much. Goodbye.

REGISTRATION FORM

SURNAME BURGER

FIRST NAME RICHARD

HOME ADDRESS HAUPTSTR. 19, D-6900 HEIDELBERG

NATIONALITY GERMAN

PASSPORT No. G 1962430 CAR REGISTRATION No. —

DATE OF ARRIVAL 23/7/86 ROOM No. 318

1B Grammatik

Kurzformen

Kurzform	Langform	
I'm [aɪm]	**I am** [aɪ əm]	Sally Smith
it's [ɪts] **here's** [hɪəz] **that's** [ðæts]	**it is** [ɪt ɪz] **here is** [hɪər ɪz] **that is** [ðæt ɪz]	in Baker Street the hotel brochure useful

Bei normalem (d. h. nicht besonders betonendem oder langsamem) Sprechen gebraucht man die Kurzformen.
Die Langformen verwendet man in schriftsprachlichen Texten und bei langsamem und/oder besonders betonendem Sprechen.

1C Sprachgebrauch – Landeskunde

1. Good afternoon: Am Nachmittag gebräuchliche, etwas förmliche Grußformel: *(Guten) Tag!* Entsprechend für den Vormittag *(good) morning* [ˈmɔːnɪŋ] (→ 2A), am Abend *(good) evening* [ˈiːvnɪŋ] und zu allen Tageszeiten umgangssprachlich-salopp *hello* (→ 2A).

2. Sherlock Holmes [ˈʃɜ:lɒk ˈhəʊmz]: Sir Arthur Conan Doyles (1859–1930) klassisch gewordener, exzentrischer und noch heute populärer Meisterdetektiv. 1887 tritt er erstmals in einem Conan-Doyle-Roman auf, 1893 läßt der Autor ihn sterben und 1903 – öffentlichem Druck nachgebend – wieder auferstehen. The famous detective's address: 221b Baker Street. The Sherlock Holmes Hotel is at 108 Baker Street.
3. After the famous detective: The hotel is named [neɪmd] after the famous detective (= ist nach dem berühmten Detektiv benannt).
4. Near Baker Street Underground Station: Die U-Bahn heißt in London umgangssprachlich auch *the Tube* [tju:b] = *das Rohr* (wegen des rohrförmigen Profils vieler U-Bahn-Tunnel – siehe Foto S. 17 und Cartoon S. 247). Londoner unter sich würden sagen: *near (the) Baker Street Tube.*
5. Surname – first name: Statt *surname* auch *last* [lɑ:st] *name* und statt *first name* auch *Christian* [ˈkrɪstʃən] *name* oder, sehr formell, *forename* [ˈfɔ:neɪm].
6. Präpositionen: Sie gehen im Englischen oft andere Verbindungen ein als im Deutschen und sollten deshalb nach Möglichkeit zusammen mit den ihnen vorangehenden oder folgenden Wörtern gelernt werden. Beispiele:
welcome *to* London = willkommen *in* London
from United Tours / *from* London = *von* United Tours / *aus* London
named *after* the famous detective = benannt *nach* dem berühmten Detektiv
near the Underground station = *in der Nähe des* U-Bahnhofs

1D Übungen

1. Ausspracheübung

[ʌ]	Underground [ˈʌndəgraʊnd], London [ˈlʌndən], much [mʌtʃ]
[ɑ:]	after [ˈɑ:ftə], afternoon [ɑ:ftəˈnu:n]
[aɪ]	I'm [aɪm], my [maɪ], nice [naɪs], arrival [əˈraɪvl], goodbye [gʊdˈbaɪ]
[æ]	Sally [ˈsælɪ], nationality [næʃˈnælətɪ]
[e]	let [let], welcome [ˈwelkəm], detective [dɪˈtektɪv], hotel [həʊˈtel]
[eɪ]	stay [steɪ], name [neɪm], famous [ˈfeɪməs], Baker [ˈbeɪkə]
[ə]	arrival [əˈraɪvl], address [əˈdres], Mr [ˈmɪstə], famous [ˈfeɪməs]
[əʊ]	home [həʊm], Holmes [həʊmz], hotel [həʊˈtel], brochure [ˈbrəʊʃə]
[ɜ:]	first [fɜ:st], surname [ˈsɜ:neɪm], Sherlock [ˈʃɜ:lɒk]
[ɪ]	in [ɪn], is [ɪz], Mr [ˈmɪstə], detective [dɪˈtektɪv], ticket [ˈtɪkɪt]
[ɪə]	near [nɪə], here [hɪə], theatre [ˈθɪətə]
[i:]	see [si:], street [stri:t]
[s]	surname [ˈsɜ:neɪm], useful [ˈju:sfʊl], nice [naɪs], yes [jes]
[z]	is [ɪz], tours [tʊəz], Holmes [həʊmz]
[θ]	theatre [ˈθɪətə], thank you [ˈθæŋk jʊ], Smith [smɪθ]
[ð]	the [ðə], that [ðæt]
[ʃ]	station [ˈsteɪʃn], nationality [næʃˈnælətɪ], brochure [ˈbrəʊʃə]
[j]	united [jʊˈnaɪtɪd], useful [ˈju:sfʊl]

2. Bilden Sie sinnvolle Sätze.

I'm		. . .
Mr Burger my name Sally Smith Sherlock Holmes the brochure the Sherlock Holmes (Hotel) the theatre ticket the Underground station	is	a famous detective / a nice hotel for tonight from . . . from Heidelberg / from United Tours German / useful in Baker Street / in London near Baker Street Underground Station near the hotel

3. Begrüßen Sie Herrn Burger in London, und geben Sie ihm notwendige Informationen.
Welcome . . . I'm . . . Your hotel is the . . . It's in . . . It's near . . . The hotel is named after . . . Here's the hotel . . . And here's a . . . Have a . . .

4. Sprechen Sie von sich selbst.
My surname is . . . My first name is . . . I'm from . . . I'm in . . . I'm . . . (German/Austrian/Swiss/. . .?)

5. Vervollständigen Sie.
a) Welcome ..... London, Mr Burger. b) I'm Sally Smith ..... United Tours. c) Now ..... me see. d) ..... hotel is the Sherlock Holmes, Mr Burger. e) It's named ..... the famous detective. f) The Sherlock Holmes Hotel is ..... Baker Street, ... Baker Street Underground Station. g) Here's the ..... brochure and a theatre ticket ..... tonight. h) Have a nice ..... in London, Mr Burger.

6. Übersetzen Sie.
a) Willkommen in London, Herr Burger. b) Ihr Hotel ist das Sherlock Holmes in ⟨der⟩ Baker Street. c) Es ist in der Nähe des U-Bahnhofs Baker Street. d) Es ist ein schönes Hotel. e) Hier ist der Hotelprospekt und eine Theaterkarte für heute abend. f) (Haben Sie) Einen schönen Aufenthalt in London! g) Vielen Dank!

A London Underground station

The Happy Beginner's Crossword

ACROSS

1 Sally Smith is from United .....
4 The hotel is ..... Baker Street Underground Station.
6 ..... that's useful!
8 The Sherlock Holmes is near Baker Street ..... Station.
10 Let ..... see.
11 The hotel is named ..... the famous detective.
12 Welcome ..... London, Mr Burger.
15 The ..... of the Sherlock Holmes Hotel is 108 Baker Street, London W1.
17 "My name is Burger." – "....., welcome to London, Mr Burger."
18 "Now ..... me see – your hotel's in Baker Street."
19 Sally Smith is from ..... Tours.

DOWN

1 "Tours" is the plural of ".....".
2 My first name is Richard, and my ..... is Burger.
3 Here's a theatre ticket ..... tonight.
5 Here's the hotel brochure ..... a theatre ticket.
7 The Sherlock Holmes is a very nice .....
9 The surname of the famous detective is .....
13 ..... a nice stay in London, Mr Burger.
14 "Here's a ticket for the theatre." – "Oh, ...'s nice."
16 Let me ..... the hotel brochure.

2A Text

In the coffee shop

W: English or Continental breakfast, madam?

R: Continental, please. With coffee. And an orange juice, please.

W: Very well, madam. What's your room number?

R: 318 (three one eight).

W: Thank you.

M: Morning, Rita.

R: Hello, Mark. Come and join me. How are you?

M: Fine, thanks. A bit tired perhaps. And you?

R: Oh, I'm very well, thanks. Where's Annie?

M: She's still in her room. What time is it, by the way?

R: Just after eight.

M: So we're not in a hurry.

R: No, there's plenty of time. Frank's still in bed. He's very tired. Ah, here's the waitress ...

W: Coffee, sir?

M: Yes, please. And an English breakfast. – Who's that man over there, Rita? His face is familiar.

R: You're right. But who is he? Someone from television perhaps?

M: Yes, television ... Oh, he's the detective in that programme on Friday nights. What's it called?

R: "Too Tough for Scotland Yard".

M: That's it. He's the detective in "Too Tough for Scotland Yard".

2B Grammatik

1. Formen von be [biː] (= sein)

Kurzform	Langform		
I'm [aɪm] **you're** [jʊə] **he's/she's/it's**	**I am** [aɪ əm] **you are** [juː ə] **he/she/it is**	a bit tired welcome here in Baker Street	*ich bin* *du bist / Sie sind* *er/sie/es ist*
we're [wɪə] **you're** [jʊə] (**they're** [ðeər]	**we are** [wiː ə] **you are** [juː ə] **they are** [ðəɪ ər]	not in a hurry welcome here open on Saturdays	*wir sind* *ihr seid / Sie sind* *sie sind* → 3B2)

Am, *are* und *is* sind Formen des Verbs *be* [biː] (= *sein*).

2. He, she, it

He (= Frank) is very tired. *Er ist sehr müde.*
She (= Annie) is still in her room. *Sie ist noch in ihrem Zimmer.*
It (= the programme) is called "Too Tough for Scotland Yard".
Es heißt „Zu schwierig für Scotland Yard".

He steht für männliche Personen.
She steht für weibliche Personen.
It steht für Sachen und nicht personifizierte Tiere.

3. A oder an?

a morning in London	**an** afternoon in London
a Continental breakfast	**an** English breakfast
a grapefruit juice [ˈgreɪpfruːt]	**an** orange juice
a station	**an** Underground station

A steht vor Wörtern, deren Anfang als Mitlaut gesprochen wird.
An steht vor Wörtern, deren Anfang als Selbstlaut gesprochen wird.
(Beachten Sie: Es kommt auf die Aussprache, nicht die Schreibung an. *U* ist Selbstlaut in *underground*, aber Mitlaut in *useful*.)
Daher: *an Underground station, a useful brochure.*

4. Possessivpronomen

	my	name is Burger	*mein Name ist Burger*
what's	**your**	room number?	*wie ist Ihre Zimmernummer?*
	his	face is familiar	*„sein Gesicht ist bekannt"*
she's still in	**her**	room	*sie ist noch in ihrem Zimmer*

5. Fragewörter

What	is your room number?	*Was/Wie ist Ihre Zimmernummer?*
What	is the programme called?	*(„Was/Wie ist das Programm genannt?“) Wie heißt das Programm?*
What	time is it?	*(„Was für eine Zeit“) Wieviel Uhr ist es?*
Who	is that man over there?	*Wer ist („jener“) der Mann da drüben?*
Where	is Annie?	*Wo ist Annie?*
How	are you?	*Wie („bist du“) geht es dir/Ihnen?*

Beachten Sie besonders den Unterschied zwischen *who* (= *wer*) und *where* (= *wo*).

2C Sprachgebrauch – Landeskunde

1. Coffee shop: In den USA und zunehmend auch in Großbritannien ein kleineres Restaurant – besonders in Hotels –, in dem auch gefrühstückt wird.
2. English breakfast – Continental breakfast: Das *English breakfast* bietet z. B. *porridge* [ˈpɒrɪdʒ] (= Haferbrei) oder *cornflakes* [ˈkɔːnfleɪks], zwei nach Wunsch zubereitete Eier mit Würstchen, Frühstücksspeck oder Tomaten oder evtl. statt dessen auch *kippers* [ˈkɪpəz] (= geräucherte Heringe) und dazu Toast mit Butter und (vor allem Orangen-)Marmelade. Das *Continental breakfast* ist das eher bescheidene Frühstück aus Brot (bzw. Brötchen), Butter und Marmelade.
3. How are you?: Floskel zur Gesprächseröffnung, auf die keine „Gesundheitsauskunft“ erwartet wird. Daher beschränkt man sich weitgehend auf die Standardantwort: *(I'm) fine / very well, thank you / thanks.* Vgl. „Alltagsredensarten“, S. 216.
4. There: Kommt in 2A in zwei wesentlichen Verwendungen vor:
   a) Who's that man over *there* [ðeə]? (= Wer ist der Mann da drüben?)
   b) *There's* [ðəz] plenty of time. (= „Da ist“ / Es ist reichlich Zeit.)
5. That: Who's *that* man over there (= jener/der Mann da drüben)? He's the detective in *that* programme on Friday nights (= in jenem/diesem Programm). *That's* it (= das ist es! / genau!).
6. On Friday nights (= „an Freitagabenden“ / freitags abends): *Night* heißt eigentlich *Nacht*, wird aber oft in der Bedeutung *Abend* verwendet, besonders für den späteren Abend. – Die Wochentage werden im Englischen groß geschrieben.
7. Scotland Yard: Das Hauptquartier der 1829 gegründeten Metropolitan Police [metrəˈpɒlɪtən pəˈliːs] (umgangssprachl.: the Met) lag am Great Scotland Yard, daher der Name für „die Londoner Polizei“. Nach Umzügen 1890 und 1966 heißt das heute an der Victoria Street (10 Broadway) gelegene Hauptgebäude der „Met“ New Scotland Yard. Nach dem Vorbild der Londoner Metropolitan Police wurde im 19. Jahrhundert auch die Polizei in anderen Teilen Englands organisiert; noch heute wird „Scotland Yard“ gelegentlich bei der Aufklärung schwieriger Kriminalfälle in anderen Landesteilen hinzugezogen.

2D

Police in London and New York

2D Übungen

1. Ausspracheübung

[aʊ] how [haʊ], now [naʊ]
[æ] Annie [ænɪ], that [ðæt], Frank [fræŋk], perhaps [pəˈhæps]
[eə] where [weə], over there [əʊvə ˈðeə]
[ɒ] orange [ˈɒrɪndʒ], not [nɒt], shop [ʃɒp], coffee [ˈkɒfɪ]
[ɔː] called [kɔːld], morning [ˈmɔːnɪŋ]
[uː] who [huː], too [tuː]
[ŋ] thank you [ˈθæŋk jʊ], English [ˈɪŋglɪʃ], morning [ˈmɔːnɪŋ]
[r] right [raɪt], Rita [ˈriːtə], Friday [ˈfraɪdɪ], very [ˈverɪ]
[s] face [feɪs], yes [jes], juice [dʒuːs]
[z] please [pliːz], his [hɪz]
[θ] thanks [θæŋks], three [θriː], Smith [smɪθ]
[ð] that [ðæt], with [wɪð]
[ʒ] just [dʒʌst], join [dʒɔɪn], juice [dʒuːs], television [ˈtelɪvɪʒn]
[v] very [ˈverɪ], over [ˈəʊvə], television [ˈtelɪvɪʒn]
[w] well [wel], what [wɒt], where [weə], one [wʌn], waitress [ˈweɪtrəs]

2. Antworten Sie.

a) Where's Rita? b) What's her room number? c) Who's with Rita? d) What time is it? e) Where's Annie? f) Where's Frank? g) Who's the man with the familiar face? h) What's "Too Tough for Scotland Yard"? i) Where's the Sherlock Holmes Hotel? j) Where are you?

3. Fragen Sie einen Partner / eine Partnerin,
   – wie sein/ihr Name ist (What's . . .),
   – ob er/sie Deutsche(r)/Detektiv(in) ist (Are you . . .),
   – wo er/sie ist,
   – wie es ihm/ihr geht,
   – ob er/sie müde / in Eile ist,
   – wo seine/ihre Theaterkarte ist.

4. Setzen Sie ein: *am*, *are*, *is*.
   a) That man . . . . . the detective in a television programme. b) I . . . . . not a detective. c) Your face . . . . . familiar. d) . . . . . you from London? e) She . . . . . still in her room. f) You . . . . . very nice. g) . . . . . he someone from television? h) We . . . . . from Scotland Yard. i) The programme . . . . . called "Too Tough for Scotland Yard". j) I . . . . . very tired. k) . . . . . we in a hurry?

5. Setzen Sie ein: *I – my – me*, *you – your*, *he – his*, *she – her*, *it*.
   a) That's Sally Smith. . . . . . is from United Tours. b) Now let . . . . . see, Mr Burger, ... hotel is the Sherlock Holmes. . . . . . is in Baker Street, near Baker Street Underground Station. c) An orange juice, sir? – No, thank you, not for . . . . . d) What's . . . . . room number, madam? – . . . . . room number? . . . . . is 318. e) How are . . . . ., Mark? – Oh, ... am fine, thanks. f) Who's that man over there? . . . . . face is familiar. – . . . . . is the detective in that television programme. . . . . . is called "Too Tough for Scotland Yard". g) Where's Annie? – She's still in . . . . . room.

6. Übersetzen Sie.
   a) Komm und setz dich zu mir, Mark. b) Wie geht es dir? – Danke, gut. c) Ich bin ein bißchen müde. d) Es ist kurz nach acht. Es ist reichlich Zeit. Wir sind nicht in Eile. e) Wer ist der Mann da drüben? Sein Gesicht kommt mir bekannt vor. f) Er ist jemand vom Fernsehen. g) Wie heißt ⟨noch⟩ dieses Programm freitags abends?

SIX-LETTER-WORD PUZZLE

Find the surname of a U.S. president

ACROSS

1 The programme is . . . . . "Too Tough for Scotland Yard".
2 Sherlock Holmes is a . . . . . detective.
3 The Sherlock Holmes Hotel is in Baker . . . . .
4 Sally Smith is from . . . . . Tours.
5 A Continental breakfast with . . . . . and orange juice, please.
6 What's your room . . . . ., please?

1						
2						
3						
4						
5						
6						

3A

3A Text

London: Some information

BANKS. They are open from 9.30 a.m. to 3.30 p.m. Mondays to Fridays. Some large banks are also open from 9.30 a.m. to 12.30 p.m. on Saturdays.

CINEMAS. In spite of TV and home video, cinemas are still numerous in London. They are popular too – especially among learners of English. There are dozens of cinemas in and around Leicester Square alone.

HOTELS. They are expensive in London. The London Tourist Board can tell you about budget hotels, hostels, and other cheap accommodation. There are a lot of cheap bed-and-breakfast places in the area around Victoria Station.

LAVATORIES. The question to ask is: "Excuse me, where's the toilet, please?" or "Could you tell me where the nearest public lavatory is?" The automatic, music-playing "superloos" are popular. There are some in Leicester Square.

PARKING. This is very difficult and expensive in London, so go by bus, Tube, or taxi.

RESTAURANTS. There are a lot of foreign restaurants in London – Chinese, Indian, Italian and many others. There are even a few English restaurants. Sandwiches and other snacks are good at many London pubs. Fish and chips – a British favourite – is good and cheap at the Sea Shell (49 Lisson Grove, NW1).

TAXIS, THEATRES. London taxis and theatres are the best in the world.

3B Grammatik

1. Plural des Substantivs

Sandwiches and other	**snacks** are good at many London	**pubs**.
[ɪz]	[s]	[z]

Der Plural des Substantivs wird normalerweise durch Anhängen von *-s* oder *-es* gebildet.

Die *-s*-Endung wird meistens [z] gesprochen:

cinema|s [ˈsɪnəməz]	**taxi|s** [ˈtæksɪz]	**dozen|s** [ˈdʌznz]
learner|s [ˈlɜːnəz]	**hotel|s** [həʊˈtelz]	**pub|s** [pʌbz]

Bei Substantiven auf [t], [k] oder [p] wird das Plural-*s* [s] gesprochen:

night|s [naɪts]	**bank|s** [bæŋks]	**chip|s** [tʃɪps]
favourite|s [ˈfeɪvrəts]	**snack|s** [snæks]	**shop|s** [ʃɒps]

Nach Zischlauten wird die Pluralform durch Anhängen von [ɪz] hörbar gemacht:

place|s [ˈpleɪsɪz]	**bus|es** [ˈbʌsɪz]
sandwich|es [ˈsænwɪdʒɪz]	**waitress|es** [ˈweɪtrəsɪz]

Bei Substantiven auf *-y* wird die Pluralendung *-ies* geschrieben, wenn dem *-y* nicht ein *a*, *e*, *o* oder *u* vorausgeht:

lavatory – lavatories	*Aber:*	**Saturday – Saturdays**
nationality – nationalities		**stay – stays**

2. They are (→ 2B1)

	Banks are open from 9.30 a.m. to 3.30 p.m.
	They are open from 9.30 a.m. to 3.30 p.m.
Kurzform:	**They're** open from 9.30 a.m. to 3.30 p.m.
	Banken/Sie sind von 9.30 bis 15.30 Uhr geöffnet.

3. There are (→ 2C4)

There are [ðər ər] a lot of foreign restaurants in London.
In London gibt es viele ausländische Restaurants.

There are [ðər ər] even a few English restaurants.
Es gibt sogar ein paar englische Restaurants.
Es sind sogar ein paar englische Restaurants da.

Unbetontes *there are* steht satzeinleitend als Entsprechung von dt. *es gibt / es sind.* Betont hat *there are* dagegen seine „ursprüngliche" Bedeutung *da/dort sind*: *There are* [ˈðeər ə] your sandwiches. (= Da sind deine belegten Brote.)

Entsprechend wird auch der Singular *there is* gebraucht (→ 2C4):

Unbetontes *there*:
There's [ðəz] a good Chinese restaurant in Leicester Street.
In der Leicester Street ist / gibt es ein gutes chinesisches Restaurant.

Betontes *there*:
There's [ˈðeəz] a taxi. *Da ist eine Taxe.*

4. Stellung der Ortsbestimmung

There are dozens of cinemas **around Leicester Square**.
Um den Leicester Square herum sind Dutzende von Kinos.

There are a lot of bed-and-breakfast places **in the Victoria area**.
In der Gegend der Victoria Station gibt es viele Fremdenzimmer.

Parking is very difficult and expensive **in London**.
Das Parken ist in London sehr schwierig und teuer.

There are a lot of foreign restaurants **in London**.
In London gibt es viele ausländische Restaurants.

Beachten Sie die abweichende Stellung der Ortsbestimmung:
Im Englischen unbetont normalerweise am Ende; im Deutschen dagegen am Anfang oder in der Mitte des Satzes.

3C Sprachgebrauch – Landeskunde

1. Some information (= einige Informationen): Von *information* gibt es keine Pluralform auf *-s. Diese Informationen sind sehr nützlich* wäre also auf englisch *This information is very useful.*

2. Also – too. Beides sind Entsprechungen für dt. *auch*:
Some large banks are *also* open from 9.30 a.m. to 12.30 p.m. on Saturdays.
= Einige große Banken sind *auch* samstags von 9.30 bis 12.30 Uhr geöffnet.
They are popular *too.* = Sie sind *auch* beliebt.
Ein Unterschied: *Also* ist weniger betonend als *too* und steht meist vor dem Ausdruck, auf den es sich bezieht, während *too* immer nachgestellt wird. – Vorangestellt hat *too* die Bedeutung *zu*: *too tough for Scotland Yard = zu schwierig für Scotland Yard.*

3. 9.30 a.m. to 3.30 p.m. (= 9.30 bis 15.30 Uhr): Durch die lateinischen Abkürzungen (a.m. = ante meridiem = „vor Mittag", p.m. = post meridiem = „nach Mittag") wird deutlich gemacht, ob es sich um die erste oder zweite Tageshälfte handelt. Also *9.30 a.m. = 9.30 Uhr*; *9.30 p.m. = 21.30 Uhr.* Dt. *12.01 (mittags)* ist engl. bereits *12.01 p.m.* In Fahrplänen (z. B. Eisenbahn- und Flugverkehr) wird durchgezählt: statt *3.30 p.m.* also *1530.* Eine Zeit wie *1208* wird dann *twelve o* [əʊ] *eight* gesprochen. Vgl. die Tabellen der Grundzahlen (S. 229) und Uhrzeiten (S. 232–233).

4. London Tourist Board: Etwa „Londoner Verkehrsamt". *Head office* [ˈhed ˈɒfɪs] (= Hauptbüro): 26 Grosvenor Gardens [ˈgrəʊvnə ˈgɑːdnz], SW1, darüber hinaus mehrere Filialen und ein *Information Centre* [ˈsentə] am *Heathrow Airport* [ˈhiːθrəʊ ˈeəpɔːt], dem Londoner Hauptflughafen.

5. Victoria Station: Der Bahnhof in SW1, wo u. a. Reisende vom Kontinent über Dover ankommen.

6. Lavatory – toilet – loo: Alles Bezeichnungen für *Toilette*; *lavatory* und *toilet* sind bei allen Gelegenheiten „korrekt", während *loo* persönlich-familiär-umgangssprachlich ist.

7. Of: Als zweithäufigstes Wort der englischen Sprache (nach *the*) wird *of* außerordentlich vielseitig verwendet. Beispiele in Lektion 2 und 3:
dozens *of* cinemas = Dutzende (von) Kinos
a lot *of* foreign restaurants = viele ausländische Restaurants
there's plenty *of* time = es ist reichlich Zeit
learners *of* English = Lernende des Englischen / Englischlernende
in spite *of* TV and home video = trotz Fernsehen und (Heim-)Video

3D Übungen

1. Ausspracheübung
some information [səm ɪnfə'meɪʃn]
Mondays to Fridays ['mʌndɪz tə 'fraɪdɪz]
among learners of English [əmʌŋ 'lɜːnəz əv 'ɪŋglɪʃ]
there are dozens of cinemas around Leicester Square [ðər ə 'dʌznz əv 'sɪnəməz əraʊnd 'lestə 'skweə]
hotels are expensive in London [həʊ'telz ər ɪk'spensɪv ɪn lʌndən]
the Sea Shell is in Lisson Grove [ðə 'siː ʃel ɪz ɪn 'lɪsn 'grəʊv]
they're the best in the world [ðeə ðə 'best ɪn ðə 'wɜːld]

2. Setzen Sie in den Plural.

> The bank is open from 9.30 a.m. to 3.30 p.m.
> The banks are open from 9.30 a.m. to 3.30 p.m.

a) The hotel is expensive. b) The brochure is at the hotel. c) The nearest public lavatory is in Leicester Square. d) The ticket is for tonight. e) The waitress is tired.

3. Antworten Sie.
a) What time are banks open in London? b) Where are there many cinemas? c) Who can tell you about cheap accommodation in London? d) In what area are there many bed-and-breakfast places? e) What's a "superloo"? f) Where is there a good fish-and-chip restaurant in London?

4. Fragen und antworten Sie (möglichst mit Partner).

Excuse me,	where's the	London Tourist Board, nearest public lavatory, nearest Underground station, Sea Shell Restaurant, Sherlock Holmes Hotel,	please?

5. Bilden Sie sinnvolle Sätze.

There's There are	a/an a few a lot of dozens of many plenty of some	(cheap) (expensive) (good) (nice) (popular) (public) (very large)	bank(s) bed-and-breakfast place(s) cinema(s) fish-and-chip restaurant(s) (Indian) restaurant(s) lavatory/lavatories pub(s) "superloo(s)" theatre(s)	around at in near	Baker Street. Leicester Square. Lisson Grove. London. Victoria Station.

6. Vervollständigen Sie.
a) Banks are open ... b) Some large banks ... c) There are numerous cinemas ... d) Hotels are very ... e) Budget hotels are ... f) There are many bed-and-breakfast places ... g) There are some "superloos" ... h) Parking is ... i) Fish and chips is ... j) The Sea Shell is ... k) London theatres ...

7. Setzen Sie ein: *I*, *you*, *he*, *she*, *it*, *they*, *some*.
a) What time are banks open? – ..... are open from 9.30 a.m. to 3.30 p.m. b) Her name is Helga. ..... is a waitress in a German restaurant. c) The music-playing "superloos" are very popular. There are ..... in Leicester Square. d) Sandwiches are good here. ..... are cheap too. e) The Sea Shell is a very good fish restaurant. ..... is in Lisson Grove. f) I'm a detective. – Oh, are ..... from Scotland Yard? g) Are you in a hurry, Sally? – No, ... am not. h) Who's that man? His face is familiar. – ..... is a famous TV detective. i) Where are Sally and Rita? – ..... are still in the coffee shop.

8. Übersetzen Sie.
a) <Die> Londoner Banken sind von 9.30 bis 15.30 Uhr geöffnet. b) Es gibt Dutzende von Kinos in der Gegend um <den> Leicester Square. c) <Die> Hotels sind teuer in London. d) In der Gegend um <die> Victoria Station gibt es viele billige Fremdenzimmer. e) In London gibt es viele ausländische Restaurants. f) <Die> Londoner Theater sind die besten der Welt.

4A

4A Text

Phoning London from New York

J: Hello?
V: Is that you, Joan?
J: Yes ... Who's speaking?
V: This is Vivien, your neighbour. Listen, Joan, would you do me a favour?
J: Yes, of course, Viv. What is it?
V: Could you go to my flat ...?
J: Go to your flat? Aren't you at home?
V: No, I'm not. I'm in New York.
J: New York? You aren't serious, are you?
V: Yes, I am. I'm here on business. It's something urgent. – Look ... You know that electric heater on the wall in my bathroom ...
J: Yes?
V: If it's on, could you turn it off, please?
J: Yes, of course. Anything else?
V: Yes. Would you also take the post out of my letter box ... and tell the milkman: no milk till next Monday.
J: Righto, Viv. When are you coming back?
V: On Sunday. Let me give you my address and phone number, just in case.
J: Yes, go ahead.
V: It's the Clinton Hotel ...
J: Clinton Hotel. Yes?
V: And the number is New York 279-4017.
J: 279-4017. Right, Viv. Anything else?
V: No, that's all, Joan. I hope it isn't too much trouble.
J: No, it's no problem at all. Have a nice time in New York!
V: Thank you. – Bye!
J: Bye-bye!

Street in New York

4B Grammatik

1. Das Verb: Imperativ

Let me see. *Laß(t) mich / Lassen Sie mich (mal) sehen.*
Come and **join** me. *Komm und setz dich / Kommen Sie, und setzen Sie sich / Kommt und setzt euch zu mir.*
Go ahead. *„Schieß / Schießen Sie / Schießt los!"*
Listen, Joan. *Hör(en Sie) mal (zu), Joan.*
Look, Joan. *Schau(en Sie) mal, Joan.*
Have a nice stay in London. *(Haben Sie) Einen schönen Aufenthalt in London!*

Beachten Sie, daß im Englischen nicht zwischen mehreren – *du*, *Sie* und *ihr* entsprechenden – Formen unterschieden wird (→ 2B1 *you are*).

2. Would/Could/Can you + Verb

Joan, **would/could/can** you **do** me a favour?
Joan, würdest/könntest/kannst du mir einen Gefallen tun?
Would/Could/Can you **go** to my flat?
Würdest/Könntest/Kannst du in meine Wohnung gehen?
Would/Could/Can you (please) **turn** it off (, please)?
Würdest/Könntest/Kannst du es (bitte) abstellen?

3. Die -ing-Form des Verbs

play (= *spielen*) – **playing** (= *spielend*):
a music-**playing** "superloo" *ein Musik spielendes Superklo*

speak (= *sprechen*) – **speaking** (= *sprechend*):
Who is **speaking**? *(„Wer ist sprechend?") Wer spricht da?*

come (= *kommen*) – **coming** (= *kommend*):
When are you **coming** back? *Wann kommst du zurück?*

In den vorstehenden Belegen entspricht die *-ing*-Endung bei wörtlicher Übersetzung der dt. Endung *-nd.*

In den folgenden Beispielen dagegen erlaubt die *-ing*-Endung, daß das Verb wie ein Substantiv gebraucht wird:

park (= *parken*) – **parking** (= *das Parken*):
Parking is difficult in London. *Das Parken ist in London schwierig.*

phone (= *anrufen/telefonieren*) – **phoning** (= *das Anrufen/Telefonieren*):
Phoning London from New York
(Als Überschrift etwa:) Anruf in London aus New York
Phoning London from New York is expensive.
London von New York aus anzurufen ist teuer.

4. Die Kurzform -n't (→ 1B, 2B1, 3B2)

isn't [ˈɪznt] = is not
I hope it **isn't** too much trouble. *... es macht nicht zuviel Umstände.*

aren't [ɑːnt] = are not
You **aren't** serious, are you? *(„Du bist nicht ernst, bist du?") Das ist doch nicht dein Ernst, oder?*
Aren't you at home? *Bist du (denn) nicht zu Hause?*

5. Die Grundzahlen in Telefonnummern

1 **one** [wʌn]	4 **four** [fɔː]	7 **seven** [ˈsevn]	0 **o** [əʊ]
2 **two** [tuː]	5 **five** [faɪv]	8 **eight** [eɪt]	
3 **three** [θriː]	6 **six** [sɪks]	9 **nine** [naɪn]	

Siebenstellige Telefonnummern werden im AE in der Regel mit einem Bindestrich nach der dritten Stelle geschrieben. AE: *256-0971* – BE: *256 0971.*

4C Sprachgebrauch – Landeskunde

1. That – this: Is *that* you, Joan? – *This* is Vivien. Wie diese Beispiele veranschaulichen, weist *that* auf Entfernteres, *this* dagegen auf Näheres. Vgl. auch in 2A: Who's *that* man over there?

2. What is it?: Nicht die Kurzform *what's*, da *is* betont ist. Vgl. dagegen *What's it called?* und *What's your room number?* in 2A.

3. *Aren't you* at home? Beachten Sie die veränderte Wortstellung gegenüber der ungekürzten (und umgangssprachlich seltenen) Form *Are you not at home?*

4. No: Heißt außer *nein* auch *kein*: *No* milk till next Monday. It's *no* problem at all.

5. Righto, Viv: Ausgesprochen britisch und salopp. Vgl. im selben Text *Right*, *Viv*, was allgemeiner verwendbar ist. Vgl. in 2A das im Dienstleistungsbereich übliche, förmlichere *Very well*, *madam* für die gleiche „Sprechabsicht" und natürlich *okay/OK* und *all right*, die später (→ 9A, 10A) eingeführt werden.

6. Clinton Hotel: Die Adresse (19 West 31st Street = „31. Straße, Westseite, Hausnummer 19") sagt dem New York-Kenner, daß das Hotel in *Midtown Manhattan* (im mittleren Teil Manhattans) *on the West Side* (= Westseite) liegt. – Leonard Bernsteins berühmtes Musical *West Side Story* ['stɔːrɪ] (1957) spielt in einem damals von ethnischen Minderheiten bewohnten Slum-Getto auf Manhattans *West Side*.

7. It's no problem *at all* [ə 'tɔːl] (= es ist überhaupt kein Problem): *At all* ist ein häufig gebrauchter „Verstärker" in verneinten Aussagen wie etwa: it isn't expensive *at all* (= es ist überhaupt nicht teuer), I'm not tired *at all* (= ich bin überhaupt nicht müde), there's no milk *at all* (= es ist überhaupt keine Milch da).

8. Bye – bye-bye: Beide umgangssprachlich salopp, förmlich dagegen *goodbye* (1A).

9. Ausdrücke mit Präpositionen:
   she's not *at* home = sie ist nicht zu Hause
   I'm here *on* business = ich bin geschäftlich hier
   take the post *out of* my letter box = nimm die Post aus meinem Briefkasten
   no milk *till* next Monday = bis nächsten Montag keine Milch
   could you go *to* my flat? = könntest du in meine Wohnung gehen?

4D Übungen

1. Ausspracheübung
   Is that you, Joan?
   [ɪz ðæt ˈjuː ˈdʒəʊn]
   This is Vivien, your neighbour.
   [ðɪs ɪz ˈvɪvɪən jɔː ˈneɪbə]
   Would you do me a favour?
   [wʊd jʊ ˈduː miː ə ˈfeɪvə]
   Could you go to my flat?
   [kʊd jʊ ˈgəʊ tə maɪ ˈflæt]
   Aren't you at home?
   [ˈɑːnt jʊ ət ˈhəʊm]
   I'm here on business.
   [aɪm ˈhɪər ɒn ˈbɪznɪs]
   I hope it isn't too much trouble.
   [aɪ ˈhəʊp ɪt ɪznt ˈtuː mʌtʃ ˈtrʌbl]
   No, it's no problem at all.
   [ˈnəʊ ɪts ˈnəʊ ˈprɒbləm ə ˈtɔːl]

"I'm here on business."

2. Vervollständigen Sie.
   a) Joan and Vivien are ..... b) Joan is in ....., and Vivien is in New York. c) Vivien is in New York on ..... d) Her ..... number in New York is 279-4017. e) Vivien is ..... back on Sunday.

3. Vervollständigen Sie Viviens Anweisungen an Joan.
   a) Could you please ..... to my flat? b) Would you ..... the electric heater off in my bathroom? c) And please ..... the post out of my letter box. d) And ..... the milkman I'm in New York. e) If there's a problem, please ..... me at the Clinton Hotel.

4. Antworten Sie.
   a) Where is Joan? b) Who is Vivien? c) Where is Vivien? d) When is Vivien coming back? e) What is her address and phone number in New York?

5. Beantworten Sie Joans Fragen an Vivien.
   a) Aren't you at home? b) New York? You aren't serious, are you? c) Are you there on business? d) Where's the electric heater? e) When are you coming back? f) What's your address and phone number, just in case?

6. Geben Sie Kurzantworten wie in den Beispielen.

> Is your hotel expensive? – Yes, it is. / No, it isn't.
> Are hotels expensive in London? – Yes, they are. / No, they aren't.
> Are you here on business? – Yes, I am. / No, I'm not.

a) Is the Clinton Hotel in New York? b) Is the Sherlock Holmes Hotel in New York? c) Is Sherlock Holmes a detective? d) Is Frank Sinatra a milkman? e) Is Vivien in New York? f) Is Joan in New York? g) Is Vivien phoning from New York? h) Is Vivien coming back on Monday? i) Are London theatres good? j) Are hostels expensive? k) Are you German? l) Are you a milkman/waitress? m) Are there many Indian restaurants in London? n) Are there many Indian restaurants in Koblenz?

7. Bilden Sie mit jedem Verb einen sinnvollen Satz.

			come	by bus	
			do	me a favour	
			give	me from New York	
Can			go	me in the coffee shop	
Could	you	(please)	join	me your address and phone number	?
Would			phone	the heater off in my bathroom	
			take	the post out of my letter box	
			tell	the milkman I'm in New York	
			turn	to my flat/hotel	

8. Sprechen Sie die Telefonnummern wie im Beispiel.

Clinton Hotel (New York 279-4017)
The number of the Clinton Hotel is New York two seven nine, four o one seven.

a) Sherlock Holmes Hotel (London 486 6161). b) Sea Shell Restaurant (London 723 8703). c) United Tours (London 356 8010). d) Scotland Yard (London 230 1212).
Sagen Sie Ihre eigene Telefonnummer, und fragen Sie eine(n) Mitlernende(n) nach seiner/ihrer Telefonnummer.

9. Übersetzen Sie.
a) Bist du es, Joan? b) Wer spricht <da>? c) Hier ist Vivien. – Könntest du in meine Wohnung gehen? d) Bist du <denn> nicht zu Hause? e) Ich bin geschäftlich in New York. f) Ist das dein Ernst? g) Ja, das ist mein Ernst. Hör mal, würdest du bitte das elektrische Heizgerät in meinem Badezimmer abstellen und die Post aus meinem Briefkasten nehmen? h) Wann kommst du zurück? i) Ich komme zurück am Sonntag.

5A

5A Text

Birthday presents

Brian: Too many people have their birthdays in February.

Karen: You're right, Brian. There's Eric's on the fourth and ...

Brian: ... Sue's on the seventh.

Karen: Joyce's on the tenth.

Brian: And Tony's on the eighteenth.

Karen: The sixteenth.

Brian: Oh yes, you're right, the sixteenth. The eighteenth – that's my grandmother's birthday. – My problem is, I haven't got enough ideas for birthday presents for all these people.

Karen: And just try to find a present for someone like Tony. It's impossible. He's already got everything.

Brian: Yes, that's the trouble. Give him a book – if it's his kind of book, he's already got it.

Karen: The same with records. He's got all the important things – symphonies, concertos, operas ...

Brian: Musicals, jazz ...

Karen: He must have over a thousand records.

Brian: You can't give him a book or a record, not even a pen or a lighter – he's got too many of them already.

Karen: Yes, with Tony it's hopeless. But Sue isn't such a problem.

Brian: No, she isn't. What have you got for her?

Karen: An earthenware jug.

Brian: A jug?

Karen: Yes. It's rather nice, you know. She can use it as a vase. She *has* always got a lot of flowers.

Brian: Yes. A vase is always useful. But what about Joyce? I've no idea what to give her. She isn't a great reader, and she isn't interested in music. A vase or a candlestick? But she's hardly ever at home.

Karen: What about an umbrella ... or a scarf ...?

Brian: A scarf – that's a good present for Joyce. Thanks for the tip, Karen.

5B Grammatik

1. Have (got) = haben

Aussageform

I've got	*ich habe*	he's got	*er hat*
you've got	*du hast / ihr habt / Sie haben*	she's got	*sie hat*
we've got	*wir haben*	it's got	*es hat*
they've got	*sie haben*		

Beachten Sie:

a) *'ve* ist die Kurzform von *have.*

b) *'s* ist je nach Zusammenhang die Kurzform von *has* (s. o.) oder *is* (→ 1B, 2B1).

c) Die *-s*-Form *has/'s* steht bei *he/she/it* und Wörtern, die durch *he/she/it* ersetzt werden können:
He*'s* got / He *has* / Tony*'s* got / Tony *has* over a thousand records.

d) Soll *have/has* betont werden, so steht die unverkürzte Form:
She *has* always got a lot of flowers.

e) *Have/has* steht auch ohne *got*:
Too many people *have* their birthdays in February.
I*'ve* no idea. (Gebräuchlicher als *I've got no idea.*)
He must *have* over a thousand records. (*He must have got* hat die Bedeutung *er muß bekommen haben.*)
Have a nice stay in London. (Im Imperativ ist die Konstruktion mit *got* unmöglich.)

f) Ein Adverb wie *already* oder *always* steht zwischen *have/has* und *got*:
He's *already* got it. She has *always* got a lot of flowers.

Verneinte Form

I haven't got	*ich habe nicht*	he hasn't got	*er hat nicht*
you haven't got	*du hast nicht / ihr habt nicht / Sie haben nicht*	she hasn't got	*sie hat nicht*
we haven't got	*wir haben nicht*	it hasn't got	*es hat nicht*
they haven't got	*sie haben nicht*		

Frageform

have I got?	*habe ich?*	has he got?	*hat er?*
have you got?	*hast du? / habt ihr? / haben Sie?*	has she got?	*hat sie?*
have we got?	*haben wir?*	has it got?	*hat es?*
have they got?	*haben sie?*		

2. Der Genitiv

my **grandmother's** [z] birthday	*der Geburtstag meiner Großmutter*
Tony's [z] birthday	*Tonys Geburtstag*
Eric's [s] birthday	*Erics Geburtstag*
Joyce's [ɪz] birthday	*Joyce' Geburtstag*

Bei Singularwörtern (einschl. Namen) wird der Genitiv durch Anhängen von -*'s* gebildet. Die Aussprache ist wie beim Plural -*s* (→ 3B1):
[s] nach [t], [k], [p],
[ɪz] nach Zischlauten,
[z] in allen anderen Fällen.

Die Genitivendung darf nicht mit der Kurzform *'s* (= *is* oder *has*) verwechselt werden. Vergleichen Sie:
Tony's birthday is tomorrow. (= Tonys Geburtstag ist morgen.)
Tony's (= *Tony is*) very interested in jazz. (= Tony interessiert sich sehr für Jazz.)
Tony's (= *Tony has*) got a lot of jazz records. (= Tony hat viele Jazz-Schallplatten.)

3. The: [ðə] oder [ðɪ]?

[ðə]	[ðɪ]
the restaurant [ðə ˈrestrɑ̃ː]	**the** accommodation [ðɪ əkɒməˈdeɪʃn]
the sixteenth [ðə ˈsɪkstiːnθ]	**the** eighteenth [ðɪ ˈeɪtiːnθ]
the popular things [ðə ˈpɒpjʊlə θɪŋz]	**the** important things [ðɪ ɪmˈpɔːtənt θɪŋz]
the jug [ðə ˈdʒʌg]	**the** other presents [ðɪ ˈʌðə preznts]
the best umbrella [ðə ˈbest ʌmˈbrelə]	**the** umbrella [ðɪ ʌmˈbrelə]

Vor Wörtern, deren Aussprache mit einem Selbstlaut beginnt, wird *the* [ðɪ] gesprochen. (Nicht also vor Wörtern wie *one* [wʌn], *united* [jʊˈnaɪtɪd] und *useful* [ˈjuːsfʊl], da hier der Wortanfang nicht als Selbstlaut, sondern als Mitlaut gesprochen wird.) (→ 2B3)

4. Grundzahlen und Ordnungszahlen

Grundzahl	Ordnungszahl	
4 **four**	the **fourth** of February	*der vierte Februar*
7 **seven**	the **seventh** of February	*der sieb(en)te Februar*
10 **ten**	the **tenth** of February	*der zehnte Februar*
16 **sixteen**	the **sixteenth** of February	*der sechzehnte Februar*
18 **eighteen**	the **eighteenth** of February	*der achtzehnte Februar*

Die Ordnungszahl wird in der Regel durch Anhängen von *-th* [θ] an die Grundzahl gebildet. (Ausnahmen → 6C3, 19B3)

5C Sprachgebrauch – Landeskunde

1. These: Plural von *this*. Who is *this* man? – Who are *these* people? (→ 4C1)
2. Try *to* find a present (= versuch, ein Geschenk zu finden): *To* entspricht dem dt. *zu* vor dem Infinitiv. Weitere Belege:
   (5A) I've no idea what *to give* her (= „was zu geben ihr") = ich habe keine Ahnung, was ich ihr schenken soll.
   (3A) The question *to ask* is ... = die Frage („zu stellen"), die man stellt / stellen muß, ist ...
3. All – everything: Beide sind Entsprechungen für dt. *alle(s)*, wobei in den meisten Fällen nur das eine oder das andere idiomatisch angemessen ist. Vgl. (4A) *that's all* (= das ist alles) und (5A) *he's already got everything* (= er hat bereits alles). Belege für *all* = *alle*: (5A) *presents for all these people* (= Geschenke für alle diese Leute), *he's got all the important things* (= er hat alle wichtigen Sachen).
4. Concerto: *Konzert* in der Bedeutung „Komposition" (z. B. *Beethoven's piano* [pɪˈænəʊ] *concertos* = *Beethovens Klavierkonzerte*); in der Bedeutung „Aufführung" ist *Konzert* dagegen *concert* [ˈkɒnsət] (z. B. *are you coming to the concert tonight?* = *kommst du heute abend zu dem Konzert?*).

5. Over *a* thousand records (= über tausend Schallplatten), she can use it as *a* vase (= sie kann ihn als Vase benutzen): Beachten Sie in beiden Sätzen den Gebrauch von *a*, der im Deutschen ohne Entsprechung ist.
6. Can – can't:
   Positiv: You *can* [kən] use it as a vase.
   Negativ: You *can't* [kɑːnt] use it as a vase.
   Can't ist die Kurzform von *cannot* [ˈkænɒt].
7. She's *hardly ever* at home = sie ist kaum jemals (= fast nie) zu Hause.
8. Ausdrücke mit Präpositionen:
   what *about* Joyce? = was ist / wie ist es mit Joyce?
   what *about* an umbrella? = wie wär's mit einem Schirm?
   she can use it *as* a vase = sie kann ihn als Vase benutzen
   she isn't interested *in* music = sie interessiert sich nicht für Musik
   on the fourth *of* February = am vierten Februar
   over a thousand records = über tausend Schallplatten
   with Tony it's hopeless = mit/bei Tony ist es hoffnungslos

5D Übungen

1. Ausspracheübung
   The Indian restaurant in Chamber Street's very good.
   [ðɪ ˈɪndɪən ˈrestrɑ̃ː ɪn ˈtʃeɪmbə striːts verɪ gʊd]
   The earthenware jug's rather nice.
   [ðɪ ˈɜːθnweə ˈdʒʌgz rɑːðə naɪs]
   The electric heater's still on.
   [ðɪ ɪˈlektrɪk ˈhiːtəz stɪl ɒn]
   Her birthday's on the eighteenth.
   [hə ˈbɜːθdeɪz ɒn ðɪ eɪˈtiːnθ]
   Have you got the umbrella?
   [hæv jʊ gɒt ðɪ ʌmˈbrelə]
   He's got all the important symphonies.
   [hɪz gɒt ˈɔːl ðɪ ɪmpɔːtnt ˈsɪmfənɪz]

2. Antworten Sie.
   a) When's Eric's/Sue's/Joyce's/Tony's birthday? b) What's Brian's problem? c) Is it a good idea to give Tony a book for his birthday? d) How many records has Tony got? e) What present has Karen got for Sue? f) What can Sue do with the jug? g) Is Joyce interested in books? h) What's a good present for Joyce?

3. Vervollständigen Sie.
   a) Sue's birthday is ..... the seventh of February. b) Eric, Sue, Joyce, and Tony – they ..... have their birthdays in February. c) It's difficult ..... find a present for a person ..... Tony. d) You can't ..... give him a pen or a lighter – he's got ..... many pens and lighters already. e) With Tony it's hopeless, but Sue isn't ..... a problem. f) She's ..... got a lot of flowers, so a vase is a good ..... for her. g) Joyce isn't interested ..... vases or candlesticks – she's hardly ..... at home.

4. Setzen Sie *have/'ve* oder *has/'s* ein. (Gebrauchen Sie nach Möglichkeit die Kurzform.)
   a) ..... you got a book about famous detectives? b) I ..... got some very nice neighbours here. c) ..... he got your New York address? d) If it's a fish restaurant, they must ..... fish and chips. e) That man over there ..... a familiar face. f) We ..... .n't got many musicals. g) She ..... got his address but she ..... .n't got his phone number. h) What number ..... you got? i) She ..... got all the Beethoven symphonies. j) We ..... got some good ideas for a television programme. k) Tony ..... got all the great musicals on video.

5. Vervollständigen Sie.
a) Eric, Sue, Joyce, and Tony all have ... b) I haven't got enough ideas ... c) With Tony it's hopeless. He's already ... d) He's got a lot ... e) He's got too many ... f) But Sue isn't such ... g) I've got a nice ... h) She can use the jug ... i) She's always got a lot ... j) Joyce isn't interested ... k) She's hardly ... l) An umbrella is a nice ...

6. Setzen Sie ein: *me*, *you*, *him*, *her*, *it*, *them*.
a) Here are some flowers. Have you got a vase for .....? b) It's Sue's birthday next Monday. I'm trying to find a present for ..... c) Brian's interested in jazz. I've got a Louis Armstrong record for ..... d) The Bakers have over a thousand records. We can't give ..... a record. e) I think this jug's rather nice. You can use ..... as a vase. f) Let ..... give you my address and phone number, just in case. g) If you see the milkman, tell ..... I'm coming back on Monday. h) If the heater's still on, please turn ..... off. i) Go to the London Tourist Board. They can tell ..... all about budget hotels in London. j) There are a lot of good fish-and-chip restaurants in London, but the Sea Shell is the best of ..... all.

7. Bilden Sie Sätze wie im Beispiel.

> Karen (6) – Karen's birthday's on February 6th (gesprochen: the sixth of February).

a) Eric (4) b) Sue (7) c) Joyce (10) d) Tony (16) e) Brian (18)

8. Ersetzen Sie die unterstrichenen Ausdrücke durch etwa gleichbedeutende aus der folgenden Liste.

> a few, a lot of, difficult, fine, give you information, important, many, plenty, problem, time, toilet, a Tube, would

a) The trouble is he's got everything. b) He's got all the great symphonies. c) Parking's a problem in London. d) Many people have their birthdays in February. e) Could you do me a favour? f) Have a nice stay in New York. g) There are dozens of cinemas around Leicester Square. h) The London Tourist Board can tell you about budget hotels, hostels, and other cheap accommodation. i) Excuse me, where's the lavatory? j) There's an Underground station near the hotel. k) There are some good restaurants around the hotel. l) We're all very well. m) We've got a lot of time. n) It's a tough problem.

9. Übersetzen Sie.
a) Es sind zu viele Geburtstage im Februar. b) Der achtzehnte ist der Geburtstag meiner Großmutter. c) Ich habe nicht genug Geschenke für so

viele Leute. d) Es ist unmöglich, für Tony ein Geschenk zu finden. e) Er hat Tausende von Büchern und Schallplatten. f) Karen hat einen Tonkrug für Sue. g) Sue kann den Krug als Vase benutzen. h) Joyce interessiert sich nicht für Bücher oder Musik. i) Ein Schirm ist immer ein nützliches Geschenk.

ACROSS

1 I hope it isn't ..... much trouble.
4 She's always got a lot of flowers, ... a vase is a good present for her.
5 Thank you ..... much.
6 I'm ..... on business.
7 She's hardly ..... at home.
10 How are you? – .....'m very well, thank you.
11 ..... of the heaters is still on.
12 "Too Tough for Scotland Yard" is a popular ..... programme.
13 Who's ..... man over there?

DOWN

1 Welcome ..... London!
2 He's got ..... a thousand records now.
3 There ..... too many people here.
6 His face is familiar. Who is .....?
8 What's her name? – .....
9 Now ..... me see where I've got your ticket.
11 ..... Tony, you're a hopeless case!

6A Text

A 22-hour workday

New York, once the largest city in the world, is now only the ninth or tenth largest. Of its over seven million people, 52 per cent are white, 24 per cent black, 20 per cent Hispanic, and 4 per cent "other". As a Korean immigrant, Lee Chang-Soon is one of the "others".

Together with his wife and his mother-in-law, Mr Lee runs a fruit and vegetable store on Manhattan's Upper East Side. His workday starts at midnight when he drives his truck to the fruit and vegetable market in the Bronx. It ends at 10 p.m. when he locks the door of his store and goes home with his wife.

Here's part of our reporter's conversation with Lee Chang-Soon.

Reporter: Mr Lee, you're at work when the rest of us are sleeping, and you're still working when we're watching TV in the evening.

Mr Lee: Yes, in our kind of business you have to work long hours. I spend five hours at the market every night, and the store's open from 8 a.m. to 10 p.m. People here want a wide choice of fruit and vegetables; everything must be fresh and clean – and cheap!

Reporter: Your wife's cleaning lettuce right now and you're sorting green peas . . .

Mr Lee: Yes. We have to be very quick. There are 15 boxes of strawberries and a lot of asparagus and cauliflower waiting. There's always work to do.

Reporter:	When do you sleep?
Mr Lee:	Well, when I get back from the market – at about six o'clock in the morning – my wife and I first unload and store everything. That takes us about two hours. After that I sleep for an hour or so. And I get a bit of sleep in the evening after work . . .
Reporter:	. . . before you leave for the market again at midnight. Life's pretty hard for you and your family, Mr Lee.
Mr Lee:	Yes – but that's the way it is. We want to get on. We're not complaining . . .

6B Grammatik

1. Präsens: Die -s-Form des Verbs

I you we they	**clean** the lettuce **start** at midnight **watch** TV	he she it Mr Lee His wife	**cleans** the lettuce **starts** at midnight **watches** TV

Die *-s*-Form steht bei *he/she/it* und Wörtern, die durch *he/she/it* ersetzt werden können (→ 5B1c). Die Aussprache und Schreibweise entspricht in der Regel der des Plural-*s* (→ 3B1, 5B2):
Normalerweise stimmhaft [z]: *drive|s, leave|s, clean|s, complain|s, run|s, store|s, unload|s, end|s, spend|s.*
Stimmlos [s] nach [t], [k], [p]: *get|s, sort|s, start|s, want|s, lock|s, take|s, work|s, sleep|s.*
Silbisch [ɪz] nach Zischlauten: *watch|es.*
Zu den Verben auf *-y* siehe 10C9.
Besonderheit in der Schreibweise: *go* [gəʊ] – *goes* [gəʊz].

2. Verlaufsform – einfache Form

You're at work when the rest of us **are sleeping**, and you**'re** still **working** when we**'re watching** TV in the evening.
„und Sie sind immer noch am Arbeiten, wenn wir am Fernsehen sind"

Your wife**'s cleaning** lettuce right now and you**'re sorting** green peas . . .
Ihre Frau putzt gerade Salat / ist gerade dabei, Salat zu putzen

Die Verlaufsform (*we are sleeping, she is cleaning* etc.) wird gebraucht, wenn eine Handlung als „gerade ablaufend", „vorübergehend", „noch nicht abgeschlossen", „gleichzeitig", „ausnahmsweise" beschrieben wird.

Die einfache Form (*we sleep*, *she cleans* etc.) steht besonders für nüchterne Tatsachenfeststellungen, für Zustände und für gewohnheitsmäßige Handlungen, bei denen keine Aufmerksamkeit auf den momentanen Ablauf gelenkt wird. Vergleichen Sie:

You **work** when we **watch** TV. *(Nüchterne Tatsachenfeststellung.)*
You**'re** still **working** when we**'re watching** TV. *(Stärker gefühlsbetont, Beschreibung des Ablaufs: „Sie sind noch am Arbeiten, wenn wir am Fernsehen sind.")*

His workday **starts** at midnight. *(„Immer" – Tatsachenfeststellung.)*
His workday**'s** just **starting**. *(„Jetzt gerade.")*

He **spends** five hours at the market every night. *(„Immer" – Gewohnheit.)*
He**'s spending** five hours at the market tonight. *(Ausnahme.)*

People like Lee Chang-Soon hardly ever **complain**. *(Allgemeine Tatsachenfeststellung.)*
We**'re** not **complaining**. *(Wir – hier und jetzt, in dieser Situation – beklagen uns nicht.)*

3. Subjektform und Objektform der Personalpronomen

Subjektform		Objektform			
I	*ich*	he sees **me**	*mich*	from **me**	*von mir*
you	*du/Sie/ihr*	he sees **you**	*dich/Sie/euch*	from **you**	*von dir/Ihnen/euch*
he	*er*	he sees **him**	*ihn*	from **him**	*von ihm*
she	*sie*	he sees **her**	*sie*	from **her**	*von ihr*
it	*es/er/sie*	he sees **it**	*es/ihn/sie*	from **it**	*von ihm/ihr*
we	*wir*	he sees **us**	*uns*	from **us**	*von uns*
they	*sie*	he sees **them**	*sie*	from **them**	*von ihnen*

Beachten Sie die „Grundregel":
He/him bezieht sich auf männliche Personen.
She/her bezieht sich auf weibliche Personen.
It bezieht sich auf Nichtpersonen.

Entsprechungen für dt. *sie*:

She knows **her** (= Rita).	*Sie* kennt *sie*.
What have **you** got for **her** (= Annie)?	Was haben *Sie* für *sie*?
It (= the vase) is very nice.	*Sie* ist sehr hübsch.
She locks **it** (= the door).	*Sie* verschließt *sie*.
She can drive **you**.	*Sie* kann *Sie* fahren.
They (= Mr Lee and his wife) are sorting **them** (= the green peas).	*Sie* sortieren *sie*.

4. Possessivpronomen

(I)	Here's	**my**	address.	*meine*
(you)	What's	**your**	room number?	*deine/Ihre/eure*
(Mr Lee)	He drives	**his**	truck to the market.	*seinen*
(Annie)	She's still in	**her**	room.	*ihrem*
(New York)	The city and	**its**	problems.	*ihre (seine)*
(we)	We've all got	**our**	problems.	*unsere*
(people)	People want	**their**	fruit fresh and cheap.	*ihr*

5. Grundstellung Subjekt – Verb im Aussagesatz

	Subjekt	Verb	
As a Korean immigrant,	**Lee Chang-Soon**	**is**	one of the others.
Together with his wife,	**Mr Lee**	**runs**	a store in Manhattan.
After that	**I**	**sleep**	for an hour or so.

Beachten Sie: Die Grundstellung Subjekt – Verb bleibt im Englischen auch dann erhalten, wenn dem Subjekt ein Satzglied vorangestellt ist, das im Deutschen eine Umstellung bewirken würde. Vergleichen Sie im Deutschen:
Lee Chang-Soon ist einer der anderen. – Als koreanischer Einwanderer *ist Lee Chang-Soon* einer der anderen.
Herr Lee betreibt ein Geschäft in Manhattan. – Zusammen mit seiner Frau *betreibt Herr Lee* ein Geschäft in Manhattan.
Ich schlafe so etwa eine Stunde. – Danach *schlafe ich* so etwa eine Stunde.

6. Stellung der Zeitbestimmung

		Ortsbestimmung	**Zeitbestimmung**
a) We	watch TV		**in the evening.**
b) I	spend five hours	at the market	**every night.**
c) The store	is open		**from 8 a.m. to 10 p.m.**
d) I	get a bit of sleep		**in the evening.**

Wie die Ortsbestimmung (→ 3B4) steht die Zeitbestimmung unbetont normalerweise am Ende. (Betont dagegen am Anfang: *After that* I sleep for an hour or so.) Enthält der Satz zusätzlich eine Ortsbestimmung (→ b), so steht diese vor der Zeitbestimmung („Ort vor Zeit").
Vergleichen Sie die andersartige Stellung im Deutschen: Wir sehen *abends* fern. Ich verbringe *jede Nacht* fünf Stunden auf dem Markt. Der Laden ist *von 8 bis 22 Uhr* geöffnet. Ich „kriege *abends* ein bißchen Schlaf".

6C Sprachgebrauch – Landeskunde

1. Bildung der „zusammengesetzten" Zahlen über 20: 21 *twenty-one*, 22 *twenty-two*, 23 *twenty-three*, 24 *twenty-four* etc.; 35 *thirty-five*, 52 *fifty-two* etc. Vgl. Tabelle „Zahlen", S. 229.

2. Amerikanismen: In einzelnen Fällen (besonders bei Ausdrücken des täglichen Lebens) weicht das amerikanische (AE) vom britischen Englisch (BE) ab. So in 6A: AE *workday* = BE *working day*, AE *store* (= Laden) = BE *shop*, AE *truck* = BE *lorry* [ˈlɒrɪ] (zunehmend auch *truck*).

3. Ninth: Das *-e* von *nine* entfällt bei der Bildung der Ordnungszahl.

4. Hispanic: *Hispanic Americans* [əˈmerɪkənz] sind US-Amerikaner mit spanischer Muttersprache, besonders Mexikaner, Puertoricaner und Kubaner. Die Bevölkerungsgruppe der *Hispanics* ist zwischen 1970 und 1980 von 9,1 Mill. (= 4,5% der Gesamtbevölkerung) auf 14,6 Mill. (= 6,4%) gewachsen, eine Zuwachsrate von 61% (zum Vergleich: Weiße +5,8%, Schwarze +17,3%).

5. Lee Chang-Soon: Lee ist der (hier nach koreanischem Brauch voranstehende) Familienname, Chang-Soon der Vorname. Im Zuge ihrer „Amerikanisierung" stellen Einwanderer ihren Namen entsprechend der herrschenden Gepflogenheit um: Chang-Soon Lee.

6. Upper East Side: Wohngegend östlich der Südhälfte des Central Park [ˈsentrəl ˈpɑːk], wo *the smart set*, *the jet set*, *the in-people* wohnen (vgl. die Karte von Manhattan S. 213).

7. The Bronx: Einer der fünf Stadtbezirke von New York City (1,2 Mill. Einw., Manhattan zum Vergleich hat 1,4 Mill.).

8. Müssen: Beachten Sie folgende Entsprechungen in 6A: Everything *must* be fresh and clean (= Alles *muß* frisch und sauber sein), In our kind of business you *have to* work long hours (= In unserer Art von Geschäft *muß* man „eine lange Arbeitszeit in Kauf nehmen"), We *have to* be very quick (= Wir *müssen* sehr schnell sein).

9. Do: Bisher ist *do* in folgenden Belegen vorgekommen: (4A) Would you *do* me a favour? (= Würdest du mir einen Gefallen *tun*?), (6A) There's always work to *do* (= Es ist immer Arbeit zu *tun*), (6A) When *do* you sleep? (= Wann schlafen Sie?). – Die letztere Konstruktion ist typisch für Fragesätze („Wann *tun* Sie schlafen?"); sie wird ab Lektion 7 intensiv geübt.

10. Engl. ohne Artikel – dt. mit Artikel: Prägen Sie sich die folgenden Wendungen besonders ein: here's *part* of our reporter's conversation (= hier ist *ein Teil* ...), you're *at work* (= ... *bei der Arbeit* / am Arbeiten), *people* here want a wide choice of fruit (= *die Leute* hier ...), *after work* (= *nach der Arbeit*), *life*'s hard (= *das Leben* ist hart).

6D Übungen

1. Machen Sie sechs zutreffende Aussagen.

At midnight Mr Lee At 10 p.m. Mr Lee Lee Chang-Soon Mr Lee Mr Lee and his family Mr Lee and his wife Mr Lee's workday People like us People on the Upper East Side The reporter	drive(s) end(s) go(es) have/has leave(s) lock(s) run(s) sleep(s) spend(s) start(s) want(s) watch(es)	a fruit and vegetable store in New York. a wide choice of fruit and vegetables. at midnight / at 10 p.m. five hours at the market every night. for an hour or so in the morning. for the market at midnight. home at 10 p.m. the door of his store. to get on. to the market in the Bronx. to work long hours. TV in the evening. work at midnight.

2. Sprechen Sie über Mr Lee und über sich selbst.

I Mr Lee Mr Lee's workday My workday	can('t) watch end(s) sleep(s) spend(s) start(s) work(s)	. . . hours. . . . hours in bed. at . . . from . . . to . . . in . . . TV in the evening.

3. Antworten Sie.
a) Is New York the largest city in the world? b) Where's the fruit and vegetable market? c) Where's Mr Lee's store? d) Who runs the store? e) How long is Mr Lee's workday? f) What hours is the store open? g) When can Mr Lee sleep? h) Can Mr Lee watch TV in the evening?

4. Setzen Sie Adverbien bzw. adverbiale Bestimmungen aus der folgenden Liste ein.

always, at midnight, every day, hardly ever, in the evening, on Sundays, on the Upper East Side, still

a) Mr Lee's store is open. b) Mr Lee spends 14 hours in the store. c) Mr Lee leaves for the market. d) Mr Lee has time to sleep. e) Mr Lee can't watch TV. f) When other people are watching TV, Mr Lee is working. g) The Lees have got a lot of work to do. h) There are many stores like Mr Lee's.

5. Mit oder ohne Artikel *a(n)/the*?
a) She's got a job as ..... waitress. b) You can use the jug as ..... vase. c) Mr Lee's store is on ..... Upper East Side of ..... Manhattan but the fruit and vegetable market is in ..... Bronx. d) Are you still at ..... work, Brian? e) I always sleep for an hour or so after ..... work. f) Here's ..... part of our reporter's conversation with Lee Chang-Soon. g) ..... life is hard for them but they're not complaining. h) Here on the Upper East Side, ... people want their vegetables fresh and clean and cheap. i) You can't go by ..... bus, you have to take ..... taxi. j) He's got over ..... thousand records. k) There are public lavatories in ..... Leicester Square.

6. Setzen Sie ein: *his, him; her; its; our, us; they, their, them.*
a) Where's Sally? I've got a letter for ..... b) There are thousands of Korean immigrants in New York. Many of ..... are in the fruit and vegetable business. c) Mr Lee starts ..... workday at midnight. At 10 p.m. you can see ..... locking his store for the night. d) Life's hard for the Lees but ..... are not complaining. e) People on the Upper East Side want ..... fruit and vegetables fresh and clean and cheap. f) New York is the largest city in the U.S. 20 per cent of ..... over 7 million people are Hispanics. g) We always lock the door of ..... flat before we go to bed. h) In the morning we have to unload the truck and store everything. That takes ..... about two hours. i) I've got a nice present for Karen. ..... birthday's on the sixteenth. j) Life in New York City has ..... problems. k) People want their vegetables fresh. And they want ..... cheap.

7. Vervollständigen Sie. (Jeweils *ein* Wort.)
a) New York's one of the largest cities ..... the world. b) ..... an immigrant you have to work hard. c) Mr Lee leaves ..... the market at midnight and gets back ..... it at ..... 6 a.m. d) We always watch TV ..... the evening. e) We've still got ten boxes ..... strawberries. f) Mr Lee's ..... work when other people ..... sleeping. g) It takes ..... hour to clean the lettuce. h) Vegetables must ..... fresh and clean. i) It can't ..... too difficult to find the market in the Bronx.

8. Übersetzen Sie.
a) Zusammen mit seiner Frau betreibt Mr Lee ein Obst-und-Gemüse-Geschäft in Manhattan. b) Um Mitternacht fährt er zum Obst-und-Gemüse-Markt in (*the*) Bronx. c) Gegen sechs Uhr morgens kommt er zurück vom Markt. d) Jede Nacht verbringt er etwa fünf Stunden auf dem Markt. e) Mr Lee arbeitet, wenn andere Leute fernsehen oder schlafen. f) Das Gemüse soll (= muß) frisch und sauber sein. g) Billig soll (= muß) es auch sein. h) Mr Lee und seine Frau müssen eine Menge Obst und Gemüse sortieren und putzen. i) Es gibt immer etwas zu tun. j) Das Leben ist hart für die Lees, aber sie beklagen sich nicht.

7A

7A Text

A job in the sun

Reporter: Jane, you're a travel rep on the beautiful island of Majorca. It sounds a dream job – living and working by the Mediterranean all year round, with two and a half months off in the winter. What exactly do you do, Jane?

Jane: Oh, I meet clients when they arrive . . ., see them off when they leave and . . . look after them during their stay, take them on excursions . . .

Reporter: Do you like it?

Jane: Oh yes, I do, but it *is* hard work.

Reporter: You mean the hours? How many hours do you work?

Jane: Seven hours a day, six days a week . . .

Reporter: That's forty-two hours a week . . .

Jane: Yes, but on top of that we have four extra jobs a week as well – you know, like accompanying an excursion, meeting a delayed aircraft at four in the morning, that sort of thing.

Reporter: That's certainly tough.

Jane: It *is* tough. Not much time for sunbathing. I always sleep on my day off.

Reporter: Do you speak Spanish?

Jane: Yes, I do. You've got to know the language in this kind of job – after all, you have to arrange things with the local people – hotels, transport, entertainment . . . Not everybody speaks English.

Reporter:	Do you spend your holidays at home?
Jane:	Part of them. About six weeks each winter.
Reporter:	And then you go back to Majorca for a holiday?
Jane:	That's right. I love Majorca in the winter. The island's not so busy then. Sometimes I fly out to the Canaries for a week or two – if it gets too cold in Majorca.
Reporter:	What kind of person do you have to be if you want to become a rep?
Jane:	Well . . . you must be prepared to work hard, you must love people and – oh yes – you should be single!

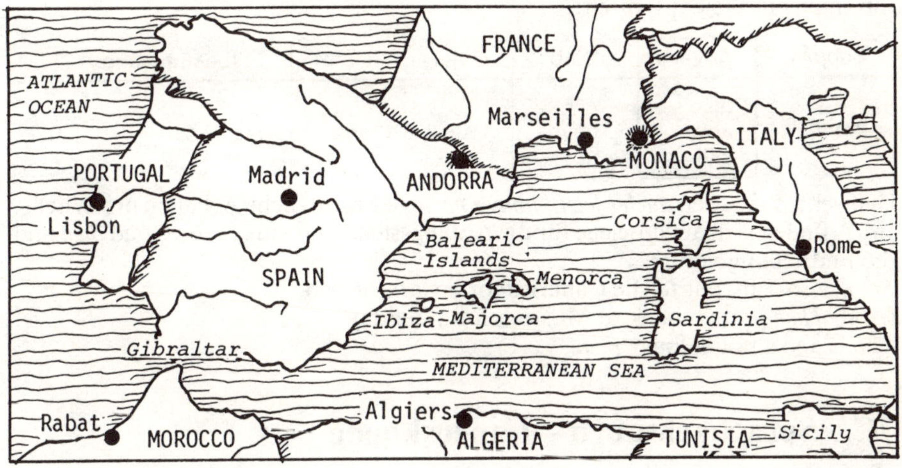

7B Grammatik

1. Die Fragekonstruktion

How many hours	do can could	you work?	Do Must Would	they go back?

Beachten Sie die Beziehung zwischen Aussagesatz und Fragesatz:
You can work. – Can you work?
You work. – Do you work?
Ist also ein Hilfsverb wie *can, could, must, should* oder *would* vorhanden, so wird die Frageform durch Umstellung gebildet: *you can work – can you work?*
Ist kein Hilfsverb vorhanden, so tritt eine Form von *do* an die Stelle des Hilfsverbs: *you work – do you work?*

2. „Vor-dem-Verb-Stellung“ des Adverbs

Subjekt	**Adverb**	Verb	Zeitbestimmung
I	**always** **sometimes** **hardly ever**	sleep	on my day off.

Vergleichen Sie dagegen die variable Stellung des Adverbs im Deutschen:
An meinem freien Tag schlafe ich *immer*.
Manchmal schlafe ich an meinem freien Tag.
Ich schlafe *fast nie* an meinem freien Tag.

Die vom Deutschen abweichende „Vor-dem-Verb-Stellung“ des Adverbs ist auch für Sätze mit Objekt typisch:

Subjekt	**Adverb**	Verb	Objekt	Zeitbestimmung
We	**also** **now** **still**	have	four extra jobs	per week.

Deutsch: Wir haben *auch / jetzt / immer noch* vier zusätzliche Arbeiten pro Woche.
In 7A finden sich auch Belege für die Anfangsstellung von *sometimes* und *then* und die Endstellung von *then*:
Sometimes I fly out to the Canaries for a week or two.
(And) *Then* you go back to Majorca for a holiday?
The island's not so busy *then*.

7C Sprachgebrauch – Landeskunde

1. Travel rep: *Rep* ist die umgangssprachliche Abkürzung für *representative* [reprɪˈzentətɪv] (= Vertreter[in]). *Jane is a travel rep* (= Jane ist Reiseleiterin, arbeitet also in diesem Fall für einen britischen Reiseveranstalter).
2. It sounds a dream job: Interessant der Wegfall von *like*, das aber auch möglich wäre: it sounds *like* a dream job.
3. What do you do? (= Was tun/machen Sie?): Also die Frage nach der regelmäßig ausgeübten Tätigkeit (Gewohnheit, daher einfache Form). *What are you doing (there)?* wäre dagegen *Was machen Sie (denn) (da) gerade?* Vgl. 6B2.
4. A(n): Beachten Sie folgende Belege mit dem unbestimmten Artikel: you're *a* travel rep (= Sie sind Reiseleiterin [unbest. Artikel bei Berufsbezeichnungen]), I work seven hours *a* day (= ich arbeite sieben Stunden *am/pro* Tag / täglich).
5. Forty: *Four*, *fourteen*, aber *forty* (ohne *u*!).
6. Aircraft: Der Plural – unregelmäßig! – ist ebenfalls *aircraft*: *one aircraft is enough*, *two aircraft are enough* etc.

7. You = man: In Belegen wie den folgenden entspricht *you* dem deutschen *man*: *You*'ve got to know the language in this kind of job, What kind of person do *you* have to be if *you* want to become a rep?, *You* should be single.
8. Müssen: Zusätzlich zu den in 6C8 aufgeführten Entsprechungen nun in 7A auch noch: you'*ve got to* know the language = man *muß* die Sprache kennen / (d. h.) können. Beachten Sie auch die Fragekonstruktion mit *have to* (ohne got): what kind of person do you *have to* be ...? = was für eine Art von Mensch *muß* man sein ...?
9. The Canaries: Auch *the Canary Islands*.
10. Werden: Bisher kennen Sie zwei Entsprechungen für das deutsche Wort: if it *gets* too cold in Majorca = wenn es in Mallorca zu kalt *wird*, if you want to *become* a (travel) rep = wenn man Reiseleiter(in) *werden* möchte.
11. Get: Als eines der am häufigsten gebrauchten englischen Verben außerordentlich vielseitig verwendbar. Bisherige Belege: (6A) when I *get* back from the market = wenn ich vom Markt zurück*komme*, (6A) I *get* a bit of sleep in the evening = „ich *bekomme* abends ein bißchen Schlaf", (6A) we want to *get* on = wir wollen voran*kommen*, (7A) if it *gets* too cold in Majorca = wenn es in Mallorca zu kalt *wird*.

7D Übungen

1. Stellen Sie Jane sechs Fragen. (Wenn möglich, antwortet ein[e] Mitlernende[r] für Jane.)

How How many hours How many languages What What kind of job Where	do have	you	do got like your job live speak spend your holidays work	?

2. Sie sind Jane, und die folgenden Fragen stellt ein(e) Reporter(in). Geben Sie Kurzantworten mit *yes* wie im Beispiel.

> Are you a rep? – Yes, I am.
> Do you work in Majorca? – Yes, I do.
> Is it a nice job? – Yes, it is. *Etc.*

a) Are you single? b) Do you live in a hotel? c) Do you like Majorca? d) Are you interested in people? e) Do you speak Spanish? f) Is it important to know Spanish? g) Do you meet clients when they arrive? h) Are the aircraft sometimes delayed? i) Do you arrange excursions too? j) Do you go home in the winter? k) Do reps have to work hard?

3. Sie sind Jane. Beantworten Sie die folgenden Fragen.
a) Where do you work? b) What kind of job do you have? c) A travel rep? What do you do as a travel rep? d) How many hours do you work? e) Do you sometimes work on Sundays? f) Is there much time for sunbathing? g) What do you do on your day off? h) Do you speak Spanish? i) Where do you spend your holidays? j) Do you like Majorca in the winter? k) What do you do if it gets too cold in Majorca?

4. Jemand stellt Ihnen Fragen. Beantworten Sie sie.
a) Where do you live? b) What's your phone number? c) How many hours do you sleep every night? d) What languages do you speak? e) Can you drive a truck? f) Are you interested in books? g) Where do you go for your holidays? h) When do you watch television?

5. Setzen Sie die passende Form der folgenden Verben ein.

get(s), have/has, leave(s), like(s), live(s), look(s), love(s), meet(s), sound(s), spend(s), work(s)

Jane ..... as a travel rep in Majorca. She ..... clients when they arrive, sees them off when they ....., and ..... after them during their stay. It ..... like a dream job but it is hard work. She and the other reps ..... a seven-hour day six days a week. They ..... to do four extra jobs per week: meeting aircraft during the night, accompanying excursions and such things. Every rep ..... a ten-week holiday in the winter. Jane ..... about half of it at home in London with her family. The rest of the time she ..... in Majorca or, if it ..... too cold there, in the Canary Islands. Jane ..... in a hotel all year round. She ..... Majorca, especially in the winter when it isn't so busy. She likes people. You've got to ..... people to be a travel rep.

6. Setzen Sie die eingeklammerten Adverbien an passenden Stellen in den Sätzen ein.
a) She works forty-two hours a week. (exactly) b) I know what you mean. (exactly) c) Do you speak Spanish? (also) d) Do you speak Spanish? (too) e) I see the clients off when they leave. (always) f) My grandmother spends the winter in Majorca. (always) g) He spends his holiday at home. (sometimes) h) We have time for sunbathing. (hardly ever) i) The Lees live in New York. (now) j) The work is hard but she likes it. (still)

7. Setzen Sie ein: *after, as, at, but, during, for, in, like, of, off, on, to, when, with.*
a) Jane has a job ..... a travel rep ..... Majorca. b) She looks ..... clients ..... their stay ..... the island. c) ..... the other reps, Jane gets two and a half months ..... in the winter. d) It sounds a dream job ..... it is hard work. e) Sometimes a delayed aircraft arrives ..... the night and the rep has ..... meet it. f) There's not much time ..... sunbathing. g) Jane always sleeps ..... her day ..... h) ..... Jane arranges things ..... the local people, she speaks Spanish. i) She spends part ..... her holidays ..... home ..... London. j) Sometimes she flies ..... the Canaries ..... a week or two.

8. Übersetzen Sie.
a) Jane, was tun Sie <denn so> als Reiseleiterin in Mallorca? b) Ich kümmere mich um die Kunden während ihres Aufenthalts auf der Insel. c) Wie viele Stunden arbeiten Sie in der Woche? d) Ich arbeite über 42 Stunden in der Woche. e) Was tun Sie an Ihrem freien Tag? f) Ich schlafe. g) Wo verbringen Sie Ihre Ferien? h) Ich verbringe etwa sechs Wochen zu Hause in London und vier Wochen in Mallorca. i) Wenn es in Mallorca zu kalt wird, fliege ich für ein oder zwei Wochen auf die Kanarischen Inseln. j) Mögen Sie Mallorca? k) Ich liebe es, besonders im Winter.

FIND THE ENGLISH PROVERB

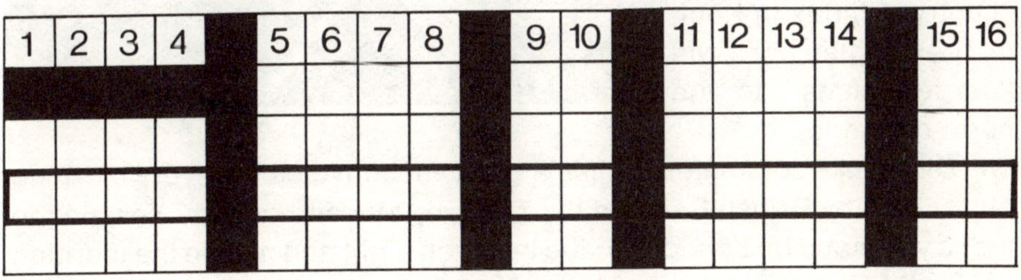

DOWN

1 One and one is .....
2 ..... is a waitress.
3 That's the ..... it is.
4 Every job has ..... problems.
5 There's no place like .....
6 Where do you spend ..... holidays?
7 Give me your number, ... in case.
8 Coffee ..... milk, please.
9 You can go by bus or .....
10 Who's that man ..... there?
11 Have a good ..... in Majorca.
12 She always sleeps an ..... in the afternoon.
13 You can use the jug as a .....
14 He lives in New York .....
15 You can get good sandwiches in .....
16 Mr Lee's store is ..... till 10 p.m.

8A Text

A commuter's story

I work in the City of London. I don't live there. Nobody lives in the City of London except caretakers and night watchmen. The City has a night population of only 5,200 but a day population of over 400,000. Four hundred thousand commuters every working day! Most of them don't come from Central London but from the vast suburbs in the north, south, east and west. Some don't come from London at all but from places further away – small towns and country villages in Kent, for example, or the "garden cities" to the north of London.

The City sucks commuters in like a giant vacuum cleaner every morning. They come by British Rail and the Tube, by bus and on foot. Yes, on foot too! If you stand on London Bridge between eight and nine in the morning, you can see thousands of people all hurrying in one direction – north.
I come in on one of the countless commuter trains. If the train's on time, I arrive at Cannon Street at 8.53. Often the trains don't run on time. I don't know why British Rail can't keep to their timetables. According to them, it's because the weather's too cold – or too hot –, because of a strike or some technical failure, or any of a long list of other reasons.
We live in Blackheath. We, that's my wife Kay, our daughters Susan and Vicky, myself, and our dog Griff. Our house isn't new – in fact, it's 85 years old – and we've still got a heavy mortgage on it. But it's homely, in a quiet

road and not too far from the shops and the school. There's a small garden – just right for people like us who don't have much time for gardening.
Kay works part-time in a local accountant's office. We don't see much of each other in the week because I don't get home till about seven and Kay has all sorts of evening activities in the local community. I don't usually go out in the evenings except perhaps to play squash or to have a drink with friends at the pub.

8B Grammatik

1. Verneinung des Verbs mit not

British Rail	**can't keep**	to their timetables.
We	**haven't got**	enough time for gardening.
Our house	**isn't**	new.
You	**aren't**	serious.
I	**don't live**	in the City of London.
The trains	**don't run**	on time.
We	**don't have**	enough time for gardening.

Beachten Sie die Beziehung zwischen bejahender und verneinender Aussage:
They *can keep* to their timetables. – They *can't/cannot keep* to their timetables.
Our house *is* new. – Our house *isn't* / *is not* new.
We*'ve got* enough time for gardening. – We *haven't got* enough time for gardening.
We *have* enough time for gardening. – We *don't have* enough time for gardening.
The trains *run* on time. – The trains *don't* / *do not run* on time.

Es lassen sich folgende Regeln erkennen:

Ist ein Hilfsverb vorhanden, so wird *not* an dieses angehängt: *can – can't/cannot, could – couldn't / could not, should – shouldn't / should not* etc.

Steht das Hauptverb ohne Hilfsverb (z. B. *they run*), so wird bei der Verneinung die entsprechende Form von *do* ergänzt (z. B. *they don't / do not run*).

Die Formen von *be* (also *am, are, is* etc.) werden wie Hilfsverben (also ohne *do*) verneint, obwohl sie nicht immer Hilfsverben sind:
(Hilfsverb) He *is* sleeping. – He *isn't* / He*'s not* sleeping.
(Hauptverb) The train *is* on time. – The train *isn't* / The train*'s not* on time.

Have (ohne *got* oder ein anderes Perfektpartizip) kann immer mit *do* verneint werden (we *don't have* enough time); *have got* wird immer ohne *do* verneint (we *haven't got* enough time).

Zum Unterschied zwischen Kurzform (*n't*) und Langform (*not*) vgl. 1B und 4B4. Vergleichen Sie auch den Gebrauch von *do* in der Fragekonstruktion (7B1).

2. Bedingungssätze (1) (→ 17B1, 19B1)

If you stand on London Bridge, **you can see** thousands of people all hurrying in one direction.
Wenn man auf der London Bridge steht, kann man ... sehen.
If the train is on time, **I arrive** at Cannon Street at 8.53.
Wenn der Zug pünktlich ist, komme ich ... um 8.53 Uhr an.

Wie im Deutschen kann der *if*-Satz auch nachgestellt werden (dann ohne Komma vor *if*!):
What kind of person do you have to be *if you want to become a rep*?
(= Was für ein Menschentyp muß man sein, wenn man ... werden will?)

8C Sprachgebrauch – Landeskunde

1. Balcombe ['bɔːlkəm]: Ort (1500 Einw.) und Eisenbahnstation an der Strecke London (Victoria) – Brighton, 54 km von London. In der Originalbekanntmachung von British Rail (S. 56) ist der Ortsname falsch (d. h. ohne das stumme *b*) geschrieben.
2. The City (of London): Teil von Greater London, die eine Quadratmeile große „Altstadt“ von London, eines der Finanz- und Handelszentren der Welt, Sitz der Zentralen vieler Banken und Versicherungsgesellschaften. Die City hat ihre eigene Polizei (nicht die „Met“ des übrigen London, → 2C7).
3. Night watchmen: *Men* ist der (unregelmäßige!) Plural von *man*. Also: *one man* [mæn] – *two men* [men], *one milkman* ['mɪlkmən] – *two milkmen* ['mɪlkmən], *one night watchman* [-mən] – *two night watchmen* [-mən].

In the City of London

4. 400,000 / 5,200: Bei Zahlen aus mehr als drei Ziffern wird in der Regel nach je drei Stellen von rechts ein Komma gesetzt. Also auch z.B. *7,000,000 = seven million*. Ausnahmen: u.a. Telefonnummern, Jahreszahlen. Vgl. Tabelle „Zahlen“, S. 229.

5. Working day: BE für AE *workday* (→ 6C2).

6. Town: Größer als *village*, aber kleiner als *city*. Einer von John Le Carrés Romanen heißt *A Small Town in Germany* (1968). Die *small town* ist Bonn.

7. Garden city: In der Regel neu angelegte, von Grünanlagen umgebene und durchsetzte Gartenstadt (z.B. Letchworth ['letʃwəθ] nördlich von London).

8. British Rail: Staatl. brit. Eisenbahngesellschaft, entspricht der Deutschen Bundesbahn, den Österreichischen Bundesbahnen und Schweizerischen Bundesbahnen. Die US-Staatsbahn heißt Amtrak ['æmtræk]. – British Rail wird oft als Plural konstruiert: I don’t know why British Rail can’t keep to *their* timetables.

9. On foot: Beachten Sie die abweichende Präposition gegenüber *by bus*, *by Tube*, *by train* etc.

10. London Bridge: Südlich der City die zweitöstlichste der zahlreichen Brücken über die Thames [temz] im Londoner Stadtgebiet; die östlichste ist Tower Bridge ['taʊə 'brɪdʒ].

11. Cannon Street (Station): Einer von Londons 16 Fernbahnhöfen, in der City gelegen; hier kommen Nahverkehrszüge vom Süden und Osten an. Vgl. Victoria (Station) → 3C5.

12. Blackheath: Im Südosten des Londoner Stadtgebiets gelegene bevorzugte Wohngegend.

13. „Straße“: *Street* in der Stadt mit Häusern auf beiden Seiten; *road* dagegen als Verbindung zwischen Orten, als Verkehrsweg für Fahrzeuge. Erst nachträglich bebaute *roads* (etwa in Vororten) behalten im Namen ihre traditionelle Bezeichnung *Road*.

8D Übungen

1. Reden Sie über „the commuter and his wife“ (8A).

Brian (Baker) He His wife Kay (Baker) She The Bakers They	(arrive) (come to the City) (get home from work) (have) (haven’t got) (live) (sometimes play) (work)	all sorts of evening activities. at about 7 p.m. at Cannon Street at 8.53 a.m. by British Rail. in Blackheath. in the City of London. much time for gardening. part-time in an accountant’s office. squash in the evening.

2. Sie sind der commuter Brian Baker in 8A. Geben Sie Kurzantworten auf die folgenden Fragen.

> *Beispiele:*
> Do you work in the City? – Yes, I do.
> Do you live there too? – No, I don't.
> Are you single? – No, I'm not.

a) Do you live in Blackheath? b) Is Blackheath north of London? c) Do you go to work by bus? d) Do you go by British Rail? e) Do you arrive at Victoria? f) Are the trains always on time? g) Do you only work part-time? h) Have you got a house? i) Is it very far from the shops? j) Is there a garden? k) Do you have much time for gardening? l) Can you play squash?

3. Antworten Sie.
a) What kind of people live in the City of London? b) What's the population of the City of London? c) Where do the commuters come from? d) Do the commuters all come to the City by British Rail? e) Do the trains always run on time? f) Why are trains delayed, according to British Rail?

4. Verneinen Sie die unterstrichenen Satzteile.
a) I'm very well. b) Our house is new. c) We're in a hurry. d) They're complaining. e) You can use it as a vase. f) We've got a mortgage on our house. g) We have enough time for gardening. h) Most of the people who work in the City live in Central London. i) British Rail trains always run on time. j) I usually go out in the evenings.

5. Beantworten Sie die folgenden Fragen über sich selbst und Ihre Umwelt.
a) Where do you work? b) Do you live in a house or in a flat? c) Is it quiet where you live? d) What kind of place do you live in? (City, town, village, suburb?) e) What's the population of your city/town/village? f) How do you get to work? (By bus/tram/train/underground / on foot?) g) What time do you get home from work? h) Do trains in this country always run on time? i) Have you got a dog? j) Have you got a garden? k) What do you do in the evening? l) Do you watch TV a lot? m) Do you sometimes have a drink at the pub?

6. Vervollständigen Sie.
Most of the people ..... work in the City of London don't live there. ..... working day, 400,000 commuters come to work in the City. They arrive by British Rail, by Tube, by bus or ..... foot. The trains are often delayed – because of the weather, because of strikes or technical failures, or for ..... of a long list of other reasons. Brian Baker is an accountant ..... Blackheath in southeast London. He works ..... a bank in the City. He usually leaves ..... work at 8.15 a.m. and gets back at about 7 p.m. His wife has all sorts of evening activities, so they don't see much of ..... other in the week. Brian sometimes goes out ..... the evening to play squash or to have a drink with friends ..... the local pub.

7. Übersetzen Sie.
a) Wenn der Zug pünktlich ist, komme ich am ⟨Bahnhof⟩ Cannon Street um 8.53 ⟨Uhr⟩ an. b) Wenn Sie nicht viel Zeit für Gartenarbeit haben, ist dies genau der richtige Garten für Sie. c) Wenn man Reiseleiter(in) in Mallorca ist, hat man nicht viel Zeit zum Sonnenbaden. d) Wenn es in Mallorca zu kalt ist, fliege ich auf die Kanarischen Inseln. e) Wenn wir in Eile sind, können wir ein Taxi nehmen (*take*). f) Wenn man morgens zwischen acht und neun auf ⟨der⟩ London Bridge steht, kann man Tausende von Menschen zur Arbeit eilen sehen. g) Wenn man Reiseleiter(in) werden will, sollte man ledig sein.

1		■	2	■	3	4	5
6					■		
■	■	■		■	7		
8	9	10		■		■	
11							
■				■		■	
■			■	■	■	12	■
13				■	14		
15		■	16				

COMMUTER'S CROSSWORD

ACROSS

1 ..... a commuter you spend a lot of time on trains.
3 Many people go to work by .....
6 If my ..... is on time, I arrive at Cannon Street at 8.53.
8 What ..... can we do if we can't get tickets for the theatre?
11 A ..... is a person who lives far away from his place of work.
13 It's rather ..... Can't we turn the electric heater on?
14 In the evening I sometimes have a drink with friends at the .....
15 The train arrives at 8.53 – if it is ..... time.
16 My name is Sally .....

DOWN

1 He starts work ..... nine o'clock.
2 If we can't get tickets for the theatre, we can always go to the .....
4 You can ..... the jug as a vase.
5 He lives in a ..... of London.
7 There are hundreds of banks in the ..... of London.
9 ..... taxis and theatres are the best in the world.
10 It's just a ..... present but I hope you like it.
12 The house is rather old ..... it's homely and in a quiet road.

9A

"How about a game –
Twenty Questions perhaps?"

9A Text

Twenty Questions

Debbie: . . . Well, there isn't much time left. Shall we have a game for a change?

Bill: Yes. How about Twenty Questions?

Debbie: Bill suggests Twenty Questions. Does everybody agree? Yes? And who's going to be the challenger? – You, Cathy? Fine. Write the name of the object on a piece of paper. Ready? Here we go then . . .

Mike: Are we looking for a special thing?

Cathy: No.

Julie: Hmm. Is there one in this room?

Cathy: No.

Bill: Is there one outside somewhere?

Cathy: No.

Brenda: Oh dear. Three noes already. We've got to be careful with our questions. Is it alive?

Cathy: No.
Mike: So it's not a plant or an animal. Is it man-made?
Cathy: Yes.
Mike: Ah! Now let me see. It's man-made, there's no such object in this room, and there isn't one outside either. – Is it something useful?
Cathy: Yes.
Mike: Where does one use it?
Debbie: That kind of question's not allowed, Mike.
Mike: Oh yes, sorry! It's got to be a yes-or-no question. – Does one use it in the home?
Cathy: Yes.
Mike: So you use it in the home. – Do men use it?
Cathy: Yes . . . why not!
Julie: Now what kind of answer's that?
Debbie: It probably means both men and women can use it.
Mike: OK, so it seems everyone uses it.
Cathy: No, not everyone *uses* it, but anyone *can use* it, except perhaps small children.
Julie: Oh gosh, it's getting complicated. – Does one use it every day?
Cathy: No, not every day.
Bill: One doesn't use it every day. So it's not a kettle or anything like that. – Let me see. Does everybody in this room have one?
Cathy: No, not everybody in this room, I suppose.
Brenda: Not everybody has one. But every family? I mean . . . every family in this country?
Cathy: Well, I don't know. Perhaps not *every* family, but *most* families.
Brenda: Do you use it to clean things?
Cathy: Yes.
Brenda: Does it make a noise?
Cathy: Yes.
Brenda: So it's some sort of household appliance?
Cathy: Yes.
Brenda: A washing machine?
Cathy: No.
Mike: A household appliance that cleans things and makes a noise, but not a washing machine? Is it a . . . vacuum cleaner?
Cathy: You've got it, Mike. Congratulations!

"Does it make a noise?"

9B Grammatik

1. Die -s-Form von do

Does	he/she/everybody/Bill/Jane he/she/one it / a vacuum cleaner	agree? use it every day? make a noise?

He/She/One He/She/Bill/Jane It / The object	**doesn't**	use it every day. agree. make a noise.

Does [dʌz] steht bei *he/she/it* und Wörtern, die durch *he/she/it* ersetzt werden können. Vergleichen Sie:
Do I/you/we/they/men/children/accountants use it?
Does he/she/(it)/everybody/one/a man/Mike/Cathy use it?
I/You/We/They/Men/Children/Accountants *don't* use it.
He/She/(It)/Everybody/One/A man/Mike/Cathy *doesn't* use it.

Zur *-s*-Form der anderen Verben vgl. 6B1.
Zur Frage „*do(es)*-Umschreibung ja oder nein?" vgl. 7B1 und 8B1.

2. Das Hilfsverb shall

Shall we have a game for a change?
Sollen/Wollen wir zur Abwechslung ein Spiel spielen/machen?

Shall ist ein Hilfsverb wie *can, could, should, would* und *must*. (Vgl. 7B1, 8B1.)

3. One als unbestimmtes Pronomen

Does **one** use it every day? *Gebraucht man es/ihn jeden Tag?*

One ist wie *you* (→ 7C7) eine Entsprechung von dt. *man*. *One* ist die förmlichere, *you* die umgangssprachlichere Ausdrucksform. Auch *you* kommt in 9A vor:
Do *you* use it to clean things? (= Gebraucht *man* es/ihn, um Dinge sauberzumachen?)

4. One als Stellvertreter

Is there **one** (= such an object) in this room? *Ist in diesem Zimmer eins?*
Not everybody has **one** (= such an object). *Nicht jeder hat eins.*

One steht hier als Stellvertreter für ein Substantiv, das entweder vorher genannt oder aus dem Textzusammenhang erschließbar ist.
Not one bzw. *-n't one* entspricht dem deutschen *keiner/keine/kein(e)s*:

There's no such object in this room, and there is**n't one** (= there's no such object) outside either. *In diesem Zimmer ist kein solcher Gegenstand, und draußen ist auch keiner.*

5. Too – either (→ 3C2)

(Bejahend:)
There's one such object in this room, and there's one outside **too**.
In diesem Zimmer ist ein solcher Gegenstand, und draußen ist auch einer.

(Verneinend:)
There's no such object in this room, and there isn't one outside **either**.
In diesem Zimmer ist kein solcher Gegenstand, und draußen ist auch keiner.

Too = „bejahtes auch".
Either = „verneintes auch".

9C Sprachgebrauch – Landeskunde

1. Who*'s going to* be the challenger? (= Wer wird/will [der] Herausforderer sein?): Mit *is going to* wird hier die Zukunft ausgedrückt. Vgl. 10B1, 14B3.
2. The name of the object (= der Name des Gegenstandes): Die einem deutschen Genitiv entsprechende *of*-Konstruktion. Vgl. 6A *the door of his store* (= die Tür seines Ladens) und 17B3.
3. It probably means ...: „Vor-dem-Verb-Stellung" des Adverbs *probably*. Vgl. 7B2.
4. Unregelmäßige Plurale: *one woman* [ˈwʊmən] – *two women* [ˈwɪmɪn] (Aussprache beachten!), *one child* [tʃaɪld] – *two children* [ˈtʃɪldrən]. Vgl. auch 8C3.
5. Everyone – anyone: Beide heißen *jeder*, aber *everyone* meint damit umfassend „jeder, d. h. alle aus einer gedachten Anzahl von Personen", während *anyone* „jeder x-beliebige, d. h. eine oder mehrere beliebig ausgewählte Personen" bedeutet. Statt *everyone* auch *everybody*; statt *anyone* auch *anybody*.
6. It's getting complicated (= es wird [allmählich] kompliziert): Vgl. 7C10.

7. *Does* everybody in this room *have* one?: Statt dessen auch *Has everybody in this room got one?* Vgl. 5B1 und 8B1.
8. Not everybody has one: Auch *Not everybody's got one*. Vgl. 5B1.
9. In this country: Meint das Land, in dem sich der/die Sprecher(in) befindet (= „hierzulande").
10. Most families (= die meisten Familien): Im Englischen ohne Artikel. Vgl. 8A *most of them don't come from Central London* (= die meisten von ihnen kommen nicht aus Central London).
11. Do you use it *to clean things*? (= Gebraucht man es/ihn, um Dinge sauberzumachen?): *To*-Infinitiv zum Ausdruck des Zwecks. Vgl. 8A I don't usually go out in the evenings except perhaps *to play* squash or *to have* a drink with friends at the pub (= ... außer vielleicht um Squash zu spielen oder mit Freunden im Pub einen Drink zu nehmen).
12. A household appliance *that cleans things* (= ein Haushaltsgerät, das Dinge saubermacht): Relativsatz eingeleitet durch das Relativpronomen *that*. Vgl. auch den Relativsatz in der British Rail-Bekanntmachung 8A: The cause was ice falling in Balcombe Tunnel, *which caused damage to equipment* (= Die Ursache war herabfallendes Eis im Balcombe Tunnel, das Bahnanlagen beschädigte [Relativpronomen hier *which*]). Vgl. 13B1.

9D Übungen

1. Der commuter in 8A heißt Brian Baker. Bilden Sie sinnvolle Sätze über ihn und seine Frau.

Brian (Baker) He His wife (Kay) Kay (Baker) She The Bakers They	(doesn't) (don't)	(often) (sometimes) (usually)	arrive(s) come(s) get(s) home go(es) go(es) out have/has live(s) play(s) see(s) work(s)	a drink with friends at the pub. all sorts of evening activities. at Cannon Street at 8.53 a.m. from southeast London. in Blackheath. in the City of London. in the evening(s). much of each other during the week. much time for gardening. part-time in an office. squash. till about 7 p.m. to work by British Rail / on foot.

2. Beantworten Sie die folgenden Fragen über Lee Chang-Soon (6A).
a) What time does his workday start? b) What time does it end? c) How many hours does he spend at the market every night? d) What does he do during the day? e) When does he sleep?

3. Beantworten Sie die folgenden Fragen über Jane (7A).
a) Where does she work? b) What does she do? c) How many hours does she work? d) What does she do on her day off? e) What languages does she speak? f) Where does she spend her holidays?

4. Üben Sie das Folgende wenn möglich mit Partner(in). Übernehmen Sie abwechselnd den A- bzw. B-Part.

A: Shall we have a game?
B: Yes, let's (= let us) have a game for a change.

a) Shall we play Twenty Questions? b) Shall we watch TV? c) Shall we go to the cinema? d) Shall we have a drink at the pub? e) Shall we take a taxi?

5. Formulieren Sie einfache Definitionen.

A An	aircraft brochure budget hotel garden city hotel timetable vacuum cleaner	is	a an	appliance hotel machine piece of paper place small book thing town	that which	can fly. cleans things. gives information about something. has a lot of green areas. has accommodation for tourists. is cheap. tells you when trains leave.

6. Setzen Sie passende Wörter aus der Liste ein. (Die Liste enthält zusätzlich fünf „überflüssige" Wörter.)

allowed, at, can, for, going, got, how, idea, isn't, it, nobody, object, one, some, suggest, there, to, use, vase, you

a) Shall we have a game ..... a change? b) Yes, what do you .....? c) ..... about Twenty Questions? d) That's a good ..... e) Cathy's ..... to be the challenger. f) The ..... isn't a special thing. g) Is there ..... in this room? h) No, ... isn't. i) Is there ..... outside in the street? j) No, there ..... one in the street. k) Is there one ..... home in my flat? l) Yes, ... is. m) What can you use it .....? n) That sort of question's not ..... o) Can you ..... it for flowers? p) Yes, ... can. q) Is it a .....? r) You've ..... it – it's a .....

7. Formulieren Sie die Fragen über die unterstrichenen Satzteile.

He lives in Blackheath. (where)
Where does he live?

a) Kay works in an accountant's office. (where) b) People use the object in the home. (where) c) He's got an earthenware jug for her. (what) d) I've got the tickets at home. (where – you) e) I usually get home at about seven. (what time – you) f) The train arrives at Cannon Street at 8.53. (what time) g) He speaks English and Spanish. (what languages) h) He comes from a small town in Kent. (where ... from) i) She works there because she likes it. (why) j) I sleep on my day off. (what – you)

8. Übersetzen Sie.
a) Sie mag Hunde nicht. b) Sie will es nicht. c) Er weiß nicht, wo sie wohnt. d) Er hat nicht viel Zeit für <die> Gartenarbeit. e) Sie arbeitet in der Londoner City, aber sie wohnt nicht dort. f) Er geht nicht oft in die Kneipe. g) Der Zug kommt nicht immer pünktlich an. h) Meistens kommt er nicht mit dem Bus, sondern zu Fuß.

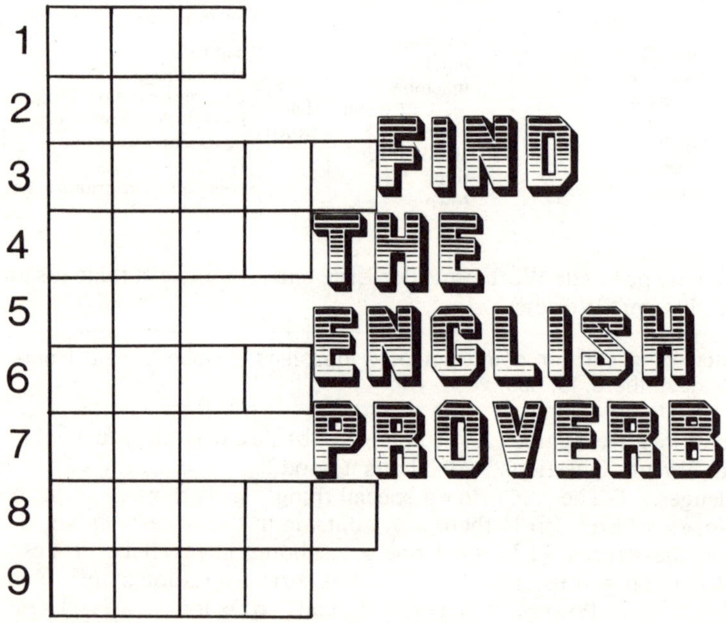

1 Five from six is .....
2 There's plenty ..... time.
3 Who are all ..... people?
4 Most people work five ..... a week.
5 ..... that you, Joan?
6 There are five letters but ..... of them is for you.
7 I don't like this kind ..... music.
8 ..... are my children.
9 February has 29 ..... this year.

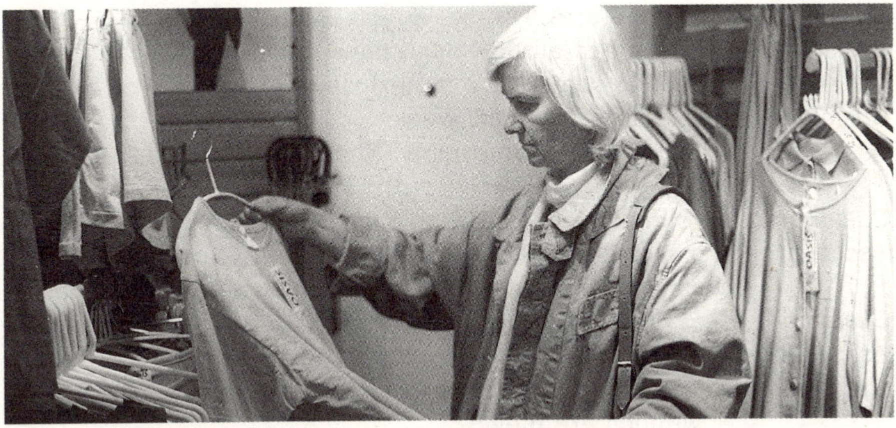

10A Text

Buying clothes

Customer: You've got a sand-coloured skirt in the window . . .
Assistant: Yes, madam . . . which one exactly do you mean?
Customer: The one that costs £19.99.
Assistant: Yes, that's our new sports line. They're Italian. Very stylish. You'll find them over here. We've got them in sand, light blue, and pink. What size are you?
Customer: Fourteen, I think. – Have you got a top to go with it?
Assistant: Yes certainly. One of these T-shirts for example would look very nice with it.
Customer: How much are they?
Assistant: £7.65. They're pure cotton. What colour would you like?
Customer: I think the dark-blue might go nicely with the skirt.
Assistant: I'm sure it'll look very smart. – The fitting room's over there.
(*The customer tries on the skirt and T-shirt.*)
Customer: The skirt fits all right but the T-shirt's rather tight.
Assistant: Let me see – ah, that's a small. You'd better take a medium.
(*The customer tries on the medium-sized T-shirt.*)
Customer: The medium's fine. – How much are these sandals here?
Assistant: £12.99.
Customer: Are they comfortable?
Assistant: Very. They're selling like hot cakes. I'm wearing a pair myself. They'd go very well with the skirt and T-shirt.

Customer: I'll need a size five.
Assistant: Oh dear, I'm afraid I don't have them in a five. But we're expecting some more in next week.
Customer: OK, I'll try again next week.
Assistant: Anything else? Some tights? The colours are interesting this year.
Customer: No, I'm all right for tights, thanks.
Assistant: Then that's £19.99 for the skirt, and £7.65 for the T-shirt – twenty-seven pounds sixty-four pence, madam. Is it cash?
Customer: Yes. Here you are. (*She gives the assistant the money.*)
Assistant: Thanks very much. I'll put the receipt in the bag.
Customer: Thank you. – Oh, just a minute, these earrings are pretty. How much are they?
Assistant: £74.95.
Customer: Oh dear, that's very expensive. They must be real gold.
Assistant: They are. The stones are garnets.
Customer: They're beautiful. I'll have to try and save up for them. Goodbye!
Assistant: Goodbye!

10B Grammatik

1. Will zum Ausdruck der Zukunft

I'**ll** try again next week.
Ich werde es nächste Woche noch mal versuchen.

I'm sure it'**ll** look very smart.
Ich bin sicher, es wird sehr schick aussehen.

'll ist die Kurzform von *will* (unter Umständen auch von *shall* – vgl. 21B2): *it'll* look very smart = *it will* look very smart.
Beispiele mit der Langform:
How much *will* it cost? Was *wird* es kosten?
I'm sure these sandals *will* sell like hot cakes. Ich bin sicher, daß sich diese Sandalen sehr gut verkaufen *werden*.

Andere Ausdrucksformen für die Zukunft sind *be going to* (→ 9C1, 14B3), die Verlaufsform des Präsens (→ 14B3), *will be* + *-ing* (→ 21B1) und das einfache Präsens (→ 21B1). Vergleichende Übersichten der verschiedenen Ausdrucksformen für die Zukunft werden in 14B3 und 21B1 gegeben.

2. Das Hilfsverb <u>would</u>

What colour **would** you like?
Welche Farbe („würden Sie mögen") hätten Sie gern?

One of these T-shirts **would** look very nice with it.
Eines dieser T-Shirts würde hübsch dazu aussehen.

Die Kurzform von *would* ist *'d*:
They'd (= *They would*) go very well with the skirt and T-shirt. (= Sie würden sehr gut zu dem Rock und T-Shirt passen.)
'd ist aber auch die Kurzform von *had* (→ 11B2):
You'd (= *You had*) better take a medium. (= Sie nehmen besser die Mittelgröße.)
Zum Gebrauch der Hilfsverben vgl. 7B1, 8B1, 9B2 und nachstehend 10B3.

3. Das Hilfsverb <u>might</u>

The dark-blue (T-shirt) **might** go nicely with the skirt.
Das dunkelblaue (T-Shirt) könnte schön / würde vielleicht schön zu dem Rock passen.

Zum Unterschied zwischen *might* und *could*:
Might: „könnte" im Sinn einer Wahrscheinlichkeit („würde vielleicht", „es könnte sein, daß").
Could: 1. „könnte" im Sinn „hätte die Fähigkeit/Möglichkeit",
2. zur Einleitung einer Bitte bzw. höflichen Aufforderung.

Vergleichen Sie:
He *might* come on the 8.53. (= Er *könnte* mit dem Zug um 8.53 Uhr kommen. / *Es könnte sein, daß* er mit dem Zug um 8.53 Uhr kommt.)
We *could* also take the 8.53. (= Wir *könnten* auch den Zug um 8.53 Uhr nehmen. / Wir *hätten auch die Möglichkeit*, den Zug um 8.53 Uhr *zu* nehmen.)
I *couldn't* work twelve hours a day. (= Ich *könnte nicht* zwölf Stunden täglich arbeiten.)
Could you meet me at the station? (= *Könntest* du mich am Bahnhof abholen?)

4. Geldbeträge (BE)

99p	ninety-nine pence / ninety-nine p [piː]
£12	twelve pounds
£12.99	twelve (pounds) ninety-nine
£74.95	seventy-four pounds ninety-five
	seventy-four pounds (and) ninety-five pence

Beachten Sie: Trotz des Plurals *pounds/pence* werden Geldbeträge singularisch konstruiert: 74 pounds *is* a lot of money. – Vgl. die Übersicht „Geld", S. 230).

5. Die Fragewörter what und which

What's your room number? *Welche Zimmernummer haben Sie? / Wie ist Ihre Zimmernummer?*
What's it called? *Wie heißt es? / Wie nennt man es?*
What kind of person is he? *Was für ein(e Art) Mensch ist er?*
What size are you? *Welche Größe haben Sie?*
What colour would you like? *Welche / Was für eine Farbe hätten Sie gern?*

Which one (= **Which** skirt) do you mean? *Welchen (= Welchen Rock) meinen Sie?*

Zum Unterschied zwischen *what* und *which*:
What fragt allgemein, während *which* aus einer beschränkten/bestimmten Anzahl auswählt:
(Allgemein:) *What* household appliances do you use?
(= Welche / Was für Haushaltsgeräte benutzen Sie?)
(Auswählend:) *Which* of these appliances do you use in your household?
(= Welche[s] von diesen Geräten verwenden Sie in Ihrem Haushalt?)

10C Sprachgebrauch – Landeskunde

1. *Which one* exactly do you mean?: Vgl. 9B4 und 10B5.
2. „Positive" Adjektive für Gegenstände: *All right* (= in Ordnung, einwandfrei), *good* (= gut), *nice* ([nicht sehr betonend:] = nett, hübsch, schön), *useful* (= nützlich), *comfortable* (= bequem), *fine* (= gut, fein, schön), *smart* (= schick, flott), *stylish* (= elegant, modisch), *pretty* (= hübsch), *beautiful* (= [wunder]schön, herrlich, wunderbar).
3. We've got them in *sand*: *Sand* hier natürlich nicht in der Grundbedeutung *Sand*, sondern *Sandfarbe*.
4. What size *are* you? (= Welche Größe *haben* Sie?): Nicht mit *have*! Beachten Sie die idiomatische Abweichung vom Deutschen.
5. Konfektionsgrößen: Es gibt starke Abweichungen innerhalb des britischen und amerikanischen Marktes und gegenüber verschiedenen kontinentaleuropäischen Ländern. Die meisten Umrechnungstabellen sind unzuverlässig. Hier eine Gegenüberstellung der britischen und deutschen Größen bei Damenoberbekleidung:

Brit.:	10	12	14	16	18	20
Dt.:	36	38	40	42	44	46

6. Have you got a top *to go* with it? (= Haben Sie ein Oberteil [„zu gehen mit ihm"], das dazu paßt?): *To*-Infinitiv in einer dem Englischen eigentümlichen Fügung. Vgl. 5C2 und 9C11 sowie 13B3.
7. How much are they?: Auch *How much do they cost?*

8. Nice – nicely: One of these T-shirts would look very *nice* with it. – The dark-blue T-shirt might go *nicely* with the skirt. *Nice* bezieht sich auf *one of these T-shirts* und ist Adjektiv; *nicely* bezieht sich auf *go* und ist Adverb. Der Unterschied zwischen Adjektiven (ohne *-ly*) und Adverbien (mit *-ly*) wird in 16B1 eingehend erklärt.

9. I try – she *tries*: Bei Verben auf *-y* wird die *-s*-Form *-ies* geschrieben, wenn dem *-y* nicht ein *a, e, o* oder *u* vorausgeht. Also z. B. *I fly – she flies*, aber *I play – she plays*. Vgl. 3B1 und 6B1.

10. That's *a small.* You'd better take *a medium*: *Small* ist (z. B. bei Unterwäsche) die kleinste, *medium* die mittlere, *large* die größte Größe. Normalerweise ist eine Fügung wie *a small* nicht möglich – es müßte *a small one* heißen. In 10A dagegen bezeichnet *small* nicht das Adjektiv in seiner Grundbedeutung („ein kleines/Kleines"), sondern eine Konfektionsgröße: *that's a small* (= das ist ein Small), *that's a (size) twelve* (= das ist eine [Größe] zwölf) Entsprechend dann auch z. B. *the small/medium/large is fine.*

11. I *don't have* them in a five: Auch *I haven't got* them in a five. Vgl. 9C7.

12. Anything else?: *Any* bei fragendem oder verneinendem, *some* bei bejahendem Sinn. *Anything else?* ist eine echte Frage. *Something else?* wäre nicht als Frage, sondern als Vorschlag gemeint. Entsprechend ist *Some tights?* ein Vorschlag, während *Any tights?* eine echte Frage wäre. Vgl. Übung 10D5 und 22B3.

13. Here you are: Wenn man jemandem etwas reicht, sagt man nicht *Please* (womit man ja um etwas bittet), sondern *Here you are*. Vgl. „Alltagsredensarten", S. 216.

Parking is very expensive in London.

10D Übungen

1. Sprechen Sie die Preise in folgendem Foto (von links nach rechts).

2. Üben Sie – möglichst mit Partner(in) – Fragen und Antworten über aktuelle Preise der folgenden Dinge: *pair of tights, pair of sandals, skirt, T-shirt, pair of earrings, washing machine, vacuum cleaner, two-week holiday in Majorca, cheap hotel room, hotel breakfast, cinema ticket.*

How much is a cinema ticket? How much does a cinema ticket cost?	It's It costs	about . . .	(Swiss) francs. (German) marks. (British) pounds. (Austrian) schillings.

3. Machen Sie sinnvolle Aussagen mit *will* bzw. *'ll.*

I don't know if I expect I hope I think I'm sure	I you he/she we the medium the T-shirt the train these sandals	be do like look sell spend	all right. in London next Monday. like hot cakes. on time. our next holiday in Majorca. some gardening this afternoon. the vase. very nice with the skirt.

4. Setzen Sie in der linken Spalte jeweils das passende Fragewort ein, und wählen Sie rechts die passende Antwort.
Fragewörter: *how*, *what*, *when*, *where*, *which*, *who*, *why*.

..... skirt do you mean?	A friend of the family.
..... size are you?	Blue.
..... is your room number?	Fine, thanks.
..... is Annie?	Fourteen, I think.
..... is Brian?	I'm a travel rep.
..... is it called?	In his/her room.
..... is speaking?	In the household.
..... are you?	Oh, she's very nice.
..... are you coming back?	On Sunday.
..... is for her, the jug or the pen?	Some technical failure, I think.
..... do you do?	The jug.
..... kind of person is she?	The sand-coloured one.
..... was the train delayed?	The Sea Shell.
..... does one use it?	This is Vivien.
..... colour is the skirt?	318.

5. Lesen Sie noch einmal, was in 10C12 über den Unterschied zwischen *some* und *any* gesagt ist. Setzen Sie dann in den folgenden Sätzen *some/someone/something* oder *any/anyone/anything* ein.
a) I've got ..... important information for you. b) The train was delayed because of ..... technical failure. c) Have you got ..... more questions? d) Are there ..... more problems? e) I'm afraid we haven't got ..... money left. f) I don't think there'll be ..... more delays. g) There's ..... from Scotland Yard at the door. h) Do you know ..... at the bank? i) Come quick. It's ..... urgent. j) The object isn't a kettle or ..... like that.

6. Ersetzen Sie die unterstrichenen Satzteile durch solche mit (ungefähr) gleicher Bedeutung.
a) The sand-coloured skirt over there looks very smart. b) The object is some sort of household appliance. c) A vacuum cleaner is a household appliance that cleans things and makes a noise. d) Shall we play a game for a change? e) The T-shirt would go nicely with the skirt. f) We've got to be careful with our money. g) These sandals are selling very well. h) How much are these earrings? i) Have you got a top to go with this skirt? j) I'm afraid I don't have a size five.

7. Setzen Sie jeweils ein passendes Hilfsverb ein.

can, can't, could, 'd better, 'll, might, must, shall, should, would

a) Go to the Italian restaurant in York Street. I'm sure you ..... like it. b) There are no taxis. ..... we take a bus? c) A jug's always a useful present. You ..... use it as a vase. d) We've got one in blue and one in pink. Which one ..... you like? e) I can't do it myself. ..... you do it for me? f) As a travel rep you ..... be single. g) These earrings are very expensive. They ..... be real gold. h) There are always delays. I don't know why British Rail ..... keep to their timetables. i) This candlestick looks very nice. ..... we buy it? j) Excuse me, is there a public lavatory around here? – I'm not sure, but there ..... be one in Victoria Street. k) I'm afraid I ..... find my ticket. I..... have to get a new one. l) If you want to run a fruit and vegetable store in New York, you ..... be prepared to work hard. m) British Rail trains are all delayed this morning. You ..... take the Tube.

8. Übersetzen Sie.

a) Er könnte zu Hause sein. b) Der Kassenzettel muß in der Tasche sein. c) Du könntest mich zum Markt fahren. d) Du solltest bis nächste Woche warten. e) Welchen Rock soll ich nehmen? f) Dieses T-Shirt würde sehr hübsch aussehen. g) Ich werde ⟨es⟩ nächste Woche noch mal versuchen. h) Sie können diesen Rock in Blau oder Rosa haben.

11A Text

Back at work

"How d'you mean I'm as fit as a man of thirty – I *am* thirty!"

Eric: Hello, Mike, back from your holiday then? How are you feeling?

Mike: Fit as a fiddle.

Eric: You look thinner too.

Mike: Yes, I managed to lose eleven pounds. I feel like forty.

Eric: You *are* forty, Mike. I was at your birthday party three months ago.

Mike: That's true, but I was feeling like fifty when I went on holiday.

Eric: Sounds like some special kind of holiday. Not the usual sunbathing and overeating, I take it.

Mike: No, not this time. Do you remember when I came back from Austria two years ago? I looked like Orson Welles in his later films. We booked what they call an activity holiday this time.

Eric: I don't believe it.

Mike: Oh yes, we got up at seven every morning and jogged round the lake before breakfast.

Eric: You're joking!

Mike: No, I'm not. And after breakfast we played tennis for an hour or so. Then we were off for a swim in the pool and a sauna. And twice a week we had a mud bath and a massage.

Eric: And don't tell me – for lunch you had raw vegetables and fruit.

Mike: Well, not always. We got a steak now and then. – In the afternoon there was an hour's rest, and then we went on a walking or cycling tour.

Eric: And how did you spend your evenings?

Mike: Oh, we played table tennis or billiards, or took a boat trip round the lake. Once they arranged a dance at the hotel. We tried the discos too, but we couldn't stand the noise.

Eric: You didn't visit the local nightclubs?

Mike: No, we usually went to bed early. We wanted to be fit for the programme the following morning.

Eric: Well, I'm glad to hear you're in such splendid form, Mike. Alan's wife just phoned to say he's ill. Ate some strange foreign food on *his* holiday. I'm afraid you're in for some overtime ...

11B Grammatik

1. Präteritum regelmäßig

We	**played** table tennis. **booked** an activity holiday. **wanted** to be fit.	play (*spielen*) – **played** (*spielten*) book (*buchen*) – **booked** (*buchten*) want (*wollen*) – **wanted** (*wollten*)

Das Präteritum (d. h. die Vergangenheitsform des Verbs) wird regelmäßig durch Anhängen von *-ed* gebildet.

Aussprache der *-ed*-Endung:
Meistens stimmhaft [d]: *played* [pleɪd], *phoned* [fəʊnd], *tried* [traɪd] etc.
Stimmlos [t] nach [k], [p], [s], [ʃ], [f]: *booked* [bʊkt], *hoped* [həʊpt], *watched* [wɒtʃt] etc.
Silbisch [ɪd] nach [t] und [d]: *wanted* [ˈwɒntɪd], *ended* [ˈendɪd] etc.

Schreibregeln:
An stummes End-*e* und an *-ee* wird *-d* angehängt: *manage–managed, arrange–arranged, phone–phoned* etc., *agree–agreed* etc.
-y wird zu *-i-*, wenn kein *a, e* oder *o* vorausgeht: *try–tried* etc., aber *play–played* etc. (→ 10C9)
Ein End-Mitlaut wird nach kurzem, betontem Selbstlaut meistens verdoppelt: *jog–jogged* etc. (→ 12C5)

2. Präteritum unregelmäßig

Viele der am häufigsten gebrauchten Verben bilden das Präteritum unregelmäßig:

Präsens	**Präteritum**	Präsens	**Präteritum**
am	**was** [wɒz]	eat(s)	**ate** [et]
is	**was** [wɒz]	get(s)	**got** [gɒt]
are	**were** [wɜː]	go(es)	**went** [went]
come(s)	**came** [keɪm]	have/has	**had** [hæd]
do(es)	**did** [dɪd]	take(s)	**took** [tʊk]

Vergleichen Sie die Tabelle der unregelmäßigen Verben auf S. 234–236.

3. Could

I **couldn't** stand the noise.
Ich konnte/könnte den Lärm nicht vertragen.

Could kann außer *könnte* auch *konnte* heißen. Die jeweilige Bedeutung läßt sich in der Regel nur aus dem Zusammenhang erschließen.

4. Ago

He came back two weeks **ago**.
Er („kam vor zwei Wochen zurück") ist vor zwei Wochen zurückgekommen.

Anders als seine deutsche Entsprechung wird *ago* stets nachgestellt.

11C Sprachgebrauch – Landeskunde

1. (As) Fit as a fiddle (= „[so] fit wie 'ne Fiedel"): Nach dem gleichen idiomatischen Muster z. B. auch *(as) cold as ice*, *(as) good as gold*, *(as) hard as (a) stone*, *(as) large as life*.
2. Verkürzte Sätze (Ellipsen): Im gesprochenen Englisch werden Sätze gelegentlich – wie auch im Deutschen – durch Weglassen von Satzteilen verkürzt. Beispiele in 11A: *Sounds* like some special kind of holiday = *It/That sounds* like some special kind of holiday, *Ate* some strange foreign food on his holiday = *He ate* some strange foreign food on his holiday.
3. I *was* at your birthday party three months ago (= Ich *bin* doch vor drei Monaten auf deiner Geburtstagsparty *gewesen*): Die Zeitbestimmung *three months ago* macht den Gebrauch der dem Deutschen entsprechenden Perfektform (*ich bin gewesen*) unmöglich. Vgl. 14B2.
4. I *feel* like forty – I *was feeling* like fifty when I went on holiday: Mit der einfachen Form (*feel*) wird die Handlung als „Dauerzustand" gesehen, mit der Verlaufsform (*was feeling*) als „vorübergehender Zustand". Vgl. 6B2.
5. Not the usual *sunbathing* and *overeating*: Aus den Verben *sunbathe* und *overeat* sind durch Anhängen der Endung *-ing* Substantive gebildet worden – eine für das Englische typische Wortbildungsmöglichkeit. Vgl. 4B3.
6. We played tennis *for an hour* (= Wir spielten *eine Stunde lang* Tennis): Vgl. 6A *After that I sleep for an hour* (= Danach schlafe ich eine Stunde).
7. Gebrauch von *have* in von der Grundbedeutung „haben" abweichenden Bedeutungen: 11A we *had* (= took) a mud bath, 11A we *had* (= ate) raw vegetables and fruit, 9A shall we *have* (= play) a game?, 8A *have* (= take) a drink with friends, 8A Kay *has* all sorts of evening activities (= geht allen möglichen Abendaktivitäten nach). Vgl. 20C4.

Orson Welles
in 1976

8. Orson Welles (1915–85): Als Schauspieler, Regisseur, Produzent und Drehbuchautor genialer Allroundman des US-amerikanischen Films. Herausragend *Citizen Kane* [ˈsɪtɪzn ˈkeɪn] („Staatsbürger Kane“, 1941; Drehbuch, Regie und Titelrolle Orson Welles), *The Third* [θɜːd] *Man* („Der dritte Mann“, 1949). Von 1943–47 war er mit Rita Hayworth [ˈheɪwɜːθ] (1918–87) verheiratet.

9. An hour's rest: Genitiv in Zeitangaben. Vgl. 5B2 und 17B3.

10. Gebrauch von *take* in von der Grundbedeutung „nehmen“ abweichenden Bedeutungen: 11A we *took* a boat trip round the lake (= wir machten eine Bootsfahrt um den See), 11A I *take* it (= ich nehme an / [neudeutsch:] gehe davon aus), 6A that *takes* us about two hours (= das kostet uns ungefähr / dafür brauchen wir ungefähr zwei Stunden).

11. Round – around: Sind oft austauschbar, wobei *around* im AE häufig statt BE *round* gebraucht wird. Bisherige Belege: 11A we jogged *round* / (besonders AE:) *around* the lake, 7A all year *round* (= das ganze Jahr über), 3A there are dozens of cinemas *around* / (auch:) *round* Leicester Square. – Vgl. 20C3.

11D Übungen

1. Antworten Sie.

   a) How old is Mike? b) When was his last birthday? c) How was he feeling when he went on holiday? d) How does he feel now? e) What kind of holiday was it? f) What did he and his wife do on their holiday? g) Why didn't they like the discos? h) Did they visit any nightclubs? i) Why did they go to bed early? j) Why is Mike in for some overtime now?

2. Setzen Sie ein passendes Verb im Präteritum ein.

agree, arrive, be, come, do, expect, go, have, jog, look, suggest

a) We ..... round the lake before breakfast. b) He ..... back from London an hour ago. c) I ..... in the sauna this morning. d) They ..... on a cycling tour last Sunday. e) How ..... you spend your last evening in New York? f) I ..... at Cannon Street at 8.53 this morning. g) I ..... a drink with friends before I ..... home. h) We ..... them last week but they ..... not come. i) When Bill ..... a game of Twenty Questions, everybody ..... j) She ..... splendid when she ..... back from Majorca.

3. Antworten Sie wie in den Beispielen.

What time did he get home last night? (at about ten o'clock) He got home at about ten o'clock last night.
Where did you live ten years ago? (in Blackheath) We lived in Blackheath ten years ago.

a) What games did they play? (squash and tennis) b) What was she wearing? (a sand-coloured skirt and a dark-blue T-shirt) c) When did she come back from Austria? (on the sixteenth) d) What time did you arrive at Victoria? (at about two o'clock) e) When did you book your holiday? (on February the fourth) f) What did you have for lunch? (a steak and some vegetables) g) What time did you get up? (at six o'clock) h) When did he go on holiday? (last Monday)

4. Ändern Sie die Sätze so, daß sie sich statt auf die Zukunft auf die Vergangenheit beziehen. (Dabei entfallen die unterstrichenen Zusätze.)

<u>I think</u> I'*ll take* a taxi *next* time. – I *took* a taxi *last* time. They'*ll* <u>probably</u> *arrange* a dance at the hotel *next* Saturday. – They *arranged* a dance at the hotel *last* Saturday.

a) <u>I think</u> I'*ll have* a mud bath *next* time. b) <u>I expect</u> we'*ll take* a boat trip round the lake *next* Sunday. c) <u>I think</u> I'*ll go* to bed early *tonight*. d) She'*ll* <u>probably</u> *be* at his birthday party *next* Friday. e) <u>I'm sure</u> they'*ll go* to the theatre when they'*re* in London. f) <u>I hope</u> she'*ll phone* us when she *arrives*. g) <u>I think</u> he'*ll arrange* everything when he *comes*. h) How long *will* it *take* them to unload the truck?

5. Setzen Sie den folgenden Text aus der Gegenwart in die Vergangenheit.
Lee Chang-Soon <u>has</u> a fruit and vegetable store in Manhattan. His workday <u>starts</u> at midnight and <u>ends</u> at 10 p.m. Mr Lee never <u>watches</u> television in the evening. There'<u>s</u> always work to do. His customers <u>want</u> a wide choice of

fruit and vegetables and they want everything cheap. When Mr Lee gets back from the market at about six o'clock in the morning, he first unloads and stores everything. That takes about two hours. After that he has an hour's rest. He also gets a bit of sleep after work in the evening. Life is hard for Mr Lee but he doesn't complain.

6. Formulieren und beantworten Sie Fragen über den letzten Urlaub. Üben Sie möglichst mit Partner(in).
   a) Kind of holiday? b) Where? How long? c) Eat/Drink/Sleep a lot? d) Food? Weather? People? e) Sports? Other activities? f) Evenings? g) How ... feel after the holiday?

7. Vervollständigen Sie.
   When Mike came back ..... his holiday, he was feeling ..... fit ..... a fiddle. When he and his wife were away ..... holiday, they got up ..... seven every morning and jogged ..... the lake ..... breakfast. ..... breakfast they played tennis ..... an hour or so. Then they were ..... for a swim in the pool and a sauna. ..... the afternoon they had an hour's rest and then went ..... a walking or cycling tour. They usually went ..... bed early.

8. Übersetzen Sie.
   Beachten Sie: Da alle Sätze Zeitbestimmungen der Vergangenheit enthalten, entspricht dem deutschen Perfekt (z. B. *ist gekommen*) im Englischen jeweils das Präteritum (z. B. *kam*). Vgl. 11C3.
   a) Sie ist vor drei Tagen aus dem (= ihrem) Urlaub zurückgekommen. b) Ich bin vor einigen Wochen auf ihrer Geburtstagsparty gewesen. c) Wir haben vorigen (*last*) Freitag unseren Urlaub gebucht. d) Wir haben gestern abend (*last night*) Billard gespielt. e) Wir sind heute morgen (*this morning*) vor dem Frühstück um den See gejoggt. f) Vor zwei Jahren hat er wie Orson Welles ausgesehen. g) Er ist heute morgen nicht zur Arbeit gegangen. h) Die Diskotheken in London haben ihr nicht gefallen. („Sie mochte nicht die Diskotheken ...")

"Hello there! Remember me? We met in Brighton in 1956 and you said if ever I was passing your way, I should look you up."

Find the 9 "ice" words

1 The . . . . . falling in Balcombe Tunnel caused damage to equipment.
2 Have a . . . . . stay in New York.
3 Can I have an orange . . . . ., please?
4 Our customers want a wide . . . . . of fruit and vegetables.
5 All Brighton Line . . . . . were delayed last night.
6 She works in an accountant's . . . . . in the City.
7 He comes here once or . . . . . a week.
8 This T-shirt would go . . . . . with the skirt.
9 There are many cinemas in and around . . . . . Square.

12A

12A Text

Trapped in the Tube

A GUNMAN seized £8,500 from a camera shop in Baker Street yesterday, shooting an assistant who tried to stop him.

A passerby – 24-year-old secretary Vivien Ford – saw the smartly-dressed robber running from the shop and followed him along Baker Street and into Baker Street Tube Station.

When the man got on to a southbound train, she ran up to a London Transport official, shouting that he should stop the train because there was a gunman on it.

"This woman appeared on the platform shouting for us to stop the train because there was a gunman on board," station foreman David Stokes, 48, said later. "We did so, although I suppose it was risky."

The staff shut the doors of the train, locking the robber in with the passengers. Police sealed off the station and searched the train coach by coach until they found and arrested the criminal.

"Many of us didn't know what was happening," said a passenger. "It's a good thing nobody panicked."

A London Transport spokesman praised the staff for stopping the train. "It was a difficult situation for them," he said, "but they did the right thing."

The shop assistant, Mr Peter Cartwright, 37, was "in satisfactory condition" in hospital yesterday evening following an operation on an arm wound.

Last night a man was helping the police with their inquiries.

12B Grammatik

1. Die -ing-Struktur als adverbiale Bestimmung

A gunman seized £8,500 from a camera shop in Baker Street yesterday, **shooting an assistant who tried to stop him**.
Ein bewaffneter Mann erbeutete gestern in einem Fotogeschäft 8500 Pfund, wobei er einen Verkäufer anschoß, der ihn aufzuhalten versuchte.

She ran up to a London Transport official, **shouting that he should stop the train**.
Sie lief zu einem London Transport-Bediensteten und rief, er solle den Zug aufhalten.

The staff shut the doors of the train, **locking the robber in with the passengers.**
Das Personal schloß die Zugtüren und schloß so den Räuber zusammen mit den Fahrgästen ein.

2. So als Stellvertreter (dt. *es*)

She shouted for us to stop the train. We **did so**. (= We stopped the train.)
Sie rief, wir sollten den Zug aufhalten. Wir taten es.

Mit Hilfe von *did so* wird hier die Wiederholung eines längeren verbalen Ausdrucks vermieden.
So (= es) findet sich auch in Verbindung mit anderen Verben:
Is he at home? – I *suppose so*. (= Ich nehme es an.)
Is that the robber? – I *think so* but I'm not sure. (= Ich glaube es . . .)
Have you got a size five? – I *hope so*. (= Ich hoffe es.)

12C Sprachgebrauch – Landeskunde

1. Shoot: Kann – je nach Kontext – *anschießen, niederschießen* oder *erschießen* bedeuten. *Shoot* ist unregelmäßig: *shoot* (= schießen) – *shot* (= schoß).

2. A passerby *saw the robber running* from the shop (= eine Passantin sah den Räuber aus dem Geschäft laufen / sah, wie der Räuber aus dem Geschäft lief): *Saw the robber run from the shop* wäre auch möglich und würde weniger stark „das Miterleben des Ablaufes" betonen. Vgl. 6B2.

3. This woman appeared on the platform shouting *for us to stop* the train (= und rief, wir sollten den Zug aufhalten): *For* + Substantiv/Pronomen + *to*-Infinitiv – eine im Englischen häufige idiomatische Fügung, für die es im Deutschen keine direkte Entsprechung gibt. Vgl. 13C7.

4. Police sealed off the station and searched the train . . . until *they* found: Wie das *they* zeigt, ist *police* Plural. So auch im letzten Satz von 12A: A man was helping the police with *their* inquiries (wäre *police* Singular, so müßte es statt *their its* heißen). Entsprechend wäre also auch richtig: The police *are* (nicht *is*!) sealing off the station.

5. Panic – panicked: Sonderfall bei der Bildung der regelmäßigen Vergangenheitsform, entsprechend der Verdopplung bei *jog–jogged, stop–stopped, trap–trapped* (→ 11B1).

6. Spokesman (= [Presse-]Sprecher): Handelte es sich um eine (Presse-) Sprecherin, so hieße das *spokeswoman.* Würde der Posten von London Transport ausgeschrieben, so müßte die Bezeichnung geschlechtsneutral gehalten sein, also etwa *spokesperson* lauten, da sonst ein Verstoß gegen das Sex Discrimination Act („Geschlechts-Diskriminierungs-Gesetz") von 1975 vorläge.

7. Following an operation: *Following* ist hier Präposition, gleichbedeutend mit *after*: *after an operation.*

8. A man was helping the police with their inquiries: Die klassische Formel, mit der in britischen Zeitungen ausgedrückt wird, daß sich ein Verdächtiger in Polizeigewahrsam befindet und verhört wird (und in aller Regel so unkooperativ wie möglich ist!).

9. Verlaufsform des Präteritums: 12A Many of us didn't know what *was happening*, 12A Last night a man *was helping* the police with their inquiries, 11A I *was feeling* like fifty when I went on holiday. Gleich der Verlaufsform des Präsens (→ 6B2) „dehnt" die Verlaufsform des Präteritums die Handlung, macht sie ihren Ablauf miterlebbar wie in einer Zeitlupenaufnahme, betont sie, daß die Handlung zur angegebenen oder implizierten Zeit gerade ablief, d. h. noch nicht abgeschlossen war.

10. Neue unregelmäßige Verbformen in 12A: *find* (= finden) – *found* (= fand), *run* (= rennen) – *ran* (= rannte), *say* (= sagen) – *said* (= sagte), *see* (= sehen) – *saw* (= sah), *shut* (= schließen) – *shut* (= schloß). Wie bei *shut* ist noch bei einigen anderen unregelmäßigen Verben (vgl. Tabelle S. 234–236) das Präteritum mit dem Infinitiv formgleich. Bei diesen Verben läßt sich nur aus dem Zusammenhang erschließen, ob Präsens oder Präteritum gemeint ist: I *shut* = ich *schließe/schloß*. Bei *he/she/it* allerdings ist das *-s* Unterscheidungsmerkmal: he/she/it *shuts* (= schließt) – he/she/it *shut* (= schloß).

12D Übungen

1. Antworten Sie.
   a) How much money did the gunman seize? b) What kind of shop was it? c) What did the assistant do? d) What did the secretary see? e) What did she do? f) Where did the gunman run off to? g) What did the London Transport staff do? h) What did the police do? i) Did the passengers panic? j) What did the London Transport spokesman say about the station and train staff?

2. Widersprechen Sie wie im Beispiel.

   The gunman shot the secretary.
   No, he didn't shoot the secretary. He shot the assistant.

   a) The gunman seized £850. b) The secretary stopped the gunman. c) The gunman ran into a public lavatory. d) He got on to a northbound train. e) The station foreman stopped the gunman. f) The police shot the gunman. g) All the passengers knew ([nju:] = wußten) what was happening. h) The London Transport spokesman praised the police.

3. Antworten Sie.
   a) Why did the gunman shoot the assistant? b) Why did the secretary follow the smartly-dressed man? c) Why did the London Transport staff (they!) stop the train and shut its doors? d) Why was it risky to lock the robber in with the passengers? e) Why did the police search the train? f) Why did the London Transport spokesman praise the station and train staff? g) Why did the gunman help the police with their inquiries?

4. Sie haben die Geschichte mit dem *gunman* (12A) als Augenzeuge miterlebt. Erzählen Sie, was Sie gesehen haben.

I saw the	criminal gunman police robber woman	(arrest) (follow) (get) (run) (search) (shoot)	from the shop. into Baker Street Tube Station. on to the train. the gunman/robber/criminal. the shop assistant. the train.

5. Erzählen Sie mit Hilfe der aufgeführten Verben, was die Beteiligten in 12A taten.
The gunman (seize / shoot / run / get on to) . . .
The assistant (try) . . .
The secretary (see / follow / run up to / shout) . . .
The London Transport staff (stop / lock in) . . .
The police (seal off / search / find / arrest) . . .
The passengers (not know / not panic) . . .
The London Transport spokesman (praise) . . .
A hospital spokesman (say) . . .

6. Setzen Sie das Verb in die passende Zeit (Vergangenheit, Gegenwart, Zukunft).
a) I (see) him at the club yesterday. b) I (see) her in London next week. c) Something strange (happen) last night. d) Do you know where she (work) now? e) I visited her when she (be) in hospital. f) We (arrest) him if we find him. g) He (manage) to lose 11 pounds on his holiday. h) Our train (leave) in two minutes. i) She (not always lock) the door when she goes out. j) The police searched the flat but (not find) anything. k) If the train's on time, I (arrive) at Cannon Street at 8.53. l) Where (that man get) on to the train? m) There (be) a dance at the hotel tonight.

7. Formulieren Sie einfache Definitionen. (→ 9D5)

> A London Transport spokesman is an official . . . (speak)
> A London Transport spokesman is an official who speaks for London Transport.

a) A gunman is a criminal . . . (have) b) A London Transport official is a person . . . (work) c) A waitress is a woman . . . (work) d) A shop assistant is someone . . . (work) e) A camera shop is a shop . . . (sell) f) A southbound train is a train . . . (go)

8. Ausspracheübung
Die Buchstabenkombination *ea* kommt im Englischen außerordentlich häufig vor und wird unterschiedlich ausgesprochen. Sprechen Sie die folgenden Wörter mit *ea* laut.

[iː] sea, please, reason, reader, clean, dream, leave, east, Blackheath, cheap, speak, overeat, heater

[ɪə] dear, hear, near, year, appear, earring, area, idea, real, theatre, Mediterranean, Korean

[e] ready, already, ahead, heavy, weather, breakfast

[eɪ] great, steak

[ɜː] search, learner, early, earthenware

[eə] wear

[j] beautiful

9. Übersetzen Sie unter Beachtung der Vorbemerkung zu 11D8.
a) Ich habe ihn gestern im Pub gesehen. b) Wir haben gestern bis gegen sieben gearbeitet. c) Ein Räuber hat gestern in (*from*) einem Fotogeschäft 8500 Pfund erbeutet. d) Die Polizei hat gestern im U-Bahnhof Baker Street einen Zug angehalten und durchsucht. e) Sie ist gestern nicht im Büro gewesen. f) Ich habe ihn gestern nicht gesehen. g) Sind Sie gestern abend ausgegangen? – Nein. h) Wann ist sie angekommen?

13A

13A Text

A master of his craft

Look in the "Thrillers" section of any bookshop, English or German, and you're sure to find books by Raymond Chandler there. Chandler, who died in 1959, wrote only seven novels, but they became classics of their kind.

The central character in all of them is Philip Marlowe, a private detective who lives and works in the Los Angeles area. One may say that Marlowe is a typical American hero: tough, honest, quick-witted, always ready to risk his life for somebody who suffers injustice. Marlowe is poor, because Chandler believes it is impossible for a decent man to become rich. He is, in a way, a failure. As Chandler writes in a letter: "I see him always in a lonely street, in lonely rooms, puzzled but never quite defeated." And Marlowe is an idealist. In Chandler's words: "He doesn't talk or behave like an idealist, but I think he is one at heart; and I think he rather hates to admit it, even to himself."

Unlike his hero Philip Marlowe, who was born in Santa Rosa, California, Raymond Chandler was born in Chicago, Illinois, in 1888. When his father left the family, his mother took him to England to stay with her relatives in London. From 1900 to 1905 he attended an English public school and then spent some time in France and Germany in order to learn the languages.

After various jobs in London and Los Angeles, and service in France during the First World War, Chandler returned to the United States to live in southern California, where he eventually became director of a number of oil companies. Fired from his job for drinking, he turned to writing, publishing his first short story in 1933. In 1939 he brought out his first novel, *The Big Sleep*. This and the novels that followed, together with the

film scripts he wrote for Hollywood, made him one of America's leading writers.
His books were ideal material for films. *The Big Sleep* (Howard Hawks, 1946), with Humphrey Bogart as Philip Marlowe, was one of the best films based on a novel by Chandler. For Chandler, Bogart was just the right actor to play Marlowe. "Bogart can be tough without a gun," he wrote in a letter.
Together with his wife – they married in 1924 – Chandler lived a rather secluded life. Perhaps for this reason he was a great letter writer. His "Selected Letters", like his novels and short stories, show him as a master of the American language.

13B Grammatik

1. Relativsätze mit und ohne Relativpronomen

a) Marlowe is **a private detective** who lives and works in the Los Angeles area. *M. ist ein Pr.-D., der in der Gegend von L.A. lebt und arbeitet.*
b) **Chandler**, who died in 1959, wrote only seven novels. *Chandler, der 1959 starb, schrieb nur sieben Romane.*
c) The cause was **ice falling in Balcombe Tunnel**, which caused damage to equipment. *Die Ursache war herabfallendes Eis im B. T., das Anlagen beschädigte.*
d) This and **the novels** that/which followed made him one of America's leading writers. *Dieser und die Romane, die folgten, machten ihn zu einem der führenden Schriftsteller Amerikas.*
e) His novels and short stories, together with **the film scripts** (which/that) he wrote for Hollywood, made him one of America's leading writers. *Seine Romane und Short stories wie auch die Drehbücher, die er für Hollywood schrieb, machten ihn zu einem der führenden Schriftsteller Amerikas.*

Durch Relativsätze werden Substantive bzw. Substantivphrasen (so etwa die fettgedruckten in den vorstehenden Sätzen) näher bestimmt.
Der Relativsatz kann durch ein Relativpronomen (oben *who*, *which*, *that*) eingeleitet sein. Dabei steht
who mit Bezug auf Personen (a und b),
which mit Bezug auf Sachen (c, d und e)
und *that* meist ebenfalls mit Bezug auf Sachen (d und e).
Gern wird der Relativsatz ohne Relativpronomen angehängt, sofern das Verb des Relativsatzes ein eigenes Subjekt (z. B. *he* in e) hat.
Durch Komma(s) abgetrennt wird ein Relativsatz, der eine für das Verständnis des Hauptsatzes bzw. Bezugssubstantivs entbehrliche Information enthält (b und c). Solche „nicht definierenden" Relativsätze können nicht durch *that* eingeleitet werden; auch das Weglassen des Relativpronomens ist bei ihnen ausgeschlossen.
Vgl. 9C12, 14C11, 15C4, 15C7.

2. Der to-Infinitiv nach Kettenverben und -adjektiven

a) He rather	**hates**	**to admit**	it, even to himself.
b) I	**managed**	**to lose**	eleven pounds.
c) She's	**trying**	**to find**	a present for Tony.
d) We	**want**	**to get on.**	
e) I'm	**glad**	**to hear**	you're in such splendid form.
f) You must be	**prepared**	**to work**	hard.
g) He's always	**ready**	**to risk**	his life.
h) You're	**sure**	**to find**	books by Chandler there.

Deutsche Entsprechungen etwa: a) haßt es, es zuzugeben. b) brachte es fertig, ... zu verlieren/abzunehmen. c) versucht, ... zu finden. d) wollen vorankommen. e) freue mich, zu hören. f) bereit sein, ... zu arbeiten. g) bereit, ... zu riskieren. h) werden sicher ... finden.

Wie die vorstehenden Verben und Adjektive gibt es noch viele andere, an die sich ein *to*-Infinitiv anhängen läßt. Weitere Hinweise auf solche Kettenausdrücke finden sich in 22B2.

3. Die Infinitivstruktur als Attribut (→ 10C6)

a) Bogart was just **the right actor** to play Marlowe.
B. war genau der richtige Schauspieler für die Rolle des Marlowe.
b) There's always **work** to do. (6A)
Es gibt immer („Arbeit, die zu tun ist") was zu tun.
c) Have you got **a top** to go with it? (10A)
Haben Sie ein Oberteil, das dazu paßt?
d) **The question** to ask is: "Excuse me, where's the toilet?" (3A)
Die Frage, die man stellt / stellen soll(te), ist ...

Wie Relativsätze (→ 13B1) dienen die hier dargestellten Infinitivstrukturen der näheren Bestimmung von Substantiven bzw. Substantivphrasen (vorstehend fett gedruckt).
Für diesen Gebrauch des *to*-Infinitivs gibt es (wie die vorstehenden Übersetzungen zeigen) im Deutschen keine direkte Entsprechung.

4. A(n) bei Berufsbezeichnungen

a) Philip Marlowe is **a private detective**. *Philip Marlowe ist Privatdetektiv.*
b) Chandler became **a writer**. *Chandler wurde Schriftsteller.*

c) Chandler became **director** of a number of oil companies.
Chandler wurde Direktor einer Reihe von Ölgesellschaften.

Berufsbezeichnungen stehen im allgemeinen mit dem unbestimmten Artikel *a(n)* (a und b).
Handelt es sich um eine nur einmal vorhandene berufliche Funktion, so steht der Artikel nicht (c). Also etwa auch: *He wants to be(come) president of the United States.*

13C Sprachgebrauch – Landeskunde

1. A master *of* his craft (= ein Meister seines Handwerks): Die Fügung mit *of* entspricht häufig – wie hier – einem deutschen Genitiv. Weitere Beispiele: 13A *one of the best films* (= einer der besten Filme), 13A *director of an oil company* (= Direktor einer Ölgesellschaft), 12A *the doors of the train* (= die Türen des Zuges), 8A *because of a strike* (= wegen eines Streiks). Vgl. 9C2 und 5B2.
2. Chandler: Aussprache [ˈtʃɑːndlə] beachten.
3. Jahreszahlen werden wie folgt gesprochen: 1959 = nineteen fifty-nine, 1888 = eighteen eighty-eight, 1900 = nineteen hundred, 1905 = nineteen hundred and five / nineteen o [əʊ] five, 2000 = two thousand, 2001 = two thousand and one.
4. Los Angeles: Aussprache [lɒˈsændʒələs]. Muttersprachliche Kenner der Stadt sagen (und schreiben) LA [elˈeɪ].
5. One *may* say (= man kann sagen): *May* ist ein Hilfsverb mit den gleichen strukturellen Eigenschaften wie *can*, *could*, *will*, *would* etc. Vgl. 7B1, 8B1, 9B2, 10B2, 10B3.
6. Hero: Der Plural wird *heroes* geschrieben. Entsprechend auch *noes* in 9A.
7. It is impossible *for a decent man to become* rich: Vgl. 12C3.
8. He rather hates to admit it, even to *himself* (= er gibt es ungern zu, auch sich selbst gegenüber): Vgl. 10A I'm wearing a pair *myself* (= ich trage selbst welche) sowie 14C6, 15C6 und 20B3.
9. Illinois: Aussprache [ɪlɪˈnɔɪ] beachten.
10. Public schools: BE private höhere Schulen mit Internat für 13- bis 18jährige Jungen (seltener Mädchen); Abschluß: Hochschulreife. – AE öffentliche Schulen der Primar- oder Sekundarstufe.
11. He spent some time in France and Germany *(in order) to learn* the languages (= um die Sprachen zu lernen), He returned to the United States *to live* in southern California (= um in Südkalifornien zu leben): *To*-Infinitiv zum Ausdruck des Zwecks, manchmal mit *in order* verstärkt. Vgl. auch 11A Alan's wife just phoned *to say* he's ill (= um zu sagen, daß er krank ist) und 9C11.
12. Eventually, novel: „Falsche Freunde", denn *eventually* heißt nicht *eventuell* (sondern *schließlich*) und *novel* nicht Novelle (sondern *Roman*).
13. Howard Hawks: Bedeutender US-amerikanischer Regisseur (1896–1977) von Abenteuer-, Kriminal- und Wildwestfilmen sowie Filmkomödien, u. a. *To Have and Have Not* (1944), *Red River* (1948) und *I Was a Male War Bride* („Ich war eine männliche Kriegsbraut", 1949).
14. They *married* in 1924 (= sie heirateten 1924): *Heiraten* heißt auch *get married*: Chandler *got married* (= „wurde ver-/geheiratet" / heiratete) in 1924. Als Adjektiv ist *married* das Gegenteil von *single*: He's *married* / a *married* man (= ist verheiratet / ein verheirateter Mann).

Humphrey Bogart as Philip Marlowe in *The Big Sleep*

15. Humphrey Bogart: US-amerikanischer Filmschauspieler (1899–1957), eine Kultfigur wie etwa Greta Garbo und James Dean. Herausragende Filme u. a.: *Casablanca* (1942), *The Caine Mutiny* ['mju:tɪnɪ] (wörtlich: „Die Caine-Meuterei", deutscher Titel: *Die Caine war ihr Schicksal*, 1954).

16. Neue unregelmäßige Verbformen in 13A: *become* (= werden) – *became* (= wurde), *bring* (= bringen) – *brought* (= brachte), *leave* (= verlassen) – *left* (= verließ), *make* (= machen) – *made* (= machte), *spend* (= verbringen) – *spent* (= verbrachte), *write* (= schreiben) – *wrote* (= schrieb).

13D Übungen

1. Beantworten Sie folgende Fragen über Raymond Chandler.
   a) Where can you find Raymond Chandler's books? b) When did Chandler live? c) Where was he born? d) Where did Chandler live as a child? e) What kind of school did he attend? f) Why did he spend some time in France and Germany? g) Where did Chandler go to live after the First World War? h) What did he do before he became a writer? i) When did he get married? j) When did he publish his first novel? k) How many novels did he write? l) Did he only write novels?

2. Beantworten Sie folgende Fragen über Philip Marlowe.
   a) What does Marlowe do? b) Where does Marlowe live and work? c) What kind of man is he? d) Why isn't Marlowe rich, according to Chandler? e) Do you think he's married? (Why or why not?) f) Where was Marlowe born? g) Who was the ideal actor to play Marlowe?

3. Reden Sie über Humphrey Bogart. Gebrauchen Sie die Vergangenheitsform.

Humphrey Bogart He	(be) (be born) (can) (die) (make) (marry) (play)	a famous U.S. actor. be tough without a gun. four times. heroes and criminals in many films. his best films in the nineteen forties. his first film in 1930. in Hollywood in 1957. in New York City in 1899.

4. Vervollständigen Sie.
   a) Raymond Chandler lived from ... b) He was born ... c) He wrote ... d) The central character in Chandler's novels is ... e) Philip Marlowe is ... f) Chandler attended ... g) He spent some time in ... h) After the First World War, Chandler ... i) He eventually became ... j) Chandler got married ... k) He published his first ... l) Humphrey Bogart ...

5. Reden Sie über sich selbst.
   a) I was born ... b) I went to school in ... c) I went to the ... Schule for ... years / from ... to ... d) I lived in ... from ... to ... e) I spent some time in ... f) I now live in ... g) I work / go to school ... h) I am ... married and have ... children. (I got married in ...) i) I (don't) like thrillers / Humphrey Bogart films / writing letters / ...

6. Setzen Sie ein Verb in der passenden Form ein.
   a) Raymond Chandler ..... in 1888 and ..... in 1959. b) After the First World War, Chandler ..... to live in southern California. c) He eventually ..... director of a number of oil companies but was fired from his job for ..... d) Finding himself without a job, he turned to ..... e) He ..... his first novel in 1939. f) Howard Hawks' film *The Big Sleep* was ..... on a novel by Chandler. g) Humphrey Bogart was the right actor ..... Marlowe because he ..... be tough without a gun. h) According to Chandler, Marlowe hated ..... that he was an idealist. i) Chandler ..... married in 1924. j) Chandler and his wife ..... a rather secluded life.

7. Setzen Sie *who*, *which*, *that*, *where* oder (wo möglich) nichts ein.
   a) Chicago is the city ..... Chandler was born; it's not the city ..... he lived and worked. b) This is the school ..... Chandler attended. c) *The Big Sleep* was the first novel ..... Chandler wrote. d) *The Big Sleep* and the novels ..... followed made Chandler famous. e) Among the film scripts ..... Chandler wrote was one for a film by Alfred Hitchcock. f) Philip Marlowe is a private detective ..... lives and works in the Los Angeles area. g) Marlowe is always ready to help people ..... suffer injustice. h) The actor ..... plays Philip Marlowe should be tough and honest. i) *Casablanca* is one of the films ..... made Bogart famous. j) This is the bookshop ..... I bought *The Big Sleep*.

13D

8. Übersetzen Sie.

a) Raymond Chandler schrieb Kriminalromane, die Klassiker ihrer Art wurden. b) Chandler wurde 1888 in Chicago geboren. c) 1895 brachte ihn seine Mutter nach England. d) Von 1900 bis 1905 besuchte er eine englische Public School. e) Die Public School, die Chandler besuchte, ist südlich (*south*) der Londoner City. f) Chandler heiratete 1924. g) 1939 veröffentlichte er seinen ersten Roman. h) Dieser Roman und die anderen, die folgten, machten Chandler ⟨zu⟩ einem der führenden Schriftsteller Amerikas. i) Chandlers Held Philip Marlowe ist ein Privatdetektiv, der in der Gegend von Los Angeles lebt und arbeitet.

Master Cross word

ACROSS

1 A vacuum cleaner is a household .....
7 Short for a city in California.
8 Sixty minutes.
11 Let's ..... a drink.
12 Philip Marlowe is an ..... man.
15 I'm looking for Brian. Where is .....?
16 He gets ..... at six o'clock every morning.
18 *The Big Sleep* is one.
19 It's a ..... thing nobody panicked.
20 What kind of man is .....?
21 The City is a part of ..... London.

DOWN

1 They locked the robber in with the passengers ..... it was risky.
2 Not many people ..... in the City of London.
3 Living in Manhattan has ..... problems.
4 Are you interested in detective stories? – Yes, I .....
5 A writer of detective novels.
6 People who write books.
9 Some people spend hours watching it every day.
10 Chandler turned ..... writing rather late in life.
12 Where's Jane? – In ..... room.
13 The "house" a small sea animal lives in.
14 ..... dear!
17 A great American writer (1809–49), the father of the modern detective story.

14A Text

Preparing for the holidays

Roy: Have you got everything ready?

Judy: Almost. These are your things, mine are over there, and Dave has packed his own bag. It's an awful lot, all together. Shep's things will take up a lot of space too. – Have you been to the post office?

Roy: Yes. I've told them to hold our mail, and I've paid all the bills.

Judy: And you've cancelled the paper and the milk?

Roy: Oh yes, I did that yesterday. I collected the passport too.

Judy: Whose passport?

Roy: Dave's. You remember, it had to be extended.

Judy: Oh yes, of course. Goodness, I forgot all about it. There are so many things to think of ... Have you talked to John and Morna about the garden?

Roy: Yes. John's going to mow the lawn once a week, and Morna will water the plants. They're coming over tonight, so we can show them everything then.

Judy: You've told them about the cats?

Roy: They'll give them their meal every day, starting tomorrow, but apart from that they'll leave them to themselves.

Judy: We *are* lucky to have them as neighbours. They're such nice people, and always ready to help ...

Roy: And reliable!

Judy: Yes, absolutely. And fond of animals. All the same, I'm glad they won't have to take Shep this time. Of course, he's already noticed that we're going away. He's following me like a shadow.

Roy: I wouldn't want to leave him behind again. He gets so depressed, thinks we've gone for good.

Judy: He'll be happy this time. He loves travelling by car ... That reminds me – you've had the car serviced, haven't you?

Roy: Oh yes. They've checked everything – oil, battery, tyres, brakes, the lot. Of course, an old car like ours can always break down. But it isn't likely – not after all the trouble they've taken with it at the garage. – Shall I start putting the things in?

Judy: Yes, do. – Just look at that dog. He knows exactly what's going on. You can see it in his eyes. "Nobody's going to leave me behind this time." That's what you're saying, isn't it, darling?

14B Grammatik

1. Das Perfektpartizip

	Perfektpartizip	
I have he has they have	**talked** **noticed** **checked**	*ich habe geredet* *er hat bemerkt* *sie haben überprüft*

Das Perfektpartizip wird bei regelmäßigen Verben wie das Präteritum (→ 11B1) gebildet.
Bei unregelmäßigen Verben (→ 11B2) muß die Form des Perfektpartizips wie auch die Form des Präteritums besonders gelernt werden. Aus diesem Grund prägt man sich bei unregelmäßigen Verben die drei „Stammformen" am besten zusammen ein (→ S. 234–236):

Infinitiv	Präteritum	Perfektpartizip	
go	went	gone	*gehen – ging – gegangen*
pay	paid	paid	*bezahlen – bezahlte – bezahlt*
take	took	taken	*nehmen – nahm – genommen*
tell	told	told	*sagen – sagte – gesagt*

2. Das Perfekt: Gebrauch für abgeschlossene Handlungen (→ 20B1)

	have	Perfekt-partizip		
a) They	**have**	**checked**	everything.	*haben überprüft*
b) He	**has**	**paid**	all the bills.	*hat bezahlt*
c)	**Have you**	**talked**	to John?	*hast gesprochen*
d)	**Has she**	**been**	to the post office?	*ist gewesen*

Das Perfekt wird immer(!) mit *have* gebildet (also nicht wie im Deutschen manchmal mit *sein* – vgl. d).

Das Perfekt ist angebracht, wenn mitgeteilt werden soll, *daß* die Handlung stattgefunden hat – nicht *wann* sie stattgefunden hat. Sagt der Satz (oder denkt der Sprecher daran!), *wann* die Handlung stattgefunden hat, so muß (im Gegensatz zum Deutschen) das Präteritum stehen (→ 11C3):
Have you *paid* the bills? – Yes, I *paid* them this morning.
(= *Hast* du die Rechnungen *bezahlt*? – Ja, ich *habe* sie heute morgen *bezahlt*.)
Have you *cancelled* the paper? – Yes, I *did* that yesterday.
(= *Hast* du die Zeitung *abbestellt*? – Ja, das *habe* ich gestern *gemacht*.)
Entsprechend auch in *wann*-Fragen:
When *did you talk* to Morna? (= Wann *hast* du mit Morna *gesprochen*?)

(Außer für abgeschlossene kann das Perfekt auch für noch nicht abgeschlossene, d. h. aus der Vergangenheit in die Gegenwart reichende Handlungen gebraucht werden. Dieser Gebrauch wird in 20B1 dargestellt.)

3. Möglichkeiten zum Ausdruck der Zukunft (Futur) (→ 10B1, 21B1)

a) Shep's things **will take up** a lot of space. (14A)
b) She**'ll** (= She **will**) **water** the plants. (14A)
c) They **won't** (= **will not**) **have to** take Shep this time. (14A)
d) Who**'s going to be** the challenger? (9A)
e) John**'s going to mow** the lawn once a week. (14A)
f) Nobody**'s going to leave** me behind this time (14A)
g) They**'re coming over** tonight. (14A)
h) When **are** you **coming back**? (4A)
i) He's already noticed that we**'re going away**. (14A)

Will, be going to und die Verlaufsform des Präsens sind die drei wesentlichen Mittel zum Ausdruck der Zukunft (vgl. aber auch 21B1).

Will (a–c) drückt die Zukunft auf die „neutralste", „allgemeinste" Art aus und kommt daher – rein statistisch gesehen – am häufigsten vor (vgl. 10B1). Der Gebrauch von *will* ist u. a. angebracht, wenn es sich um einen gerade gefaßten Entschluß handelt, wenn Absicht, Planung usw. (vgl. *be going to* und Verlaufsform) nicht betont werden sollen, oder wenn sich der Sprecher nicht sicher ist, daß die Handlung tatsächlich stattfinden wird. – Beachten Sie die verneinte Kurzform *won't* (c).

Be going to (d–f) betont Absicht (d–e), Entschlossenheit (f) oder Gewißheit. Vgl. 9C1.

Der Gebrauch der Verlaufsform des Präsens (g–i) setzt in der Regel voraus, daß der Zukunftsbezug durch eine Zeitbestimmung der Zukunft (g: *tonight*) oder ein entsprechendes Fragewort (h: *when*) ausgedrückt wird. (Satz i enthält eine solche Zeitbestimmung nicht; hier geht der Zukunftsbezug aus dem Zusammenhang hervor.) – Mittels der Verlaufsform wird unterstrichen, daß die Handlung für die Zukunft vereinbart, vorgesehen, geplant ist.

4. Zur Bildung der -ing-Form (→ 4B3, 11C5, 12B1)

a) „Normalfall": Infinitiv + *-ing*

wait–waiting	*complain–complaining*	*play–playing*
speak–speaking	*go–going*	*hurry–hurrying*

b) Stummes End-*e* entfällt (→ 11B1):

come–coming	*prepare–preparing*
live–living	*sunbathe–sunbathing*

c) End-Mitlaut wird nach kurzem, betontem Selbstlaut meist verdoppelt (→ 11B1):
get–getting *stop–stopping* *put–putting* *run–running*

d) Bei Wörtern wie *cancel* und *travel* wird das End-*l* im BE verdoppelt:
cancel – BE *cancelling* / AE meist *canceling*
travel – BE *travelling* / AE meist *traveling*

5. Die angehängte Kurzfrage („nicht wahr?") (→ 20C8)

You've had the car serviced, **haven't you?**
Du hast doch den Wagen warten lassen, nicht wahr?

That's what you're saying, **isn't it?**
Das („ist es doch, was du sagst") sagst du doch, nicht wahr?

Die dem dt. *nicht wahr?* (auch *gelt?/gell?*) entsprechende angehängte Kurzfrage (Frageanhängsel, question tag) wird entsprechend den Regeln für Fragekonstruktion (→ 7B1) und Verneinung (→ 8B1) gebildet, d. h.: steht vorn ein „normales" Verb wie z. B. *follow*, so wird das Frageanhängsel mit einer Form von *do* gebildet:

He follows her like a shadow, *doesn't he?*

He followed her like a shadow, *didn't he?*

Anders als die obigen Beispiele hat der folgende Satz aus 4A ein negatives „Kopfstück" und ein positives Frageanhängsel:

You aren't serious, *are you?* (= Das ist doch nicht dein Ernst, oder?)

"You aren't serious, are you?"

6. Das alleinstehende Possessivpronomen

An old car like *Ein altes Auto wie*	**mine** *meins* **yours** *deins/Ihres/eures* **his** *seins* **hers** *ihres* **ours** *unseres* **theirs** *ihres*	can always break down. *kann immer kaputtgehen.*

Entsprechend auch:
These are your things, *mine/his/hers/ours* are over there.
(= Dies [hier] sind deine Sachen, *meine/seine/ihre/unsere* sind da drüben.)

Bei diesem Gebrauch steht das Possessivpronomen nicht attributiv vor einem Substantiv (→ 6B4), sondern allein. Vergleichen Sie:
This is *my* book. (= Dies ist mein Buch.)
This book is *mine*. (= Dieses Buch [„ist meins"] gehört mir.)

14C Sprachgebrauch – Landeskunde

1. Dave has packed his *own* bag (= hat seine *eigene* Tasche gepackt): Dt. = hat seine Tasche *selbst/selber* gepackt. Vgl. 20B3.
2. Have you been *to* the post office?: Beachten Sie den Gebrauch von *to*. Entsprechend: Have you ever been *to* London? (= Sind Sie schon mal in London gewesen?)
3. I've told them *to hold* our mail (= Ich habe ihnen gesagt, sie sollen unsere Post zurückhalten): Ein dem Englischen eigentümlicher Gebrauch des Infinitivs.
4. Cancelled: AE meist *canceled*. Entsprechend: BE *travelled* / AE meist *traveled*. Vgl. 14B4d.
5. The passport had to *be extended* (= Der Paß mußte *verlängert werden*): Das Passiv wird erst in der nächsten Lektion systematisch behandelt.
6. They'll leave them to *themselves* (= Sie werden sie sich selbst/selber überlassen): Vgl. 13C8.
7. They're *such* nice people (= Sie sind [„*solche* netten"] *so* nette Leute): Statt *such* kann nicht etwa *so* stehen; *so* muß aber z. B. stehen in *They're so nice*. Vgl. 5A Sue isn't *such* a problem (= Sue ist kein *solches* Problem), 9A There's no *such* object in this room (= In diesem Zimmer ist kein *solcher* Gegenstand) und 11A I'm glad to hear you're in *such* splendid form (= ... daß du in *so* ausgezeichneter Verfassung bist). – Belege für engl. *so* = dt. *so*: 14A He gets *so* depressed, 14A There are *so* many things to think about, 7A The island's not *so* busy then.
8. They're fond of animals: Ähnlich *They like/love animals*.

9. He *loves travelling* by car (= Er fährt furchtbar gern mit dem Auto), Shall I *start putting* the things in? (= Soll ich anfangen, die Sachen einzuräumen?): *-ing*-Form nach Kettenverben. Vgl. 13B2 und 22B2.
10. You've *had the car serviced*? (= Du hast das Auto [„warten lassen"] in der Inspektion gehabt?): Entsprechend könnte man sagen: I've *had my passport extended* (= Ich habe meinen Paß verlängern lassen), I've *had the lawn mowed* (= Ich habe den Rasen mähen lassen), I've *had the brakes checked* (= Ich habe die Bremsen überprüfen lassen).
11. Not after all the trouble *(that) they've taken with it at the garage* (= Nicht nach all der Mühe, die sie sich in der Werkstatt damit gegeben haben): Relativsatz ohne Relativpronomen (→ 13B1).
12. *Shall* I start putting the things in? (= *Soll* ich anfangen, die Sachen einzupacken/einzuräumen?): Zum Gebrauch von *shall* vgl. 9B2 und 9D4.

14D Übungen

1. Antworten Sie.

a) What did Roy do at the post office? b) When did he cancel the paper and the milk? c) Whose passport had to be extended? d) Who are John and Morna? e) In what way are they going to help Roy and Judy? f) Why are they coming over tonight? g) Who is Shep? h) Are the family going to leave Shep behind? i) How are they going to travel? j) Have they got a new car?

2. Antworten Sie wie in den Beispielen.

When are you going to pay the bills? – I've paid them already.
When are you going to collect the passport? – I've collected it already.

a) When are you going to book the tickets? b) When are you going to mow the lawn? c) When are you going to pack your bag? d) When are you going to water the plants? e) When are you going to phone Roy? f) When are you going to clean the lettuce? g) When are you going to talk to Morna? h) When are you going to check the tyres?

3. Geben Sie Kurzantworten.

Have you got everything ready? (y) – Yes, I have.
Has Dave packed his bag? (n) – No, he hasn't.

a) Have you been to the post office? (y) b) Did you cancel the paper? (y) c) Have you got the garage bill? (n) d) Are you going to leave the dog behind? (n) e) Is John going to mow the lawn? (y) f) Are Morna and John coming over tonight? (y) g) Did you tell them about the cats? (n) h) Does Shep like travelling by car? (y) i) Are the Smiths going on holiday too? (n)

4. Antworten Sie wie in den Beispielen. (Beachten Sie: Mit Hilfe der eingeklammerten Zusätze wird ausgesagt, *wann* die Handlung stattgefunden hat; dadurch wird der Gebrauch des Perfekts in der Antwort unmöglich.) (Vgl. 14B2.)

Have you packed your bag? (this morning) Yes, I packed it this morning.
Have you cancelled the papers? (yesterday) Yes, I cancelled them yesterday.

a) Have you paid this bill? (last week) b) Have you collected the tickets? (on Monday) c) Have you talked to the caretaker? (last night) d) Have you mowed the lawn? (this afternoon) e) Have you watered the plants? (this morning) f) Have you phoned Cathy? (from the office) g) Have you booked the hotel? (today) h) Have you checked the tyres? (before you came)

5. Es ist der Morgen des Tages vor der Abreise in die Ferien. Sie sind Judy/Roy. Reden Sie über Dinge, die Sie heute (vielleicht) tun werden.

(I think) (Perhaps) (Later)	I'll I'm going to	(have to)	cancel collect go have mow pack pay put talk water	all the bills. my bags. my passport / the tickets. our bags in the car. the car serviced. the lawn. the paper and the milk. the plants. to Morna about the cats. to the post office / bank.

6. Variationen über den Satz: *You've had the car serviced, haven't you?* – Setzen Sie jeweils das fehlende Element ein, und übersetzen Sie den Satz.
a) They ..... their car serviced before they went on holiday. b) You must ..... your car serviced. c) Where ..... you usually have your car serviced? d) I think I'll have to ..... my car serviced before I go. e) That's the garage where you usually have your car serviced, ...? f) He's had the car serviced, ...? g) You should have your brakes ..... h) I've had my passport ..... i) You're ..... to have your passport extended, aren't you?

7. Übersetzen Sie die folgenden Sätze mit *selbst* (→ 14C6, 14C1, 13C8).
a) Ich habe selbst einen Hund. b) Ich habe die Reifen selbst geprüft. c) Wir sollten die Katzen sich selbst überlassen. d) Shep können wir nicht sich selbst überlassen. e) Er würde es nie zugeben, auch sich selbst gegenüber. f) Dave hat seine Tasche selbst gepackt.

14D

8. Ersetzen Sie die unterstrichenen Satzteile durch alleinstehende Possessivpronomen (→ 14B6).

> These are your things; my things are over there.
> These are your things; mine are over there.

a) Your family is rich but my family is poor. b) Their garden is just right, but our garden is too large. c) Her relatives are in England, but his relatives are in the United States. d) A house like their house would be too expensive for us. e) His passport is all right, but her passport has to be extended. f) My car's at the garage. Can I use your car this morning?

9. Übersetzen Sie (→ 14B2).
(Alle Sätze haben engl. die gleiche Struktur: Subjekt – Verb – Objekt – Zeitbestimmung.)
a) Ich habe die Rechnungen heute morgen bezahlt. b) Ich habe die Zeitung gestern abbestellt. c) Ich habe seinen Paß am Montag abgeholt. d) Ich habe den Rasen vor etwa zehn Tagen gemäht. e) Wir haben die Bremsen voriges Mal (*last time*) geprüft. f) Wir haben gestern abend mit John und Morna geredet.

Australia's bushfire disaster

A FUND was set up in Britain yesterday to help families hit by the bushfires in southeastern Australia.

So far, more than 70 people have died and 2,000 homes have been destroyed. Several towns as well as large areas of forest and farmland have been burnt, and hundreds of thousands of sheep and cattle have been killed by the firestorm, which raced along 500 miles of coast from Adelaide to Melbourne.

Bushfires – 90 per cent of which are now caused by humans – have always been common in Australia. If they occur in uninhabited areas, they are often allowed to burn themselves out. Where human life or property is threatened, they can usually be put out before too much damage has been caused. "Almost every time we can cope, but this was the one time we couldn't," a fire officer said in Melbourne yesterday. "We have fought many fires before, but none like this. It was frightening, the speed of the fire. There was nothing we could do to stop it. We didn't know where it was going. All we could do was try to get people well out of the way."

Helped by temperatures around 43 degrees and strong winds after a twelve-month period of dry weather, the fires spread at lightning speed. Some of them may have been started deliberately. In South Australia yesterday a 19-year-old unemployed worker was charged with deliberately lighting fires in the Adelaide Hills, where nine people died and 100 homes were destroyed on Wednesday. For his own safety, the accused man was locked up until his trial.

Last night, thanks to cooler and less windy weather, the fires were largely under control, but higher temperatures have been forecast for this weekend. South Australian fire-service spokesman David Williams warned: "There are large areas of land that haven't been burnt. They are extremely dry, and carelessness or a deliberate act could start it all again."

15B

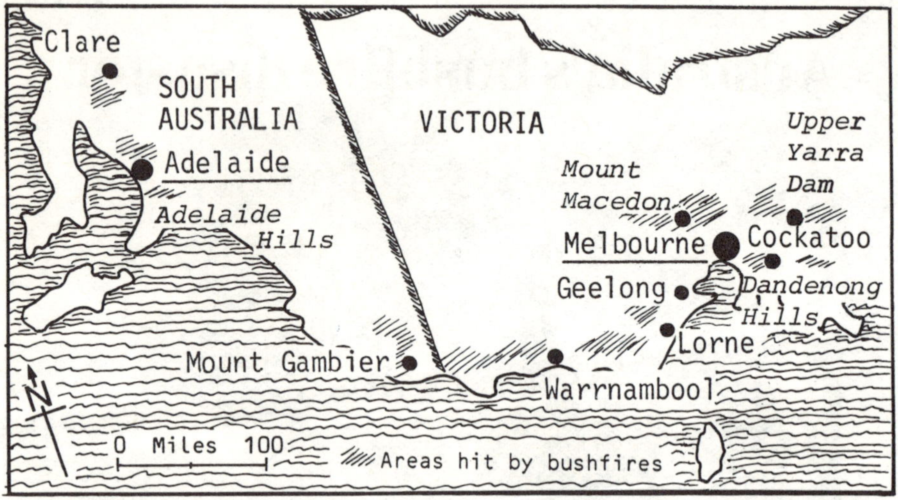

15B Grammatik

1. Das Passiv

	Form von be	Perfektpartizip	
Most bushfires *Die meisten Buschbrände*	**are** *werden*	**caused** *verursacht*	by humans. *von Menschen.*
100 homes *100 Wohnungen*	**were** *wurden*	**destroyed** *zerstört*	on Wednesday. *am Mittwoch.*
Higher temperatures *Höhere Temperaturen*	**have been** *sind worden*	**forecast** *vorhergesagt*	for the weekend. *für das Wochenende.*
Some of the fires may *Einige der Brände können*	**have been** *sein worden*	**started** *gelegt*	deliberately. *absichtlich.*

Das Passiv wird aus einer Form von *be* (= *sein*, dt. dagegen *werden*) und dem Perfektpartizip (→ 14B1) gebildet.

Im Aktiv steht der „Urheber“ der Handlung voran.
Im Passiv dagegen steht der/das von der Handlung „Betroffene“ voran, während der „Urheber“ meist gar nicht erwähnt wird.
Wird der „Urheber“ der Handlung im Passivsatz genannt, so wird er mit *by* (dt. *von/durch*) angeschlossen.

Aktiv: The firestorm **has destroyed** 2,000 homes.

Passiv: 2,000 homes **have been destroyed** (by the firestorm).

2. Das Perfektpartizip als Attribut und adverbiale Bestimmung (vgl. 12B1, 13B3)

a) A fund was set up in Britain yesterday to help families (that have been) **hit by the bushfires in southeastern Australia**.
In Großbritannien wurde gestern ein Fonds eingerichtet, der Familien zugute kommen soll, die durch die Buschbrände in Südostaustralien („betroffen") geschädigt wurden.

b) Howard Hawks' The Big Sleep was one of the best films **based on novels by Chandler**.
. . . war einer der besten Filme („die auf Romanen von Chandler gegründet sind") nach Romanen von Chandler.

c) **Helped by temperatures around 43 degrees and strong winds after a twelve-month period of dry weather,** the fires spread at lightning speed.
Begünstigt von Temperaturen um 43 Grad und starken Winden nach zwölfmonatiger Trockenheit, breiteten sich die Brände blitzschnell aus.

d) **Fired from his job for drinking,** he turned to writing.
Wegen Trinkens/Trunksucht entlassen, wandte er sich dem Schreiben / der Schriftstellerei zu.

Das die attributive oder adverbiale Struktur einleitende Perfektpartizip (→ 14B1) ist in a *hit*, in b *based*, in c *helped* und in d *fired*. Diese Art von Konstruktion ist besonders häufig bei längeren Sätzen, durch die eine Mehrzahl von sinnvoll aufeinander bezogenen Informationen vermittelt werden soll.

3. Die -ing-Form nach Präpositionen

	Präposition	-ing-Form	
a) He praised the staff	**for**	**stopping**	the train.
b) He was fired from his job	**for**	**drinking**.	
c) He turned	**to**	**writing**.	
d) The man was charged	**with**	**lighting**	fires.

Vergleichen Sie die z. T. erheblich abweichende Ausdrucksweise im Deutschen:
a) Er lobte das Personal dafür, daß es den Zug gestoppt hatte.
b) Er wurde wegen Trinkens seines Postens enthoben.
c) Er wandte sich dem Schreiben zu.
d) Der Mann wurde beschuldigt, Brände gelegt zu haben.

Ein von einer Präposition abhängiges Verb kann im Englischen also nicht – wie im Deutschen – im Infinitiv stehen. Vergleichen Sie z. B.:
He left the restaurant *without paying* his bill.
Er verließ das Restaurant, *ohne* seine Rechnung *zu bezahlen*.

15C Sprachgebrauch – Landeskunde

1. In southeastern Australia (= „im südöstlichen Australien" / in Südostaustralien): *Southeastern* ist hier ein einfaches „Ortsadjektiv" und wird daher klein geschrieben. In *South Australia* dagegen wird *South* als Teil des Namens des betreffenden australischen Bundesstaats groß geschrieben. – Vgl. auch 7A *the island of Majorca* (*island* nicht Teil des Namens, daher klein) und 8A *the City of London* (*City* ist Name, daher groß). Vgl. auch den Wechsel zwischen *City* und *city* in 8A.

2. Sheep: Singular und Plural sind formgleich. Also: *One sheep is ill. – Two sheep are ill.*

3. Cattle: Ist immer Plural. Also: *A lot of cattle have* (nicht: *has*) *been killed by the firestorm.*

4. Bushfires – 90 per cent *of which* are now caused by humans . . .: Nachgestelltes Relativpronomen *which* mit vorangehendem *of*.

5. They are often allowed to burn themselves out (= „Sie werden oft erlaubt zu brennen sich aus" / Man läßt es oft zu, daß sie [sich] ausbrennen / Man läßt sie oft ausbrennen): Vgl. auch *The children are (not) allowed to play in the street* (= Die Kinder dürfen [nicht] auf der Straße spielen).

6. The fires burn *themselves* out (= Die Feuer brennen [sich] aus): Vgl. 14A They'll leave them to *themselves* (= Sie werden sie sich selbst überlassen).

7. There was nothing *(that) we could do* (= „Es gab nichts, was wir tun konnten"), All *(that) we could do* . . . (= Das einzige, was wir tun konnten . . .): Relativsätze ohne Relativpronomen. Vgl. 13B1 und 14C11.

8. Temperatures around 43 degrees: Der australische Sommer dauert von Dezember bis Februar. Die beschriebene Buschbrandkatastrophe ereignete sich im Februar. In Adelaide beträgt das „mittlere tägliche Maximum" im Februar 29,7 Grad, das „absolute Maximum" 45,5 Grad.

9. A *twelve-month* period of dry weather, A *19-year-old* unemployed worker: Aber natürlich *a period of twelve months*, *The accused man is 19 years old.* Singular und Bindestrich (*twelve-month*, *19-year-old*) nur bei attributiver Verwendung vor dem Substantiv. Weitere Beispiele: 6A *a 22-hour workday*, 12A *24-year-old secretary*. – In diesen Zusammenhang gehört auch der Gebrauch des Bindestrichs in Fällen wie 3A *bed-and-breakfast places*, 10A *the dark-blue (T-shirt)*, 15A *South Australian fire-service spokesman David Williams*, denn bei Nachstellung würden die Bindestriche entfallen: *£10 for bed and breakfast, the T-shirt is dark blue, he works for the South Australian fire service.*

10. The fires spread *at* lightning speed (= breiteten sich „mit Blitzgeschwindigkeit" aus): Präposition *at* bei *speed* beachten. Also z. B. auch *drive at high speed* (= mit hoher Geschwindigkeit fahren).

11. Some of the fires *may have been started* deliberately: Wörtlich übersetzt: „können absichtlich gelegt worden sein“. Frei: *sind möglicherweise absichtlich gelegt worden.*

12. A *deliberate* act – start/light a fire *deliberately*: *Deliberate* ist Adjektiv, und *deliberately* ist Adverb. Vgl. 10C8 und 16B1.

13. Neue unregelmäßige Verben in 15A (vgl. 14B1): *burn – burnt – burnt* (auch regelmäßig: *burn – burned – burned*), *fight – fought – fought, forecast – forecast – forecast, hit – hit – hit, put out – put out – put out, set up – set up – set up, spread – spread – spread.*

15D Übungen

1. Antworten Sie.
a) Where was the bushfire disaster? b) How many people and animals were killed in the fires, and how many homes were destroyed? c) Why was it almost impossible to stop the fires? (What helped the fires?) d) Who or what were the fires caused by? e) What helped the fire fighters to get the fires under control eventually? f) What kind of weather has been forecast for the weekend? g) Why do you think fires in uninhabited areas are sometimes allowed to burn themselves out? h) Why do you think a fund to help people hit by the Australian bushfires was set up in Britain – not, for example, in Germany?

2. Setzen Sie das Verb in die passende Passivform.
a) Washing machines (use) in most British households. b) Yesterday an Underground train (stop) because there was a gunman on board. c) In 1932 Chandler (fire) from his job for drinking. d) *The Big Sleep* (publish) in 1939. e) The brakes (check) about a month ago. f) These bills here must (pay). g) Does your passport have to (extend)? h) Mark, can you help me? The lettuce has to (clean) and the peas have to (sort). i) A man has just (arrest) and charged with starting the fires. j) Your bags have already (pack). k) Bushfires can usually (put out) before too much trouble (cause). l) Last week's fire may (start) deliberately.

3. Setzen Sie aus dem Aktiv in das Passiv.

> They have set up <u>a fund</u>. – <u>A fund</u> has been set up.

a) Someone has turned off <u>the electric heater</u>. b) The bushfires have hit <u>thousands of people</u>. c) The firestorm has destroyed <u>2,000 homes</u>. d) You must book <u>hotel accommodation</u>. e) We will arrange <u>some excursions</u>. f) Someone has to unload <u>the truck</u>. g) The staff locked <u>the robber</u> in. h) A spokesman praised <u>the staff</u> for stopping the train. i) A gunman seized <u>£8,500</u> from a camera shop yesterday.

4. Verneintes Verb. Setzen Sie in das Passiv.

> They could not stop the fires. – The fires could not be stopped.
> People don't play squash here. – Squash isn't played here.

a) We couldn't put the fire out. b) You can't use a vacuum cleaner here. c) They won't search the train. d) We don't unload the trucks during the day. e) They don't clean the toilets often enough. f) He didn't start it deliberately. g) They didn't lock him up. h) You didn't check the brakes. i) You haven't paid the bill.

5. Die *-ing*-Form nach Präpositionen (→ 15B3).
Bilden Sie sinnvolle Sätze.

He I'm She The dog The mother They're We	apologized can't do much don't have much time has been charged is so fond not interested praised the children talking Thanks thinking went away	about apart from for in of with without	(not give) (go) (help) (play) (set up) (shoot) (tell) (travel) (turn off) (visit)	a fund. a shop assistant. by car. her in hospital. me the right size. nightclubs. squash. the heater. the old man. to Australia. us where he was going.

6. Setzen Sie das eingeklammerte Verb in die passende Form: *to*-Infinitiv, *-ing*-Form oder Perfektpartizip.
a) In uninhabited areas, bushfires are often allowed (burn) themselves out. b) He was charged with (shoot) an assistant in a Baker Street camera shop. c) Most of the equipment (destroy) by the fire was rather old. d) Part of the money comes from a fund (set up) in Britain (help) people (hit) by the bushfires. e) There was nothing we could do (stop) the fire. f) Some of the brochures (publish) by London Transport are very useful. g) How did you manage (put) the fire out? h) She's thinking of (write) a book about Humphrey Bogart. i) If there is a strong wind, (fight) a bushfire can be extremely difficult. j) I must have my passport (extend).

7. Setzen Sie *be* oder *been* ein, und übersetzen Sie.
a) Vegetables should ..... fresh and clean. b) You have to ..... very quick in this kind of business. c) Have you ..... to the post office? d) What kind of person do you have to ..... if you want to become a rep? e) Fires can usually ..... put out before too much damage has ..... caused. f) Some of the fires may have ..... started deliberately. g) A fire may ..... started deliberately. h) 2,000 homes have ..... destroyed. i) 2,000 pounds of coffee have to ..... destroyed. j) The book must ..... very good. k) The brakes must ..... checked. l) The papers must have ..... burnt.

8. Übersetzen Sie.
a) Tausende von Wohnungen sind durch die Buschbrände zerstört worden. b) 90 Prozent aller Buschbrände werden von Menschen verursacht. c) In den meisten Fällen (*case*) können Brände gelöscht werden, bevor zu viel Schaden verursacht worden ist. d) Die Brände wurden durch starke Winde unterstützt (*help*). e) Ein neunzehnjähriger Mann wurde angeklagt, in der Gegend von Adelaide Brände absichtlich entzündet zu haben. f) Der Beschuldigte wurde zu seiner eigenen Sicherheit eingesperrt. g) Für das Wochenende sind ⟨wieder⟩ höhere Temperaturen vorhergesagt worden.

In Adelaide, the capital of South Australia

16A

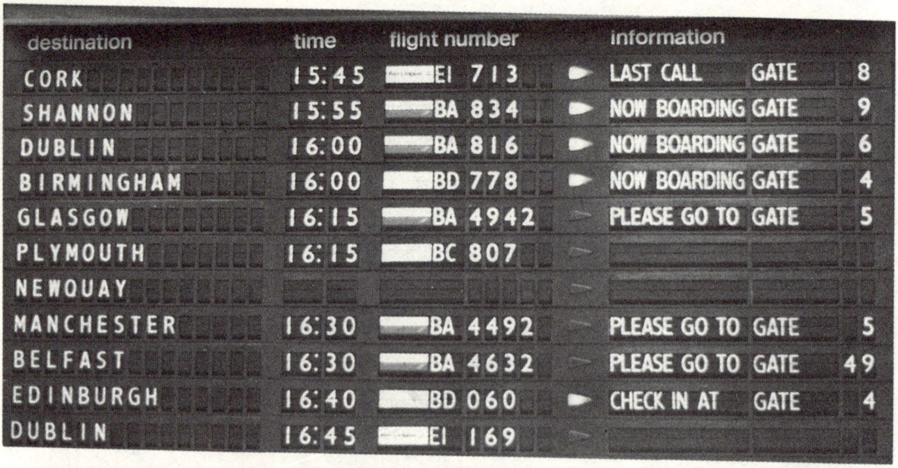

16A Text

Travelling by air

Let's assume you arrive at the airport to travel somewhere by air. You have possibly made your reservation by phone and haven't got your ticket yet. In that case the first thing you'll do is go to the airline ticket desk to buy your ticket.

If you look at the flight-information board, you'll find details about your flight: what the scheduled departure time is, whether it's delayed, which gate you're to "proceed" to, etc.

If possible, don't check in at the last minute. Since a certain percentage of passengers are "no-shows" (i.e. have a booking but don't show up for the flight), airlines normally overbook their flights – so even a confirmed reservation is no guarantee that you'll actually get a seat. Latecomers are more likely to get "bumped" than those who check in early.

At the check-in desk you show your ticket, check in your baggage, and are given a boarding pass.

At most airports there are security checks. Cabin bags are X-rayed and must be opened if suspicious objects are seen. Passengers are examined with a metal detector or hand-searched.

If you're going abroad, you have to go through passport control. On your arrival you have to go through customs as well. – You may wish to buy something at the duty-free shop. Things like cigarettes and whisky are usually much cheaper there than in normal shops. But be careful: not

everything is necessarily less expensive than at home. And don't forget: goods bought cheap at the duty-free may prove expensive if you have to pay duty on them at your destination.
After boarding, stow your hand baggage safely under the seat in front of you or, where possible, in one of the overhead luggage bins. Make sure you fasten your seat belt for takeoff and landing and at other times when the FASTEN SEAT BELT sign is on. Smoking is only allowed in the smoking section.
One person in six is afraid of flying. If you have this problem, you should relax, breathe deeply, and consider this: Statistics show that it's 25 times safer to travel by air than by car.

16B Grammatik

1. Adjektiv und -ly-Adverb (→ 10C8, 15C12)

1a) This is a **normal** flight.

1b) Overbooking is **normal**.

1c) That is **normal**.

1d) Airlines **normally** overbook their flights.

1e) Flights are **normally** overbooked.

2a) She bought the **usual** things at the duty-free shop.

2b) We **usually** go to bed early.

2c) Whisky is **usually** cheaper at the duty-free shop.

Durch Adjektive werden Substantive (1a, 1b, 2a) oder Substantiv-Stellvertreter (1c) näher bestimmt.
Durch Adverbien werden Wörter oder Wortgruppen, die nicht Substantive sind, näher bestimmt (1d, 1e, 2b, 2c). Vor allem sind es Verben (1d, 2b) und Adjektive (1e, 2c), die durch Adverbien näher bestimmt werden. (Vgl. aber auch 17C5.)

Der für das Englische typische Unterschied zwischen Adjektiven (ohne *-ly*) und Adverbien (mit *-ly*) hat in der Regel keine Entsprechung im Deutschen:
The lake is *deep*. – He breathed *deeply*. (= Der See ist *tief*. – Er atmete *tief*.)
Allerdings gibt es auch im Englischen Ausnahmefälle, in denen das Adverb ohne *-ly* steht:
The whisky was *cheap*. – He bought it *cheap(ly)*.
She took the *late* train. – She arrived *late*.
They had a *quick* drink at the pub. – Come *quick(ly)*.

2. Bildung der -ly-Adverbien

a) nice – **nicely** smart – **smartly**	certain – **certainly** normal – **normally**
b) necessary – **necessarily**	heavy – **heavily**
c) probable – **probably**	possible – **possibly**
d) automatic – **automatically** electric – **electrically**	*aber:* public – **publicly**

Die allermeisten *-ly*-Adverbien werden durch Anhängen von *-ly* an das Adjektiv gebildet (a).
Bei fast allen Adjektiven auf *-y* wird das *-y* zu *-i-* (b).
Adjektive auf *-le* ersetzen das End-*e* durch *-y* (c).
Adjektive auf *-ic* hängen *-ally* an; Ausnahme ist *public* (d).

3. Sonderfall good – well

Her English is very **good**. – She speaks English very **well**.
Ihr Englisch ist sehr gut. – *Sie spricht sehr* gut *Englisch*.

Das Adverb zu *good* ist *well*, wird also nicht mit *-ly* gebildet.

4. Stellung der -ly-Adverbien vor Verb + Objekt

Subjekt	-ly-Adverb	Verb	Objekt	
Airlines	**normally**	overbook	their flights.	
You have	**possibly**	made	your reservation	by phone.

Beachten Sie die Stellung des *-ly*-Adverbs *vor* dem von einem Objekt gefolgten Verb.
Vergleichen Sie dagegen im Deutschen:
Normalerweise überbuchen die Fluggesellschaften ihre Flüge.
Die Fluggesellschaften überbuchen *normalerweise* ihre Flüge.
Vgl. 7B2.

5. Steigerung des Adjektivs: Komparativ

a) Whisky is **cheaper than** in normal shops.
Whisky ist billiger als *in normalen Geschäften.*

b) Some things are **more expensive than** at home.
Einige Dinge sind teurer als *zu Hause.*

Der Komparativ wird gebildet:
Bei kürzeren Wörtern durch Anhängen von *-er* (a).
Bei längeren Wörtern durch Vorsetzen von *more* (b).

Zur Schreibung des *-er*-Komparativs:
Stummes End-*e* entfällt (→ 11B1, 14B4): *safe –safer, late – later.*
End-Mitlaut wird nach kurzem Selbstlaut verdoppelt (→ 11B1, 14B4):
thin – thinner, hot – hotter.
-y wird nach Mitlaut zu *-i-* (→ 3B1, 10C9, 11B1, 16B2):
early – earlier, heavy – heavier.

Unregelmäßige Steigerungsformen:
(*good*) This material is *better* than that. (= Dieses Material ist *besser* als jenes.)
(*far*) Australia is *further* away than America. (= Australien ist *weiter* weg als Amerika.)
(*little*) There's *less* milk left than I expected. (= Es ist *weniger* Milch übrig, als ich erwartet habe.)
(*much / many / a lot of*) We've got *more* money/bags than we need. (= Wir haben *mehr* Geld/Taschen, als wir brauchen.)

16C Sprachgebrauch – Landeskunde

1. By: Eine vielseitig verwendete Präposition: 16A make a reservation *by* phone (= telefonisch), 16A travel *by* car/air (= mit dem Auto/Flugzeug reisen), 15A caused *by* humans (= von/durch Menschen verursacht), 13A a novel *by* Raymond Chandler (= ein Roman von Raymond Chandler), 12A they searched the train coach *by* coach (= Wagen für Wagen / wagenweise), 7A live *by* the Mediterranean (= am Mittelmeer wohnen), 2A *by* the way (= übrigens).
2. Yet: I haven't got my ticket *yet* (= Ich habe meinen Flugschein *noch* nicht). Entsprechend auch in der Frage: Have you got your ticket *yet*? (= Haben Sie *schon* Ihren Flugschein?) Im positiven Aussagesatz würde nicht *yet*, sondern etwa *already* stehen: I've *already* got my ticket (= Ich habe meinen Flugschein *schon*/*bereits*).
3. Proceed: „Flugsprache" für *go*.
4. Which gate you*'re to* "proceed" to (= zu welchem Flugsteig Sie sich begeben sollen): *Be to* heißt *sollen*, besonders beim Übermitteln von Anordnungen

Dritter: All hand baggage *is to* be X-rayed (= Alles Handgepäck *soll* durchleuchtet werden / ist zu durchleuchten).

5. Latecomers are more likely to *get "bumped"* (= Bei Nachzüglern ist es wahrscheinlicher, daß sie *„ausgebootet" werden*): *Get "bumped"* (= „ausgebootet" werden) ist Passiv (→ 15B1); statt *get* kann auch *be* stehen: *be "bumped"*.

6. Early: Ist sowohl Adjektiv (take the *early* flight) als auch Adverb (check in *early*, we went to bed *early*). Vgl. *cheap*, *late* und *quick* in 16B1.

7. Check in: *You should check in early* (= Sie sollten früh „einchekken" [d. h., sich abfertigen lassen]). *Check in a passenger* (= einen Fluggast abfertigen/ „einchecken"). *Check in baggage* (= Gepäck abfertigen lassen/„einchecken"/aufgeben).

8. Baggage: An sich AE für BE *luggage*. Im Luftverkehr ist *baggage* das offizielle Wort, auch im britischen Sprachbereich.

9. You are given a boarding pass (= „Sie werden gegeben eine Einsteigekarte" / Es wird Ihnen eine Einsteigekarte gegeben / Sie erhalten eine Einsteigekarte): Diese „persönliche" Passivkonstruktion (alternativ zu *A boarding card is given to you*) hat keine direkte Entsprechung im Deutschen.

10. Prove expensive (= sich als teuer erweisen): Goods bought cheap may prove *expensive*, nicht *expensively*, da *expensive* sich nicht auf *prove*, sondern auf *goods bought cheap* bezieht. Vgl. 10A One of these T-shirts would look very *nice* with it, wo *nice* nicht das Verb *look*, sondern das Subjekt näher bestimmt. *Prove*, *look*, *sound* (it *sounds* good) und *feel* (she *feels* happy) sind „Gleichsetzungsverben" wie *be* (it *is* good, she *is* happy), nach denen die Adjektivform – nicht das Adverb – steht.

11. After boarding, afraid of flying: *-ing*-Form nach Präposition (→ 15B3).

12. Wiederholungszahlen: *once* (= einmal), *twice* (= zweimal), *three times* (= dreimal), *four times* (= viermal) etc. Beispiele: 16A It's *25 times* safer to travel by air than by car, 11A *Twice* a week (= zweimal die Woche) we had a mud bath and a massage.

16D Übungen

1. Antworten Sie.
   a) Where can you buy an airline ticket? b) What does the flight-information board tell you? c) What's a "no-show"? d) Why do airlines overbook their flights? e) When do passengers get "bumped"? f) What happens at the check-in desk? g) When are security checks made, and what is searched? h) Why do many passengers buy things at a duty-free shop? i) What do you have to do if you bring 1,000 cigarettes into a country? j) Where can you put your hand baggage on the aircraft? k) When do you have to fasten your seat belt? l) Where are you allowed to smoke on an aircraft? m) What percentage of the population is afraid of flying?

2. Adjektiv oder *-ly*-Adverb?
   a) Is it (possible) to make a reservation by phone? b) She (possible) hasn't got her ticket yet. c) Airlines (normal) overbook their flights. d) It is (normal) for airlines to overbook their flights. e) A confirmed reservation is (absolute) no guarantee that you'll get a seat. f) There can be no (absolute) guarantee that a passenger with a confirmed reservation will get a seat. g) There are (careful) security checks at most airports. h) All passengers are (careful) examined with a metal detector. i) Mr Burger isn't a (typical) German. j) The food here isn't (typical) German. k) This bag is (awful) heavy. l) We've got an (awful) lot of baggage. m) It's a very (nice) T-shirt. n) The T-shirt would look very (nice) with the skirt. o) The T-shirt would go (nice) with the skirt.

3. Adjektiv oder Adverb?
   a) It would be (risky) not to fasten your seat belt during takeoff. b) You'll (probable) find details about your flight on the flight-information board. c) He (deliberate) checked in at the last minute. d) Security checks are (real) (important). e) You travel more (safe) by air than by car. f) Is this a (safe) place to put the bag? g) The lake is (awful) cold. h) The equipment seemed (cheap) when we bought it, but it (eventual) proved (expensive). i) Smoking is (certain) not (good) for you. j) She knows Australia very (good).

4. Bilden Sie Sätze nach dem Muster der Beispiele.

Flying / safe / travelling by car. Flying is safer than travelling by car.
Flying / expensive / travelling by car. Flying is more expensive than travelling by car.

   a) A cinema ticket / cheap / a theatre ticket. b) A train / comfortable / an aircraft. c) Los Angeles / large / Chicago. d) The blue skirt / stylish / the pink. e) Jack / reliable / Tom. f) My bags / heavy / yours. g) Learning a language / difficult / learning to drive a car. h) You / thin / before you went on holiday.

5. Setzen Sie passende Konjunktionen aus der folgenden Liste ein.

although, before, if, since, that, when, whether

a) . . . . . a certain percentage of passengers are "no-shows", airlines normally overbook their flights. b) . . . . . you wish to know details about your flight, you must look at the flight-information board. c) . . . . . she made her reservation by phone, she hasn't got her ticket yet. d) . . . . . you can check in, you must go to the ticket desk to get your ticket. e) I don't know . . . . . she'll be at the airport to meet us. f) . . . . . you come late, you're more likely to get "bumped". g) . . . . . he checked in early, he got "bumped". h) . . . . . they X-rayed the bag, they saw a suspicious object. i) . . . . . you're going abroad, you have to go through passport control. j) . . . . . they were going abroad, they had to go through passport control. k) I don't think . . . . . everything's cheaper at the duty-free shop. l) I don't know . . . . . everything's cheaper at the duty-free shop. m) Don't forget . . . . . you may have to pay duty on things bought at the duty-free shop. n) Many people are afraid of flying . . . . . flying is much safer than travelling by car. o) . . . . . airlines normally overbook their flights, even a confirmed reservation is no guarantee . . . . . you'll actually get a seat. p) Make sure your seat belt is fastened . . . . . the FASTEN SEAT BELT sign is on.

6. Übersetzen Sie.

a) Ich habe meinen Flugschein noch nicht. b) Fluggäste nach (*for*) New York sollen sich zum Flugsteig 12 begeben. c) Vielleicht möchten Sie etwas im Duty-free-Shop kaufen. d) Zigaretten sind im Duty-free-Shop billiger als in normalen Geschäften. e) Werden wir auf diese Sachen Zoll bezahlen müssen? f) Sie können Ihre Tasche unter den Sitz vor Ihnen stellen. g) Wollen (*will*) Sie sich jetzt bitte anschnallen? h) ⟨Das⟩ Rauchen ist hier nicht erlaubt. i) Sie sollten keine Angst haben vor dem Fliegen. j) ⟨Um⟩ welche Zeit sind Sie angekommen?

THE AIR TRAVELLER'S CROSSWORD

ACROSS

1 Is there a film in your .....?
5 There are duty-free ..... at most airports.
8 There's a nice ..... shop in the hotel where we can have breakfast.
11 Are you travelling ..... business?
12 I made my ..... by phone and haven't got my ticket yet.
15 Even a confirmed reservation is ..... guarantee that you'll actually get a seat.
16 We'll arrive ..... about eight in the morning.
18 [kru:] The "staff" on board an aircraft.
19 You can put your bag under the seat ..... front of you.
21 The travel ..... will meet us when we arrive.
22 Swissair is an .....
23 We have a mud bath and a ..... twice a week.
24 The tickets are selling like ..... cakes.
25 I haven't got ..... money to buy it.
26 Flight BA 760 is ..... ready for boarding at gate 18.
27 You can ..... the jug as a vase.
28 The scheduled ..... time is 16:05, but the flight will be delayed by about 40 minutes.
29 The Green Gate and the Live and Let Live are my favourite ..... in London.

DOWN

2 Are you ..... of flying?
3 Shall I ..... you at the airport?
4 Departure from New York is at 18:30, ... in Berlin is at 09:45.
5 Can I have a window ....., please?
6 Will passengers on flight LH 408 please ..... to gate 14.
7 I had some good ..... at a snack bar in Baker Street.
8 Even a ..... reservation is no guarantee that you'll actually get a seat.
10 Who's that man ..... there? His face is familiar.
13 You can get cigarettes, papers, books, films, ... at the airport shop.
14 You have to show your ..... at the check-in desk.
17 ..... SR 506 is now boarding at gate 26.
20 Everyone working for an airline should ..... English.

17A

17A Text

The United States of America

The United States is the world's fourth largest nation in both area and population. It consists of 50 states and a "federal district", the site of the capital, Washington D.C.

Like West Germany, the U.S. is a federal republic. In contrast to countries like Britain – where the head of state (the king or queen) and the head of government (the prime minister) are two different people – the United States has a president who is both the head of government and the head of state.

Politically and economically the U.S. is the most powerful country in the world. It is also the most conspicuous country in the sense that America's fashions and policies, goods and weapons, executives and soldiers have shaped today's world to a much greater extent than those of any other nation.

Considering its prominent position in the world, it is perhaps not surprising that the United States is both liked and disliked more intensely than any other country. Sometimes a difference is made between the American people, who are seen as warm, friendly and open, and the U.S. government, whose policies are disapproved of.

"America is so vast that almost everything said about it is likely to be true, and the opposite is probably equally true," said the American writer James T. Farrell. The United States is a country of rain forests and deserts, mountains and prairies. On one and the same November day the temperature may be 28 degrees in Texas and –7 degrees in Alaska. Its citizens may be "old-stock" Americans or the descendants of immigrants from European, Asian and Latin American countries, they may be American Indians or the descendants of African slaves, or they may be foreigners who have become naturalized. Though they are all Americans, some of them are still underprivileged minority groups, who live in neighbourhoods of their own and have their own character, customs, religion, and sometimes language.

"The worst country to be poor in is America," said the English historian Arnold Toynbee. While U.S. wages are among the highest in the world and the majority of Americans are extremely well off, about 15 per cent of the population live "below the poverty line". The poverty rate is highest in Mississippi (25 per cent) and lowest in Wyoming (8 per cent). Nationwide the poverty rate is 11 per cent for whites, 30 per cent for Hispanics, and a shocking 35 per cent for blacks – every third black person lives in poverty.

What would the world be like if there was no America, if there were no Americans? Would there be another superpower to take America's place? Would international business be as lively as it is? Would we Europeans be as prosperous as we are? Would there be jeans and T-shirts, Coca-Cola and hamburgers, soap operas and supermarkets? Would there be cheap cars if Henry Ford hadn't started mass-producing them? Would we have telephones and washing machines, ballpoint pens and personal computers if Americans hadn't invented or perfected them? We don't know the answers to these questions, but most people would probably agree that life in our time owes a great deal of its vitality, colour, and material comforts to the people of the United States of America.

17B Grammatik

1. Bedingungssätze (2) (→ 8B2, 19B1)

a) **If** the train **is** on time, I **arrive** at Cannon Street at 8.53.
Wenn der Zug pünktlich ist, komme ich am Bahnhof Cannon Street um 8.53 Uhr an.

b) **If** you **stand** on London Bridge between eight and nine in the morning, you **can see** thousands of people all hurrying in one direction.
Wenn man zwischen acht und neun Uhr früh auf der London Bridge steht, kann man Tausende von Menschen alle in eine Richtung eilen sehen.

c) **If** you **look** at the flight-information board, you **will find** details about your flight.
Wenn Sie auf die Abflugtafel schauen, („werden Sie finden") finden Sie Einzelheiten über Ihren Flug.

d) What **would** the world **be** like **if** there **was** no America?
Wie wäre die Welt (wohl beschaffen), wenn es kein Amerika gäbe?

e) **Would** we **have** computers **if** Americans **had not invented** them?
Hätten wir Computer, wenn (die) Amerikaner sie nicht erfunden hätten?

Die Bedingungssätze a–e bestehen jeweils aus zwei Teilen:
1. dem *if*-Satz, der die Bedingung ausdrückt;
2. dem Hauptsatz, der ausdrückt,
   a) was (regelmäßig) geschieht, wenn die Bedingung eintritt,
   b) was geschehen kann, wenn die Bedingung eintritt,
   c) was geschehen wird, wenn die Bedingung eintritt,
   d) was geschehen würde, wenn die Bedingung einträte,
   e) was wäre, wenn die Bedingung nicht eingetreten wäre.

Vom Deutschen her schwierig sind vor allem d und e.

Um die Satzstruktur besser erkennen zu können, verwandeln wir Satz d aus der Frageform in eine entsprechende Aussageform und fügen zwei ebenso strukturierte Sätze hinzu:

if		Präteritum			would + Infinitiv	
d1) **If**	there	**was**	no America,	the world	**would be**	poorer.
d2) **If**	the train	**was**	on time,	I	**would arrive**	at 8.53.
d3) **If**	you	**looked**	at the board,	you	**would find**	more details.
if-Satz				**Hauptsatz**		

Vergleichen Sie im Deutschen:
d1) Wenn es kein Amerika gäbe, wäre („würde sein") die Welt ärmer.
d2) Wenn der Zug pünktlich wäre, würde ich um 8.53 Uhr ankommen.
d3) Wenn Sie auf die Tafel schauten, würden Sie weitere Einzelheiten erfahren.

Satz e hat im *if*-Satz statt des Präteritums das Plusquamperfekt (*had* + Perfektpartizip). Auf diesen Typ von Bedingungssatz wird in 19B1 näher eingegangen.

2. Steigerung des Adjektivs: Superlativ

a) U.S. wages are among the **highest** ['haɪɪst] in the world.
Die amerikanischen Löhne gehören zu den höchsten *der Welt.*

b) The U.S. is the **most powerful** country in the world.
Die USA sind das mächtigste *Land der Welt.*

Der Superlativ wird entsprechend dem Komparativ (→ 16B5) gebildet:
Bei kürzeren Wörtern durch Anhängen von *-est* [-ɪst] (a).
Bei längeren Wörtern durch Vorsetzen von *most* (b).

Zur Schreibung des *-est*-Superlativs vgl. 16B5.

Unregelmäßige Steigerungsformen (→ 16B5):

bad	– worse	– worst	*schlimm – schlimmer – schlimmste*
far	– further	– furthest	*weit – weiter – weiteste*
good	– better	– best	*gut – besser – beste*
many/much	– more	– most	*viele/viel – mehr – meiste*

3. -s-Genitiv und of-Genitiv

a) **America's** position in the world	*Amerikas Stellung in der Welt*
b) **Australia's** bushfire disaster	*Australiens Buschbrandkatastrophe*
c) **Manhattan's** Upper East Side	*Manhattans „obere Ostseite"*
d) **today's** world	*die heutige Welt*
e) the people **of the United States**	*die Bevölkerung der Vereinigten Staaten*
f) the descendants **of African slaves**	*die Nachkommen afrikanischer Sklaven*
g) the head **of (the) government**	*der Chef der Regierung / Regierungschef*
h) the speed **of the fire**	*„die Geschwindigkeit des Feuers"*

Der *-s*-Genitiv steht vorwiegend bei Personen (→ 5B2) und größeren bzw. personifizierten Tieren (14A *Shep's things*), aber auch bei geographischen Namen (a–c) und Zeitangaben (d und 11C9).
Der *of*-Genitiv wird gebraucht bei „Nicht-Personen" (h und 13C1) und in anderen Fällen, wo der *-s*-Genitiv aus klanglichen (e–f) oder idiomatischen (g) Gründen nicht angebracht erscheint.
Die Grenzen zwischen den beiden Genitivtypen sind fließend. Statt *a commuter's story* (8A) wäre auch *the story of a commuter* vorstellbar, statt *on Manhattan's Upper East Side* (6A) auch *on the Upper East Side of Manhattan.* In Fällen, wo grundsätzlich beide Genitivformen möglich sind, entscheidet der Satzrhythmus (z. B. in einem Gedicht) oder eine bestimmte stilistische Absicht (z. B. Kürze bei einer Zeitungsüberschrift).

4. Whose

a) **Whose** passport did you collect?
Wessen Paß hast du abgeholt?

b) Sometimes a difference is made between the American people, who are seen as warm, friendly and open, and the U.S. government, **whose** policies are disapproved of.
. . . und der amerikanischen Regierung, deren Politik mißbilligt wird.

Wie *who* und *which* kann *whose* sowohl Interrogativpronomen (a) als auch Relativpronomen (b) sein. Vgl. 13B1, 10B5 und 2B5.

17C Sprachgebrauch – Landeskunde

1. The United States *is/has* . . . (= Die Vereinigten Staaten *sind/haben* . . .): *United States* ist trotz der Pluralform immer Singular.
2. Both . . . and . . .: Entspricht dem deutschen *sowohl . . . als auch.* Beispiele: 17A in *both* area *and* population (= *sowohl* in der Fläche *als auch* in der Bevölkerungszahl), 17A who is *both* the head of government *and* the head of state (= der *sowohl* Regierungschef *als auch* Staatsoberhaupt ist), 17A is *both* liked *and* disliked (= wird *sowohl* „gemocht *als auch* nicht gemocht"), 9A *both* men *and* women can use it (= *sowohl* Männer *als auch* Frauen können es gebrauchen).
3. Washington: Sowohl die US-Bundeshauptstadt (*Washington D.C.*) als auch der nordwestlichste US-Bundesstaat (*Washington* [*State*]) trägt diesen Namen.
4. The U.S. is a *federal republic*: Entsprechend auch der offizielle Name von *West Germany*: *Federal Republic of Germany* (= Bundesrepublik Deutschland).
5. *Politically* and *economically* the U.S. is the most powerful country in the world: Anders als in 16B1 beziehen sich die Adverbien *politically* und *economically* hier nicht auf ein Verb oder Adjektiv, sondern auf den ganzen Satz *the U.S. is the most powerful country in the world.*
6. America's policies (= Amerikas Politik): Zu dem englischen Plural *policies* gibt es im Deutschen keine direkte Entsprechung. *Policy* bezeichnet eine bestimmte Politik; sobald mehrere Bereiche/Aspekte/Linien der Politik gemeint sind (z. B. Außen- und Finanzpolitik, Europa- und Fernostpolitik, Rüstungs- und Entspannungspolitik), steht der Plural *policies.*
7. People: *The American people* (= das amerikanische Volk), aber 14A *they're such nice people* (= sie sind so nette Leute), 6A *people here want a wide choice* (= die Leute hier wollen eine große Auswahl), 7A *she loves people* (= sie hat Menschen gern) und 17A *the head of state and the head of government are two different people* (= . . . zwei verschiedene Personen).

8. Whose policies are disapproved *of* (= deren Politik mißbilligt wird), the worst country to be poor *in* (= das schlimmste Land „zum Armsein"): Zu beachten ist hier die für das Englische typische Nachstellung der Präpositionen *of* und *in*. Vgl. auch 15D1d Who or what were the fires caused *by*? (= Durch wen oder was wurden die Brände verursacht?) und 16A which gate you're to proceed *to* (= zu welchem Flugsteig Sie sich begeben sollen). Vgl. 21C3.

9. Everything said about it *is likely to* be true (= alles, was darüber gesagt wird, ist wahrscheinlich wahr / trifft wahrscheinlich zu): Vgl. 16C5.

10. "Old-stock" Americans: Amerikaner(innen) aus alteingesessenen (d. h. vor ca. 1860 eingewanderten), vor allem von den Britischen Inseln (aber auch aus Deutschland und Holland) stammenden Familien.

11. American Indians (= Indianer): *Indians* allein könnte auch *Inder* bedeuten.

12. They live in *neighbourhoods of their own* (= in eigenen Vierteln): *Sie hat ein eigenes Zimmer* hieße entsprechend *She has a room of her own.*

13. (They) have their own language: Spanisch ist als Umgangssprache und z. T. Amtssprache in den USA weit verbreitet, vor allem in Florida und California. Miamis Bürgermeister sagte 1983: "You can go through your whole life without having to speak English." Und an einer New Yorker Bank war ein Schild: "This is a Spanish-speaking bank. If you intend (= beabsichtigen) to rob (= berauben) us, please be patient (= geduldig), for (= denn) we might need an interpreter (= Dolmetscher)."

14. Would there be another superpower *to take* America's place? The worst country *to be* poor in is America: Infinitivstruktur als Attribut, d. h. in relativsatzähnlicher Funktion. Vgl. 13B3.

15. Soap opera: „Seifenoper" – meist rührselige Fernseh-(ursprünglich Radio-) Familienserie, früher oft von Waschmittelfabrikanten „gesponsert", von Amerika in die ganze Welt exportiert (z. B. „Dallas").

16. *Life* in our time (= das Leben in unserer Zeit): Nicht *the life*! Vgl. 18D6.

17D Übungen

1. Antworten Sie.
   a) How many states does the U.S. consist of? b) What's the capital of the United States? c) Is Washington only a city? d) Is the U.S. president only the head of state? e) Is the British prime minister the head of state? f) Why is America's position such a prominent one in today's world? g) Give examples to show that the U.S. is a country of great contrasts. h) Talk about the weather in the United States. i) Talk about the population of the United States. j) Talk about poverty in the United States. k) What would the world be like if there was no America? l) Talk about things in this country that have come from America.

2. Bilden Sie Bedingungssätze wie im Beispiel.

If cars were not / weren't mass-produced, they wouldn't be so cheap.

If	America cars he she there they you	(not)	(be) (buy) (eat) (jog) (leave) (mow) (speak)	a steak, English, him behind, immigrants, it at the duty-free, mass-produced, no security checks, no telephone, so large, so much, the lawn more often,	flying he it people she they you	(not)	(be) (feel) (find) (look) (write)	a job. a superpower. cheaper. depressed. more letters. more risky. nicer. so cheap. so fit. so poor. stronger.

3. Setzen Sie den Superlativ ein.
a) The United States is the fourth (large) nation in the world. b) The U.S. president is one of the (powerful) men in the world. c) The queen is the (prominent) person in Britain. d) The U.S. is one of the (prosperous) countries in the world. e) *The Big Sleep* was one of the (good) films based on a novel by Chandler. f) This is one of the (difficult) crosswords I've ever tried. g) It was one of the (hot) days of the year. h) He's the (strong) man I ever saw. i) It was one of the (frightening) bushfires we ever had. j) This must be the (bad) hotel in town. k) It's the (reliable) car I ever had. l) This is the (strange) film I've ever seen.

4. *-s*-Genitiv oder *of*-Genitiv? (Im Beispiel sind beide Konstruktionen möglich, nicht aber in den meisten anderen Sätzen.)

The Lees have a store on (Manhattan / [the?] Upper East Side). The Lees have a store on Manhattan's Upper East Side. The Lees have a store on the Upper East Side of Manhattan.

a) Washington is (the United States / [the?] capital). b) London is (Britain / [the?] most important city). c) (The fire / [the?] speed) was frightening. d) (Eric / [the?] birthday) is on the fourth of February. e) (This flight / [the?] departure) will be delayed. f) When the police arrived, (the shop / [the?] door) was wide open. g) (Raymond Chandler / [the?] novels) are still very popular. h) (Dave / [the?] passport) has to be extended. i) We're looking after (our neighbour / [the?] dog) while she's away. j) He's now one of (the company / [the?] directors). k) President Calvin Coolidge said in 1925: "(America / [the?] business) is business."

5. Setzen Sie *who*, *whose* oder *which* ein.
   a) The United States is a federal republic ..... consists of 50 states. b) Raymond Chandler was a thriller writer ..... books are still popular today. c) People ..... are afraid of flying should remember that flying is much safer than travelling by car. d) A fund has been set up to help people ..... homes were destroyed by the fires. e) ..... of Chandler's novels do you like best? f) A president ..... policies are disapproved of can still be personally popular. g) Bogart was an actor ..... could be tough without a gun. h) We apologize for the excessive delays last night, ... were caused by ice falling in Balcombe Tunnel. i) ..... bag is this here? – Roy's, I think. j) Bushfires, 90 per cent of ..... are caused by humans, have always been common in Australia.

6. Übersetzen Sie.
   a) Die USA sind eine Bundesrepublik. b) Der Präsident der Vereinigten Staaten ist sowohl Regierungschef als auch Staatsoberhaupt. c) Sowohl politisch als auch wirtschaftlich sind die Vereinigten Staaten eines der mächtigsten Länder der Welt. d) Der Mehrheit der Amerikaner geht es sehr gut (*extremely well off*), aber eine Minderheit von 15 Prozent der Bevölkerung lebt in Armut. e) Wenn es kein Amerika gäbe, wäre die Welt anders (*different*). f) Wenn Autos nicht in Massen hergestellt würden (*mass-produce*), wären sie nicht so billig. g) Wenn wir keine Computer hätten, würden wir mehr Personal benötigen.

In 1986 New York's Statue of Liberty was 100 years old.

18A

18A Text

First aid and after

The motorbike had just overtaken her. It had been going very fast. Then there was the bend. Just as Mrs Susan Turner rounded it in her estate car, she saw the motorcyclist skid, hit the crash barrier and fly through the air. She immediately pulled over to the side of the road, got out, and ran to where he was lying. The young man was unconscious and bleeding.

Other drivers stopped too. One of them ran off to call an ambulance while Mrs Turner searched for the first-aid box among the photographic equipment in the back of her car. Having found it, she dashed back to the injured man and applied a bandage to try and stop the bleeding.

Some time later the ambulance arrived, and the motorcyclist was taken to the intensive-care unit of a nearby hospital.

Mrs Turner left her name and address with a police officer and then drove on to her destination to keep a business appointment.

When she arrived, she had an unpleasant surprise. £1,000 worth of her photographic equipment had disappeared. It had been stolen while Mrs Turner had been trying to help the motorcyclist.

Mrs Turner, who is 37 and a freelance photographer, said later: "I was concentrating on helping the youngster at the roadside. He was in very bad shape and I couldn't think about anything else at the time except the best way of helping him. In my hurry to reach the first-aid box and take it over to the boy, I had probably left the back of the car open. Everybody's attention was obviously on the accident, so it must have been easy to take the bag with the cameras out of the car. Whoever it was who took the equipment should have considered the circumstances. I simply can't understand how anybody could do a thing like that. I'd rather not say what I think of him. Fortunately the cameras and lenses were insured."

A police spokesman said: "The thief knew what was going on. He coldly exploited the situation. It was certainly a callous theft."

18B Grammatik

1. Das Plusquamperfekt („Vorvergangenheit“)

a) When she arrived, she had an unpleasant surprise. £1,000 worth of her photographic equipment **had disappeared**.
Fotografische Geräte von ihr, die einen Wert von 1000 Pfund hatten, waren verschwunden.
b) It **had been stolen** while Mrs Turner **had been trying** to help the motorcyclist.
Sie waren gestohlen worden, während Frau Turner versucht hatte, dem Motorradfahrer zu helfen.

Das Plusquamperfekt wird hier – wie im Deutschen – zum Ausdruck von Handlungen gebraucht, die „in der Vergangenheit vor der Vergangenheit“ (also in der „Vorvergangenheit“) abgeschlossen wurden: Von der Vergangenheitsebene “arrival for business appointment” wird zurückgeschaut auf die frühere Vergangenheitsebene “accident”. Satz b illustriert den Gebrauch des Passivs (*had been stolen* = *waren gestohlen worden*) und der Verlaufsform (*had been trying* = *hatte* [*gerade*] *versucht* / „*war gerade dabei gewesen zu versuchen*“) im Plusquamperfekt.

2. Hilfsverb + Infinitiv des Perfekts

	Hilfsverb	have	Perfektpartizip	
a) It b) The thief	must should	**have** **have**	**been** **considered**	easy to take the bag. the circumstances.
		Infinitiv des Perfekts		

a) Es muß leicht gewesen sein . . .
b) Der Dieb hätte die Umstände berücksichtigen sollen/müssen.

Vergleichen Sie auch 15A *Some of the fires may have been started deliberately* (= Einige der Brände können absichtlich gelegt worden sein / sind möglicherweise absichtlich gelegt worden) sowie 19B1 und 22D5.

18C Sprachgebrauch – Landeskunde

1. She *saw the motorcyclist skid*, *hit* the crash barrier and *fly* through the air: *See someone do something*. Vgl. dagegen die in 12C2 kommentierte Struktur *see someone doing something*: A passerby *saw the robber running* from the shop.
2. One of them ran *off* (= lief weg/davon): Vgl. 12A police sealed *off* the station (= sperrte/riegelte den Bahnhof ab), 4A turn *off* the heater (= das Heizgerät abstellen/ausmachen), 7A my day *off* (= mein [arbeits]freier Tag), 7A see them *off* when they leave (= verabschiede sie / bringe sie zum Flughafen, wenn sie abreisen), 17A are extremely well *off* (= sind sehr gut dran / gut gestellt).

3. One of them ran off *to call* an ambulance (= um einen Krankenwagen zu rufen), She applied a bandage *to stop* the bleeding (= um die Blutung zu stillen), She drove on to her destination *to keep* a business appointment (= um eine geschäftliche Verabredung einzuhalten): *To*-Infinitiv zum Ausdruck des Zwecks, d. h. als adverbiale Bestimmung. Vgl. 13C11 und 9C11.

4. First-aid box, intensive-care unit: Aber ohne Bindestrich *she gave first aid, he's in intensive care*. Vgl. 15C9.

5. *Having found it*, she dashed back to the injured man (= Nachdem sie ihn gefunden hatte, rannte sie zu dem Verletzten zurück): *-ing*-Struktur als adverbiale Bestimmung ähnlich wie in 12B1, aber *having found* (statt z. B. *finding*) drückt Vorzeitigkeit, d. h. Vergangenheit aus.

6. She applied a bandage to *try and stop* the bleeding: Vgl. auch 10A I'll have to *try and save* up for them. *Try and do something* = *try to do something* (= versuchen, etwas zu tun). Auch *try to* kommt in 18A vor: It had been stolen while Mrs Turner had been *trying to help* the motorcyclist. Die *try and*-Konstruktion ist u. a. nicht mit den Formen *tries*, *tried* oder *trying* möglich.

7. To stop *the bleeding* (= um *die Blutung* zu stillen): Durch Anhängen von *-ing* und Vorsetzen von *the* lassen sich aus Verben Substantive machen: *the stopping/stealing of cars* (= das Anhalten/Stehlen von Autos), *the buying of duty-free cigarettes* (= das Kaufen zollfreier Zigaretten), *the overbooking of flights* (= das Überbuchen von Flügen) u. dgl. – Vgl. 11C5 und 4B3.

8. She left her name and address *with* a police officer (= „ließ ihren Namen und ihre Adresse *bei* einem Polizeibeamten zurück" / gab ihren ... einem Polizeibeamten): Vgl. einen ähnlichen Gebrauch von *with* in 13A His mother took him to England to stay *with* her relatives in London (= wo er in London *bei* ihren Verwandten wohnte).

9. I was concentrating *on helping* the youngster, I couldn't think about anything else except the best way *of helping* him: *On helping*, *of helping* – *-ing*-Form nach Präposition. Vgl. 15B3, 15D5, 16C11 und 22B2.

10. *I'd (= I would/had) rather* not say what I think of him (= Ich sage lieber nicht / ziehe es vor, nicht zu sagen, was ich von ihm denke/halte): Vgl. 10A und 10B2 *You'd (= You had) better* take a medium (= Sie täten besser daran, eine Mittelgröße zu nehmen / nehmen besser eine Mittelgröße). *'d rather* und *'d better* ähneln sich in Form und Bedeutung, sind aber natürlich nicht dasselbe.

11. Mrs Turner said ..., A police spokesman said ...: Hier ist die Wortfolge die normale, nämlich Subjekt – Verb. Vergleichen Sie dagegen u. a. 17A *said the American writer James T. Farrell* und 12A *said a passenger*, wo das Verb jeweils dem Subjekt vorausgeht. Die letztere Wortfolge wird Inversion genannt; sie findet sich in Zwischen- und Nachsätzen (nicht „Vor-Sätzen"!) zur direkten Rede, wenn das Subjekt ein Substantiv (also kein Pronomen) ist. Also: *said the American writer*, aber *he said.*

18D Übungen

1. Antworten Sie.
   a) Why do you think the accident happened? b) What did Mrs Turner do when she saw what had happened? c) What condition did she find the motorcyclist in? d) Who called the ambulance? e) What did Mrs Turner do? f) What did they do with the injured youngster when the ambulance came? g) Why didn't Mrs Turner find her cameras when she looked for them at her destination? h) Why were the cameras very important to Mrs Turner? i) Why had it been easy for the thief to take the bag with the cameras? j) Why could one say that Mrs Turner was lucky in a way? k) Why did the police spokesman call it a callous theft?

2. Setzen Sie das Plusquamperfekt ein.
   a) Just before he had the accident, the motorcyclist (overtake) an estate car.
   b) When Mrs Turner looked for her cameras in the back of her car, she could not find them. They (be) stolen while she was helping the motorcyclist. She (be) in such a hurry to reach the injured young man that she (leave) the back of the car open. The thief (take) the bag with the equipment while everybody was concentrating on the accident.
   c) I got "bumped" because I (check) in later than everybody else.
   d) When she (check) in, she went to the duty-free to buy some whisky and cigarettes.
   e) When she arrived at her destination, she had to pay duty on the things she (buy) at the duty-free on her departure.
   f) Several passengers were injured because they (not fasten) their seat belts.

3. Setzen Sie die richtige Form des eingeklammerten Wortes ein, möglicherweise indem Sie den Satz etwas verändern. (→ 16B1–2)

   > The motorcyclist was in very bad shape. (obvious)
   > The motorcyclist was *obviously* in very bad shape.
   > It was *obvious* that the motorcyclist was in very bad shape.

   a) She pulled over to the side of the road. (immediate) b) She ran to where the motorcyclist was lying. (quick) c) Mrs Turner had never given first aid before, but she managed to apply a bandage to the youngster's bleeding wound. (eventual) d) The ambulance arrived. (surprising, quick) e) When she arrived at her destination, she had a surprise. (unpleasant) f) The cameras were stolen while Mrs Turner was trying to help the injured motorcyclist. (probable) g) Someone robbed the woman while she was trying to help an injured person. (callous) h) I can't understand how anyone could rob a person in such a situation. (simple) i) The thief knew what was going on. (certain) j) He exploited the situation. (cold) k) An accident situation can be exploited. (easy) l) The stolen equipment was insured. (fortunate)

18D

4. Setzen Sie aus dem Aktiv in das Passiv (→ 15B1).

Someone had stolen the bag with the cameras. The bag with the cameras had been stolen.
We must stop the bleeding. The bleeding must be stopped.

a) She had left the back of the car open. b) People had found the bag at the side of the road. c) You must take him to the nearest hospital. d) One should always consider the circumstances. e) They will "bump" latecomers first. f) They had to call an ambulance. g) The ambulance took the injured man to a nearby hospital. h) They made this reservation by phone. i) We X-ray all cabin bags.

5. Übersetzen Sie ins Deutsche.

a) You must stop here. – She must have stopped here. b) They must have seen a suspicious object. c) The thief must have known what was going on. d) He should be more careful. – He should have been more careful. e) You should call an ambulance. – You should have called an ambulance. f) You should have left your name and address with the police officer. g) He may be in the intensive-care unit. – He may have been in the intensive-care unit. h) The bag may have disappeared. – The bag may have been stolen. i) The bag may have been found.

6. Mit oder ohne *the/a(n)*?

a) Chandler's novels, short stories and letters show him as ..... master of ..... American language. b) I saw her on ..... London Bridge this morning. c) If you're going abroad, you have to go through ..... passport control. d) After ..... war he returned to ..... United States to live in ..... southern California, where he eventually became ..... director of a number of oil companies. e) She doesn't behave like ..... idealist, but she is one at ..... heart. f) ..... most people will probably agree that ..... life in our time is more comfortable than it was 200 years ago. g) They live ..... rather secluded life. h) After ..... lunch we'll have a game for ..... change. i) At ..... midnight he always drives from ..... Manhattan to ..... Bronx. j) At ..... most airports there are security checks. k) Did you make your reservation by ..... phone? l) He's the sort of ..... man who can be tough without ..... gun. m) She followed the robber along ..... Baker Street and into ..... Baker Street Tube Station. n) ..... U.S. has shaped ..... today's world to ..... much greater extent than any other nation. o) I mow the lawn once ..... week. p) I usually get ..... bit of sleep in ..... evening after ..... work.

7. Übersetzen Sie.

a) Der Motorradfahrer muß zu schnell gefahren sein. b) Er hätte nicht so schnell fahren sollen/dürfen. c) Nachdem Frau Turner ihren Erste-Hilfe-Kasten gefunden hatte, rannte sie zurück zu dem verletzten jungen Mann. d) Sie legte einen Verband an, um die Blutung zu stillen. e) Ein Krankenwagen brachte den Verletzten (= den verletzten Mann) in ein nahe gelegenes Krankenhaus. f) Da Frau Turner das Heck ihres Wagens offengelassen hatte, war es für den Dieb leicht, die Tasche mit den Kameras aus dem Wagen zu nehmen.

19A

19A Text

A dramatic FA Cup final

It had been the most successful season in Everton's history. The club had won both the Football League Championship and the European Cup Winners' Cup. Now they had come to Wembley hoping to win the FA Cup final against Manchester United. A victory would make them the first English team ever to win the three trophies in one season.
Both teams began the game cautiously. There was a minor alarm at Everton's end after four minutes and a major one seven minutes later at United's. That was when a long throw-in from Stevens flew deep into the United penalty area and had goalkeeper Bailey stretching desperately to punch the ball clear. It dropped to Everton's Peter Reid, who volleyed back immediately and would surely have scored if Gidman had not diverted the ball against the foot of the post and out for a corner.
A more calculated threat came from United in the twentieth minute when Whiteside, Olsen and Albiston combined to send Hughes charging through in the inside-left position. Hughes was in an excellent position to shoot – even score –, but he hesitated, thus allowing the tireless Reid to steal the ball from him.
The drama that was to come late in the second half could hardly be foreseen when the interval came quietly, with the taking of Robson's name for a foul on Reid as the only notable occurrence of the minutes immediately before it.
In the fiftieth minute United opened the Everton defence with a delightful move. Stapleton crossed from the right so that Hughes was able to head the ball down into the path of Robson, but the United captain's left-foot shot was inches too high. United came even closer to scoring when Hughes sent Whiteside through after 63 minutes, but goal-

The world-famous Wembley Stadium is six miles northwest of Central London.

keeper Southall, the new Footballer of the Year, advanced to block the shot expertly.
Twelve minutes from the end of regular time came the sensational moment when Moran was sent off by referee Peter Willis for a foul on Reid that had sent the Everton player flying through the air. Moran, a likeable Irishman, thus became the first player ever to be sent off in a Wembley Cup final.
The referee's decision to send Moran off "for a rather ordinary foul", much criticized after the match, made the Manchester players furious. To everyone's surprise they immediately played like twelve men instead of ten. At the end of regular time the score was still 0-0 (nil-nil), but nine minutes from the end of extra time it was United's Norman Whiteside who steered a beautiful left-foot shot past the Everton goalkeeper for the winning goal that destroyed Everton's dream of taking three titles in one season.

Kevin Moran being sent off by referee Peter Willis

"United would probably not have won if one of their players hadn't been sent off," was an opinion often heard after the match. The referee's controversial decision had turned a boring game into one of the most dramatic finals in the FA Cup's long history.

19B Grammatik

1. Bedingungssätze (3) (→ 17B1, 8B2)

	would + Infinitiv des Perfekts	if		Plusquamperfekt	
a) Reid	**would have scored**	if	Gidman	**had not diverted**	the ball.
b) United	**would not have won**	if	Moran	**had not been sent**	off.
Hauptsatz		if-Satz			

a) Reid („würde ein Tor geschossen haben") hätte ein Tor geschossen, wenn Gidman den Ball nicht abgefälscht hätte.

b) United („würde nicht gewonnen haben") hätte nicht gewonnen, wenn Moran nicht rausgestellt worden wäre.

Bedingungssätze lassen sich in drei Grundtypen einteilen, unter welchen der vorstehende Satztyp der dritte (und schwierigste) ist.

Typ 1

if-Satz: Präsens	Hauptsatz: Präsens oder will + Infinitiv
If the train **is** on time, *Wenn der Zug pünktlich ist,*	I **arrive** / I'**ll arrive** at 8.53. *komme ich um 8.53 Uhr an.*

Typ 2

if-Satz: Präterium	Hauptsatz: would + Infinitiv
If the train **was** on time, *Wenn der Zug pünktlich wäre,*	I'**d** (= I **would**) **arrive** at 8.53. *würde ich um 8.53 Uhr ankommen.*

Typ 3

if-Satz: Plusquamperfekt	Hauptsatz: would + Infinitiv des Perfekts
If the train **had been** on time, *Wenn der Zug pünktlich gewesen wäre,*	I'**d** (= I **would**) **have arrived** at 8.53. *wäre ich um 8.53 Uhr angekommen.*

Grundsätzlich kann natürlich (wie im Deutschen) sowohl der Hauptsatz als auch der *if*-Satz voranstehen:
Reid would have scored *if Gidman had not diverted the ball.*
If Gidman had not diverted the ball, Reid would have scored.
Beachten Sie, daß vor dem nachgestellten *if*-Satz kein Komma steht.

2. Adverbien: Sonderfälle

Bestimmte Adjektive können ohne Anhängen von *-ly* (→ 16B1–2) als Adverb gebraucht werden. Beispiele:

Stevens' throw-in flew **deep** (*Adv.*) into the penalty area.

(*Vgl. allerdings auch 16A* breathe **deeply** [*Adv.*].)

Since they took the **early** (*Adj.*) train, they arrived **early** (*Adv.*). (→ 16C6)

He's got a **fast** (*Adj.*) car and always drives very **fast** (*Adv.*).

Life is **hard** (*Adj.*) if you have to work **hard** (*Adv.*).

(*In anderer Bedeutung:* She's **hardly** [*Adv.*] ever at home.)

A **late** (*Adj.*) goal is one that comes **late** (*Adv.*) in the game.

I bought a **cheap** (*Adj.*) camera. I bought it **cheap(ly)** (*Adv.*). (→ 16B1)

Andere Adjektive dieser Art: *clear, close, high, last, long, near, quick, right.*

3. Die Ordnungszahlen

Abweichungen vom Normalfall Grundzahl + *-th* (→ 5B4):

one	(1)	**first**	(1st)	[fɜːst]	*erste*
two	(2)	**second**	(2nd)	[ˈsekənd]	*zweite*
three	(3)	**third**	(3rd)	[θɜːd]	*dritte*
five	(5)	**fifth**	(5th)	[fɪfθ]	*fünfte*
eight	(8)	**eighth**	(8th)	[eɪtθ]	*achte*
nine	(9)	**ninth**	(9th)	[naɪnθ]	*neunte*
twelve	(12)	**twelfth**	(12th)	[twelfθ]	*zwölfte*
twenty	(20)	**twentieth**	(20th)	[ˈtwentɪəθ]	*zwanzigste*
thirty	(30)	**thirtieth**	(30th)	[ˈθɜːtɪəθ]	*dreißigste* etc.

Beachten Sie besonders die Aussprache der Endung bei den Zehnerzahlen.

19C Sprachgebrauch – Landeskunde

1. FA Cup: *FA = Football Association* [əsəʊsɪˈeɪʃn], d.h. die dem DFB (= Deutscher Fußball-Bund), ÖFB (= Österreichischer Fußball-Bund) und SFV (= Schweizer Fußball-Verband) entsprechende englische Einrichtung. Das unserem Fußball entsprechende Spiel heißt offiziell *association football* bzw. daraus abgekürzt *soccer* [ˈsɒkə].
2. Everton (Stadtteil von Liverpool): Einer der beiden Erstliga(*First Division* [dɪˈvɪʒn])-Klubs von Liverpool (der andere heißt Liverpool).
3. Football League Champion(ship) (= „Fußball-Liga-Meister[schaft]"): Entspricht der deutschen/österreichischen/schweizerischen Fußballmeisterschaft.

4. European Cup Winners' Cup: Europapokal der Pokalsieger.
5. Wembley: Früher Stadt, seit 1965 Teil des NW-Londoner Stadtteils Brent. Das 1923 eröffnete Wembley Stadium ['steɪdjəm] faßt 100 000 Zuschauer.
6. The first English team ever *to win* the three trophies in one season, The first player ever *to be* sent off in a Wembley Cup final: Nach *the first* (und *the last*) wird statt eines ebenfalls möglichen Relativsatzes (The first team *that ever won* the three trophies in one season) gern die Infinitivstruktur gewählt (→ 13B3).
7. And a major *one* seven minutes later: *One* als „Stellvertreter" (für *alarm*) bzw. „Stützwort" (→ 9B4, 10C1) anders als im Deutschen, wo ein „Stützwort" nicht nötig ist: *und ein größerer sieben Minuten später.*
8. Thus allowing the tireless Reid to steal the ball from him (= „es auf diese Weise zulassend, daß der unermüdliche Reid ihm den Ball wegnahm"): *-ing-*Struktur als adverbiale Bestimmung (→ 12B1). Als selbständiger Satz: Hughes allowed the tireless Reid to steal the ball from him. Zu diesem Gebrauch von *allow* vgl. 15C5, wo die entsprechende Passivkonstruktion kommentiert wird.
9. The drama that *was to* come in the second half (= das Drama, das in der zweiten Halbzeit kommen *sollte*): Zu *be to* = *sollen* vgl. auch 16C4.
10. Hughes *was able to* head the ball down (= Hughes *konnte* den Ball „runterköpfen"): *Er konnte* in der Bedeutung *er schaffte es / es gelang ihm* (in einem konkreten Einzelfall) heißt *he was able to* und nicht *he could* (→ 11B3).
11. The decision was *much* criticized after the match (= wurde nach dem Spiel *sehr* kritisiert): *Sehr* heißt bei Verben *much* oder *very much*, nicht *very* (dies nur bei Adjektiven und Adverbien). Vgl. 1A *Thank you very much* (= Danke sehr). Entsprechend z. B. *She loves him very much* (= Sie liebt ihn sehr).
12. The score was *nil-nil* (= Der Spielstand war *null* zu *null*): Die Null in Telefon- und anderen Nummern dagegen wird [əʊ] gesprochen (→ 4B5 und S. 229).

19D Übungen

1. Antworten Sie.

   a) What titles had Everton already won when they came to Wembley for the FA Cup final? b) Who were Everton playing against for the FA Cup? c) Who was Everton's goalkeeper, and who was United's? d) What shows that Everton's goalkeeper had been very successful that season? e) Who was the captain of the Manchester team? f) What was the score at the end of the first half? g) Who did the referee send off in the 78th minute, and why? h) Why was the sending off a "first" in English football history? i) Why was the referee's decision much criticized after the match? j) What was the score after 90 minutes? k) When was the only goal scored, and who by? l) Why is it surprising that United won? m) Can you remember an important soccer match that was won by a ten-man team?

The Mail on Sunday, May 19, 1985

10 men shatter treble hopes

EVERTON TEN points clear at the top of the First Division and uncatchable . . .

EVERTON WINNERS of the Cup Winners' Cup Final by 3-1 over Rapid Vienna . . .

MAN UTD BUT it's Manchester United's name on the FA Cup after the Final.

KEVIN MORAN . . . first FA Cup Final player to be sent off

EVERTON (0)........ 0 — Attendance: 100,000
MAN UTD (0)........ 1 — Whiteside (110 mins) — Gate receipts: £1,000,000
(After extra time)

By JOE MELLING

MANCHESTER UNITED carried off the FA Cup with one of the most astonishingly courageous fights against the odds that Wembley has ever witnessed.

Norman Whiteside produced a glorious goal in the 110th minute and will undoubtedly be feted as the hero.

But the honours belong entirely to a team which resolutely refused to wilt and die after being reduced to ten men by the sending off of Kevin Moran with 12 minutes of normal time remaining.

United's incredible resolve to continue to take the fight to the League champions and European Cup Winners' Cup holders denied Everton the historic treble they had been seeking.

Durham referee Peter Willis had astonished everyone in the stadium with his hard-line decision to dismiss Moran for a foul on Peter Reid at a time when a Cup final which had begun so tentatively was at last showing signs of producing the classic confrontation we had all anticipated from the two best teams in England.

Moran sent off in final drama

Pass

Within a minute of making a terrible hash of an opportunity created by Hughes, Whiteside returned to race on to another fine pass from the Welsh international before curving a beautifully placed left foot shot around the groping right hand of goalkeeper Neville Southall.

It required ten tense minutes of delicate probing by both teams before a nerve was eventually exposed.

It was then that Everton dispelled the theory that the rigours of last Wednesday's European Cup Winners' Cup triumph in Rotterdam might have left them drained.

A long throw from Gary Stevens flew deep into the United penalty area. It was to cause considerable discomfort to goalkeeper Gary Bailey, who came to combat the danger by punching nervously.

In fact his weak flap at the ball created an immediate crisis for United. Everton's Peter Reid, positioned just outside the area, volleyed back immediately and would surely have scored had full back

Turn to Page 62

MATCH FACTS

EVERTON		MAN UTD
3	Shots on target	8
7	Shots off target	12
3	Caught offside	7
1	Bookings	1
0	Sendings-off	1
23	Fouls conceded	1
7	Corners	15
Stevens	Best Player	Stapleton

DEADLOCK . . . United's Bryan Robson and Norman Whiteside keep out Everton's Kevin Sheedy

PAT COLLINS — Page 62

2. Vervollständigen Sie die folgenden Bedingungssätze vom Typ 3 (→ 19B1).
   a) If Everton (win) against Manchester United, they would have been the first English team ever to win three trophies in one season. b) Reid (score) if Gidman had not diverted the ball against the foot of the post. c) If Hughes (not hesitate), he might have scored. d) If the second half had been like the first, it (be) a boring match. e) If the shot (not be) a few inches too high, it would have been a beautiful goal. f) If Southall (not block) the shot so expertly, Hughes would have scored. g) If the referee hadn't sent Moran off, United (probably not win) the Cup.

3. Mit oder ohne *-ly*? (→ 19B2, 16B1–2)
   a) Everton is one of England's most (successful) football clubs. b) If Everton had been less (cautious), they might have won against Manchester United. c) Stevens' throw-in flew (surprising) (deep) into the United penalty area. d) The goalkeeper stretched (desperate) to punch the ball (clear). e) They tried (desperate) to stop the bleeding. f) The Manchester players (furious) criticized the referee's decision to send Moran off. g) It was a (beautiful) shot but the (excellent) goalkeeper blocked it (expert). h) In the evening we had a (quiet) drink with friends at the pub. i) The old man (usual) spends the day working (quiet) in the garden. j) My hotel is (delightful) (quiet). k) She (immediate) noticed the difference. l) If he has a (fast) car, he's likely to drive too (fast).

4. Setzen Sie die richtige Form ein:
   to + Infinitiv,
   -ing-Form
   oder Präposition (*of, on, to, with*) + *-ing*-Form.
   a) I managed (lose) eleven pounds during my holiday. b) Hughes was in an excellent position (shoot) but he hesitated. c) Whiteside's goal destroyed Everton's dream (take) three titles in one season. d) It must have been easy (take) the bag with the cameras out of the car. e) I don't know if that would be the best way (help) him. f) They hope (win) the championship this season. g) Our dog loves (travel) by car. h) Wasn't it Henry Ford who started (mass-produce) cars? i) It's 25 times safer (travel) by air than by car. j) One person in six is afraid (fly). k) The referee's decision (send) Moran off was much criticized after the match. l) We should concentrate (find) a place to sleep. m) That sort of decision is likely (be) criticized. n) The man was charged (shoot) an assistant who tried (stop) him. o) Everton came close (score) when the ball dropped to Peter Reid and he volleyed back immediately.

5. Aussprache (und Schreibung) von Zahlen und Nummern. Sprechen Sie die folgenden Sätze laut, und schreiben Sie anschließend die Zahlen und Nummern aus.
   a) My room number is 308. b) The number of the Clinton Hotel is 279-4017. c) The Sea Shell is at 49 Lisson Grove, London NW1. d) London banks are open from 9.30 a.m. to 3.30 p.m. e) She works 42 hours a week. f) Mrs Turner is 37 years old and a freelance photographer. g) 2,000 homes were destroyed by the bushfires. h) The City of London has a day population of over 400,000. i) The population of New York City is over 7,000,000. j) 35% of America's blacks live in poverty. k) I arrive at Cannon Street at 8.53. l) The sand-coloured skirt costs £19,99. m) The stolen equipment was worth £1,000. n) Today the temperature is –15°. o) The United States is the world's 4th largest nation. p) Ronald Reagan, the 40th president of the United States, was born on the 6th of February, 1911. q) United could have scored in the 11th, 20th and 50th minutes. r) The 2nd half was more dramatic than the 1st. s) Whiteside was almost successful in the 63rd minute. t) United's winning goal was scored in the 110th minute.

6. Übersetzen Sie.
   a) Die Everton-Mannschaft hatte bereits zwei Titel gewonnen, als sie zum (*for the*) Pokalfinale nach Wembley kam. b) Reid hätte ein Tor geschossen, wenn Gidman den Ball nicht abgefälscht hätte. c) Wenn Hughes nicht gezögert hätte, hätte Reid ihm den Ball nicht weggenommen (*steal*). d) Die erste Halbzeit war ziemlich langweilig. e) In der 50. Minute konnte Robson schießen, aber sein Schuß war ⟨einige⟩ Zoll zu hoch. f) Zwölf Minuten vor Ablauf der normalen Spielzeit wurde Moran vom Platz gestellt (*send off*). g) Diese Entscheidung wurde nach dem Spiel sehr kritisiert. h) In der zweiten Halbzeit der Verlängerung erzielte Whiteside für United den Siegtreffer.

ACROSS

1 You always want to watch the sports programmes. Can't we watch something else for a .....?
3 Hughes was in an excellent position to shoot but ..... hesitated.
4 The goalkeeper diverted the ball against the post and out for a .....
7 Stevens' long throw-in flew deep into the penalty .....
8 The country that won the World Cup in 1966.
10 Football Association.
15 An English Football League club.
17 Reid came close ..... scoring after eleven minutes, but Gidman diverted the ball out.
18 A team that won against West Germany in the 1978 World Cup.

DOWN

1 The first time Everton won the FA ..... was in 1906.
2 One of the hardest decisions for a ..... to have to make is when to run out and when to stay at home between his posts.
3 In soccer, many goals are scored not with the foot but with the .....
5 A football ..... consists of eleven players.
6 Rio de Janeiro has the largest football stadium ..... the world.
9 After the game they had some fish and chips at the Sea Shell in Lisson .....
10 The referee took Robson's name for a ..... on Reid.
11 Arsenal, Tottenham Hotspur, and West Ham United are all ..... clubs.
12 I'll ..... to get tickets for the FA Cup final.
13 He wouldn't be so thin if he ..... more.
14 Gidman diverted the ball against the foot of the .....
15 A soccer match normally ..... after 90 minutes.
16 Make sure ..... take your umbrella when you go to the stadium.

20A

20A Text

A letter from London

19 July 19--

Dear Susan,

I've been meaning to write to you for some time but I simply didn't get round to it. Things at the office were hectic up to the last minute before I went on holiday. Two important trade fairs kept us busy for most of May and June, and in between I had to take to the road myself to visit customers, because one of our salesmen had to have an operation. Considering that I've been working mainly in the office during the last few years, I did rather well out in the field. I actually sold £70,000 worth of software - the forecast was £60,000!

Since the beginning of my holiday a week ago I've been taking it easy, sleeping late, eating out, window-shopping, browsing around in bookshops, watching videos, or just idling around. I suppose that's my idea of a perfect holiday - staying at home.

The weather has been wonderful for the last ten days, with temperatures in the eighties - the kind of weather you'd expect in Spain or Greece but not in London. In the papers and on the late-night news the weather is the main topic: topless bathing on the South Coast, a garden party at Buckingham Palace in 89-degree heat with a dozen guests fainting away on the palace lawn, pubs running out of beer and ice-cream parlours out of ice cream, air-conditioning systems breaking down in office tower blocks with unopenable windows - that sort of thing. The weather has always been the number one topic of conversation, hasn't it? Only six weeks ago it was the endless rain that produced headlines.

I hope you're doing well. You've been in Australia for two years now, haven't you? How quickly the time has passed!

I had a card from Tracey the other day. From Bangkok. She said she had passed her final exams and was now on a world tour. She seems determined to enjoy herself before she joins the rat race.

Well, this letter has turned out to be the first piece of work I've done in a week. When I've posted it and had some lunch, I think I'll start redecorating my living room. I've been planning to do that for some time.

Look after yourself and give my regards to everyone at your end. And keep in touch!

Love,

Claire

Buckingham Palace, the London home of the king or queen

20B Grammatik

1. Das Perfekt: Gebrauch für noch nicht abgeschlossene Handlungen

a) You **have been** in Australia for two years now.
Du bist jetzt seit zwei Jahren in Australien.

b) I **have been working** mainly in the office during the last few years.
Ich habe in den letzten Jahren hauptsächlich im Büro gearbeitet / arbeite in den letzten Jahren hauptsächlich im Büro.

c) The weather **has** always **been** the number one topic of conversation.
Das Wetter ist schon immer Gesprächsthema Nr. 1 gewesen / war schon immer Gesprächsthema Nr. 1.

Außer für abgeschlossene Handlungen (→ 14B2) wird das Perfekt auch für Handlungen gebraucht, die aus der Vergangenheit in die Gegenwart reichen. Deutschsprachige machen hier häufig Fehler, indem sie (wie im Deutschen) das Präsens gebrauchen. Statt dessen muß aber das Perfekt stehen:

Sie *ist* seit zwei Jahren in Australien. = She *has been* in Australia for two years.

Sie *wohnt/arbeitet* seit zwei Jahren in Melbourne. = She *has been living/working* in Melbourne for two years.

Sie *kennt* ihn seit 1980. = She *has known* him since 1980.

2. Since – for (= seit)

She has been in Australia
- **since 1984.** *seit 1984*
- **for five years (now).** *seit fünf Jahren*

We have had no rain
- **since the end of June.** *seit Ende Juni*
- **for six weeks.** *seit sechs Wochen*

Since (= seit) steht mit Bezug auf den Anfang der Handlung, also einen *Zeitpunkt*. *For* (= seit) steht mit Bezug auf die Zeit, die die Handlung bisher angedauert hat, also einen *Zeitraum*.

3. Die -self-Pronomen (→ 14D7)

Rückbezüglicher („reflexiver") Gebrauch („sich")

I enjoyed **myself** very much	*ich habe mich sehr amüsiert*
you enjoyed **yourself** very much	*du hast dich sehr amüsiert* *Sie haben sich sehr amüsiert*
he enjoyed **himself** very much	*er hat sich sehr amüsiert*
she enjoyed **herself** very much	*sie hat sich sehr amüsiert*
we enjoyed **ourselves** very much	*wir haben uns sehr amüsiert*
you enjoyed **yourselves** very much	*ihr habt euch sehr amüsiert* *Sie haben sich sehr amüsiert*
they enjoyed **themselves** very much	*sie haben sich sehr amüsiert*
the city cannot help **itself**	*die Stadt kann sich nicht selber helfen*

Beachten Sie allerdings, daß einem rückbezüglichen Pronomen im Deutschen nicht immer ein *-self*-Pronomen im Englischen entspricht. Beispiele:
Sie entschuldigten *sich.* = They apologized.
Sie fürchtet *sich.* = She's afraid.
Er interessiert *sich* nicht für Musik. = He isn't interested in music.
Ich beklage *mich* nicht. = I'm not complaining.
Sie konzentriert *sich* auf ihre Arbeit. = She's concentrating on her work.
Sie schlossen *sich* uns an. = They joined us.
Ich kümmere *mich* um den Hund. = I'm looking after the dog.
Du mußt versuchen, *dich* zu entspannen. = You must try to relax.
Erinnerst du *dich*? = Do you remember?
Das Feuer breitete *sich* schnell aus. = The fire spread quickly.

Verstärkender („emphatischer") Gebrauch („selbst")

I had to take to the road **myself**. (20A) *Ich mußte selbst auf Achse gehen.*

I'm wearing a pair **myself**. (10A) *Ich trage selbst ein Paar.*

Entsprechend etwa:

I talked to the president **himself**. *Ich sprach mit dem Präsidenten selbst/persönlich.*

The exam **itself** wasn't very difficult. *Die Prüfung selbst war nicht sehr schwierig.*

We saw it **ourselves**. *Wir haben es selbst gesehen.*

In den vorstehenden Sätzen sind die *-self*-Pronomen ein nicht notwendiges Satzelement, durch das eine Verstärkung, Betonung, Hervorhebung des Bezugsworts bewirkt wird. Vergleichen Sie:
I talked to the *president*. – I talked to the *president himself.*

4. Die Monatsnamen

January [ˈdʒænjʊərɪ]	**May** [meɪ]	**September** [sepˈtembə]
February [ˈfebrʊərɪ]	**June** [dʒuːn]	**October** [ɒkˈtəʊbə]
March [mɑːtʃ]	**July** [dʒʊˈlaɪ]	**November** [nəʊˈvembə]
April [ˈeɪprəl]	**August** [ˈɔːgəst]	**December** [dɪˈsembə]

20C Sprachgebrauch – Landeskunde

1. Schreibweise des Datums in Briefen: *19 July 1986 / 19th July 1986* (gesprochen: *the nineteenth of July, nineteen eighty-six*) oder *July 19, 1986 / July 19th, 1986* (gesprochen: *July the nineteenth, nineteen eighty-six*).

2. Anrede in Briefen: *Dear Susan* (= Liebe Susan), aber auch *Dear Mrs Smith* (= Sehr geehrte / Liebe Frau Smith). An Firmen: *Dear Sirs* (= Sehr geehrte [Damen und] Herren). – Vgl. 21C8.

3. Around: Vgl. 11C11 und folgende Belege: 20A *idle around* (= herumtrödeln/faulenzen), 20A *browse around in bookshops* (= sich in Buchhandlungen umsehen), 15A *temperatures around 43 degrees* (= Temperaturen um 43 Grad [herum]).

4. He *had* an operation (= Er *unterzog sich* einer Operation), I *had* a card from Tracey the other day (= Neulich *bekam* ich eine Karte von Tracey): Gebrauch von *have* in von der Grundbedeutung „haben“ abweichenden Bedeutungen. Vgl. 11C7 und folgende Belege: 20A when I've *had* some lunch (= wenn ich etwas zu Mittag *gegessen* habe), 18A She *had* an unpleasant surprise (= Sie *erlebte* eine unangenehme Überraschung).

5. Temperatures in the eighties, 89-degree heat: Temperaturangaben in *Fahrenheit* [ˈfærənhaɪt] sind in der englischsprachigen Welt immer noch häufig, auch wenn sich *Celsius* [ˈselsɪəs] bzw. *centigrade* [ˈsentɪgreɪd] (die erstere Bezeichnung gilt als korrekter) auf die Dauer durchsetzen wird. Entsprechungen: 100 °C = 212 °F, 40 °C = 104 °F, 30 °C = 86 °F, 20 °C = 68 °F, 10 °C = 50 °F, 0 °C = 32 °F, –10 °C = 14 °F, –20 °C = –4 °F. – Die Formeln (x = die umzuwandelnde Temperatur):
   ° Fahrenheit $= (\frac{9}{5} \times x\,°C) + 32$
   ° Celsius $= \frac{5}{9} \times (x\,°F - 32)$

6. Buckingham Palace: 1705 erbaut, seit 1837 königliche Residenz in London.

7. 89-degree heat, ice-cream parlour, air-conditioning systems: Alleinstehend dagegen ohne Bindestrich: *89 degrees, ice cream, air conditioning*. Vgl. 15C9 und 18C4.

8. The weather has always been the number one topic of conversation, *hasn't it?* You've been in Australia for two years now, *haven't you?*: Zur angehängten Kurzfrage (Gegenstück des deutschen *nicht wahr? / gelt?*) vgl. 14B5.

9. I hope you're doing well (= Ich hoffe, es geht dir gut): Auch *I hope you're well.* Mögliche Aussage: *I'm (doing) fine* (= Es geht mir sehr gut / prima). Vgl. 2C3 und „Alltagsredensarten", S. 216.

10. *She said* she *had passed* her final exams and *was* now on a world tour: Indirekte Rede, abgeleitet von folgender direkter Rede: I *have passed* my final exams and *am* now on a world tour. Vgl. 22B1.

11. I think I'll *start redecorating* my living room: *Start + -ing*. Vgl. auch 14A *Shall I start putting the things in?* und 17A *if Henry Ford hadn't started mass-producing them.*

12. Give my regards to everyone: Noch herzlicher wäre z. B. *Give my love to Peter* (= Grüß Peter herzlich von mir).

13. Love, Claire: In einem freundschaftlichen Privatbrief häufige Schlußformel, die allerdings vermieden werden sollte, wenn sie mißverstanden werden könnte. Männer untereinander gebrauchen diese Formel in der Regel nicht, sondern andere, ebenfalls allgemein übliche, wie etwa:
Regards, Bill *Best wishes, Brian* *Yours, Tony*
Nicht selten wird ein Privatbrief auch ohne Schlußformel unterschrieben. – Vgl. 21C11.

20D Übungen

1. Fragen zum Text.
a) Why didn't Claire get round to writing to Susan? b) Why did she have to "take to the road herself"? c) How did she do out in the field? d) What has Claire been doing during the first week of her holiday? e) What has the weather been like? f) What sort of things have made the headlines in the last few days? g) How long has Susan been in Australia? h) What news does Claire have from Tracey? i) What's Claire planning to do during the next few days?

"Sorry, I'm a stranger here myself."

2. Fragen zu Ihrer Person.
a) What month were you born in? b) Where do you live? c) How long have you been living in . . .? d) Where do you work? e) How long have you been working for/with/at . . .? f) How long have you been learning English? g) What are you learning English for? h) Have you ever worked with a computer? (If so, where?) i) When did you last have a holiday, and where did you spend it? j) When is your next holiday, and where are you going to spend it? k) What's your idea of a perfect holiday?

3. Setzen Sie passende Verbformen ein.
Claire Farrell (be) born in Adelaide, Australia, on May 17, 1951. She (go) to school in Australia. In 1975 she (come) to London, where she eventually (find) a job with a software company. After (sell) computer software successfully for several years she (become) one of the directors of the company. She (work) mainly in the office now. Her friend Susan (live) in Australia for the last two years. Claire (visit) her a year ago when she (be) in Australia on business. Susan (probably visit) Claire in London next year.

4. Setzen Sie passende Verbformen ein.
a) The weather (be) wonderful for the last ten days. b) The weather (be) wonderful when we (arrive). c) I (not feel) very well when I came back from Bangkok. d) I (not be) feeling very well since I came back from Bangkok. e) I (play) football since I was a boy. f) I (play) a lot of football when I was a boy. g) I (know) her since she (come) to work here about ten years ago. h) She (work) in an ice-cream parlour when I first (see) her. i) She (be) taken to the intensive-care unit of the London Hospital immediately after the accident. j) She (be) in intensive care since last Friday. k) Things (be) very hectic at the office for the last two weeks. l) Things (be) rather hectic at the office last week. m) Alaska (be) a state of the U.S. since 1959.

5. *Since* oder *for*?
a) He lived in the United States . . . . . ten years before he became naturalized. b) She has been a U.S. citizen . . . . . 1983. c) We've had no rain . . . . . the beginning of June. d) I've had this computer . . . . . two years and it's always been absolutely reliable. e) . . . . . she came back, she's been staying with friends. f) Do you see that man over there? He's been following me . . . . . I left the station. g) I've been learning English . . . . . three years. h) He's been unconscious . . . . . 36 hours now.

6. Rückbezügliche *-self*-Pronomen (→ 20B3).
Setzen Sie das passende Pronomen ein.
a) I saw . . . . . on video the other day. I looked rather strange. b) He said he'd shoot . . . . ., but I don't think he will. c) People like him don't love others, they only love . . . . . d) I hope you'll all enjoy . . . . . here. e) You can make . . . . . some coffee if you like, Claire. f) I don't understand her. I don't think she understands . . . . . g) We're both over 80, but we can still look after . . . . . h) We must help those who can't help . . . . . i) Why don't you get . . . . . something to drink, children?

7. Verstärkende *-self*-Pronomen (→ 20B3)
Verstärken Sie durch passende *-self*-Pronomen.

> I didn't make the reservation. – I didn't make the reservation myself.

a) I wouldn't wear a T-shirt like that. b) She didn't pack her bag. c) We redecorated the flat. d) He collected his passport. e) If you have the money, why don't you publish the book? f) I talked to him. g) The children can't do that. h) Wouldn't it be best if you both went? i) The house is rather pretty but the neighbourhood isn't very nice. (*Wortstellung!*)

8. Ergänzen Sie angehängte Kurzfragen (→ 14B5, 20C8).

> You've been in Australia for two years now.
> You've been in Australia for two years now, haven't you?

a) You've been working mainly in the office during the last few years. b) The weather has been wonderful most of the time. c) Things have been very hectic at the office. d) You did very well. e) The forecast was £60,000. f) You're taking it easy at the moment. g) You like to browse around in bookshops. h) You want to redecorate your living room. i) Tracey is in Bangkok at the moment. j) She has passed her exams. k) She wants to enjoy herself.

9. Übersetzen Sie.
a) Ich habe dir schon länger (*for some time*) schreiben wollen, aber ich bin bisher (*till now*) nicht dazu gekommen. b) Ich bin jetzt seit einer Woche in Urlaub. c) Seit (den letzten) zehn Tagen ist das Wetter herrlich. d) Auf einer Gartenparty im Buckingham Palace sind gestern ein Dutzend Gäste ohnmächtig geworden. e) Vielen Pubs ging das Bier aus. f) Susan ist jetzt ⟨schon⟩ seit zwei Jahren in Australien. g) Die Zeit ist sehr schnell vergangen. h) Neulich habe ich von Tracey eine Karte bekommen. i) Tracey hat ihre Abschlußprüfungen bestanden und ist jetzt auf einer Weltreise. j) Ich habe ⟨schon⟩ seit einiger Zeit vor, mein Wohnzimmer zu tapezieren.

"I'll tell you a little secret – I haven't polished my shoes for three years."

21A Texte

1. Booking hotel accommodation by phone

(*T.O.* = *telephone operator;*
R.C. = *reservation clerk*)

T.O.: Royal Hotel, good morning. Can I help you?
Client: Good morning. I'd like to book a room, please.
T.O.: One moment, please. I'll put you through to Reservations.
R.C.: Reservations, can I help you?
Client: I'm calling from Germany. I'd like to book a twin-bedded room with a bath for two nights from the nineteenth to the twentyfirst of August. Quiet, if possible.
R.C.: A quiet twin with bath for two nights from the nineteenth of August – that's all right, sir. Who's the booking for, please?
Client: Günther Hölscher.
R.C.: Could you spell the surname, please?
Client: Hölscher – HO-umlaut LSCHER.
R.C.: And the first name?
Client: Günther – GU-umlaut NTHER.
R.C.: Günther Hölscher – thank you, sir. And the address?
Client: The street is Schäfergasse – SCHA-umlaut FERGA double-SE. Number nineteen.
R.C.: Schäfergasse 19. Yes . . .
Client: The code is D for Germany, and then 6090 Rüsselsheim – I'll spell it for you: RU-umlaut double-SELSHEIM.
R.C.: Thank you, sir. What time do you think you'll be arriving?
Client: About 5 p.m. . . . on the nineteenth.
R.C.: That's fine, sir. Could you write us a letter confirming the booking?
Client: Certainly. How much does the room cost, by the way?
R.C.: £43 per night, including V.A.T.
Client: OK – thank you. Goodbye.
R.C.: Goodbye.

2. Letter of confirmation

21 July 19--

The Manager
Royal Hotel
12-14 Park Lane
London W1X 0DX
England

Dear Sir,

This is to confirm my reservation, made by telephone today, of one twin-bedded room with a bath for two nights from 19th August. We would appreciate a quiet room.

I understand the rate per night will be £110, including V.A.T.

We expect to arrive at the hotel around 5 p.m. on the 19th and shall be leaving before 11 a.m. on the 21st.

Yours faithfully,

Günther Hölscher

3. Making a date by phone

Helen: 370 4494.

Günther: Hello, Helen, this is Günther.

Helen: Hello, Günther! What a surprise! Are you calling from Germany?

Günther: Yes, I am. I just wanted to let you know that Sabine and I are going to be in London next Tuesday and Wednesday. We were wondering if we could meet.

Helen: Oh, that'd be great. When will you be arriving? You'll be flying, I take it?

Günther: Yes. We arrive at Heathrow at ten past three on Tuesday afternoon.

Helen: I see. I could probably arrange to meet you at the airport. It's Terminal 2, isn't it?

Günther: No, Terminal 1 – British Airways from Frankfurt. But are you sure it won't be too much trouble? I mean, driving out all the way to Heathrow? We can just as easily take the Tube.

Helen: It'll be hardly any trouble at all. You know my office is about halfway between the West End and Heathrow. I was going to take the afternoon off anyway, so I'll just make the detour to the airport and take you into town with me. Where will you be staying?

Günther: At the Royal.

Helen: That's in Park Lane, isn't it?

Günther: Yes, that's right. If you and Frank haven't got anything planned for the evening, we'd like to take you out to dinner.

Helen: I was going to suggest you have dinner at our place. I'm into Japanese cooking at the moment . . .

Günther: A Japanese dinner? That's hard to resist. Thank you very much. We'll be delighted to come.

Helen: So it's ten past three at Terminal 1, Heathrow, next Tuesday afternoon. I'll be there to meet you.

Günther: Well, thanks a lot then, Helen, we're looking forward to seeing you both again. Till Tuesday then.

Helen: Bye-bye, Günther, and give my love to Sabine.

Günther: Yes, I will. Bye!

21B Grammatik

1. Möglichkeiten zum Ausdruck der Zukunft (Futur) (→ 14B3)

In 14B3 werden *will*, *be going to* und die Verlaufsform des Präsens als die drei wesentlichen Mittel zum Ausdruck der Zukunft dargestellt:
a) Will: It'*ll* (= It *will*) be hardly any trouble at all.
b) Be going to: Sabine and I *are going to* be in London next week.
c) Verlaufsform des Präsens: John and Morna *are coming* over tonight.

Zu diesen drei Ausdrucksmöglichkeiten für die Zukunft kommen in 21A1–3 noch zwei weitere: *will be* + *-ing* und das einfache Präsens:

d1) We'**ll** (= We **will**) **be staying** at the Royal.
d2) What time **will** you **be arriving**?

e) We **arrive** at Heathrow at ten past three in the afternoon.

Will be + *-ing* (d1) stellt (ohne Betonung von Absicht, Gewißheit, Vereinbarung usw.) fest, daß die Handlung für einen bestimmten Zeitpunkt oder Zeitraum in der Zukunft vorgesehen ist. Fragen mit *will be* + *-ing* (d2) wirken zurückhaltender, höflicher, indirekter als solche mit *will* oder *be going to*. Vergleichen Sie:
What time *will you arrive*? (Direkte, „unverblümte" Frage – neutral.)
What time *are you going to arrive*? (Direkte, „unverblümte" Frage nach dem, was beabsichtigt ist.)
What time *will you be arriving*? (Zurückhaltendere, höflichere Frage nach dem, was geplant/vorgesehen ist.)

Das einfache Präsens (e) wird zum Ausdruck einer „Fahrplanzukunft" gebraucht, d.h. die Handlung wird aufgrund eines Fahrplans, einer getroffenen Regelung, eines festgelegten Programms u. dgl. eintreten. Der Zukunftsbezug muß aus einer Zeitbestimmung der Zukunft oder einem entsprechenden Frageausdruck hervorgehen. Weitere Beispiele:
The next train *goes* at ten to four (= zehn vor vier).
The fair *starts* on Monday, the fourth of May.
When *do* the school holidays begin?

2. <u>Shall</u> statt <u>will</u> zum Ausdruck der Zukunft (Futur)

We expect to arrive at the hotel around 5 p.m. on the 19th and **shall** be leaving before 11 a.m. on the 21st.

Nach *I* und *we* steht – vorwiegend in formellen, vor allem schriftsprachlichen Texten – statt *will* mitunter *shall*. Für Lernende empfiehlt es sich allerdings, stets *will* zu gebrauchen:
We expect to arrive at the hotel around 5 p.m. on the 19th and *will* be leaving before 11 a.m. on the 21st.

3. Zur Stellung des Objekts bei zusammengesetzten Verben (Phrasal Verbs)

	Verb	**Objekt**	Adverb	
a) I'll	put	**you**	through.	(21A)
b) I was going to	take	**the afternoon**	off.	(21A)
c) The referee	sent	**Moran**	off.	(19A)
d) They	locked	**the robber**	in.	(12A)

Put through, *take off*, *send off* und *lock in* sind feste Verb-Adverb-Verbindungen, die man auch als zusammengesetzte Verben (Phrasal Verbs) bezeichnen kann. In den Beispielen a–d steht das Objekt jeweils zwischen Verb und Adverb (Zwischenstellung). Die folgenden Beispiele zeigen, daß das Objekt auch auf das zusammengesetzte Verb folgen kann (Nachstellung):

	Verb	Adverb	**Objekt**	
e) In 1939 Chandler	brought	out	**his first novel**.	(13A)
f) Police	sealed	off	**the station**.	(12A)
g) The customer	tries	on	**the skirt and T-shirt**.	(10A)

Manchmal bestehen für den gleichen Satz beide Stellungsmöglichkeiten:
(Nachstellung:) Police sealed off *the station.*
(Zwischenstellung:) Police sealed *the station* off.
Ist das Objekt ein Pronomen, so ist nur Zwischenstellung möglich:
Police sealed *it* off.
Überhaupt ist Zwischenstellung die häufigere und im Zweifel „sicherere" Konstruktion. Nachstellung ist vor allem bei längeren, betonteren Objekten angebracht:
The referee sent off *United's Kevin Moran, a likeable Irishman.*

4. Das Buchstabieralphabet

A [eɪ]	**E** [iː]	**I** [aɪ]	**M** [em]	**Q** [kjuː]	**U** [juː]	**X** [eks]
B [biː]	**F** [ef]	**J** [dʒeɪ]	**N** [en]	**R** [ɑː]	**V** [viː]	**Y** [waɪ]
C [siː]	**G** [dʒiː]	**K** [keɪ]	**O** [əʊ]	**S** [es]	**W** [ˈdʌbljuː]	**Z** [zed]
D [diː]	**H** [eɪtʃ]	**L** [el]	**P** [piː]	**T** [tiː]		

Doppelbuchstaben	**Umlaute** (→ 21C4)
EE = double E [ˈdʌbl ˈiː]	ä = a umlaut [ˈeɪ ˈʊmlaʊt]
SS = double S [ˈdʌbl ˈes]	ö = o umlaut [ˈəʊ ˈʊmlaʊt]
Etc.	ü = u umlaut [ˈjuː ˈʊmlaʊt]

21C Sprachgebrauch – Landeskunde

1. I'*d* (= I *would*) *like* to book a room (= Ich würde/möchte gern ein Zimmer reservieren), We'*d* (= We *would*) *like* to invite you (= Wir würden/möchten euch gerne einladen): Vgl. auch 10A *What colour would you like?* (= Welche Farbe hätten Sie gern?)
2. Twin-bedded room (= Doppelzimmer mit zwei gleichen Einzelbetten; *twin* = *Zwilling*): Diese Angabe ist wichtig, denn *double room* würde als *double-bedded room* verstanden, d. h. Zimmer mit einem Doppelbett (= einem „zweischläfrigen"/„französischen" Bett). – *Einzelzimmer* wäre *single room*.
3. Who's the booking *for*?: Nachstellung der Präposition in *wh*-Fragen. Vgl. 17C8.
4. A/O/U umlaut: So wird das Ä/Ö/Ü auf englisch „philologisch korrekt" ausgedrückt – nur werden englischsprachige Gesprächspartner oft nicht wissen, was mit *umlaut* gemeint ist. In so einem Fall könnte man sagen bzw. ergänzen: *Two dots over the A/O/U* oder *A/O/U with two dots*. (*dot* = *Punkt/Pünktchen*)
5. Code: Hier handelt es sich um den *postcode* (= Postleitzahl); *code* (AE genauer: *area code*) steht aber auch für *Ortsnetzkennzahl/„Vorwahl"* bei Telefonnummern.
6. Around 5 p.m. (= gegen 17 Uhr): Auch *at about 5 p.m.* oder *about 5 p.m.*
7. Adresse: Vor allem im Inlandverkehr steht bei Orten außerhalb Londons der *postcode* auch als letzte Zeile der Anschrift:
   The Manager
   Royal Hotel
   Wollaton Street
   Nottingham (*auch:* NOTTINGHAM)
   NG1 5RH
8. Dear Sir: Nur wenn man wüßte, daß *the manager* eine Frau ist, würde man – wie auch sonst an eine namentlich unbekannte Frau – schreiben: *Dear Madam.* Vgl. 20C2.
9. We would *appreciate* a quiet room (frei übersetzt etwa = Es wäre uns lieb, wenn es ein ruhiges Zimmer sein könnte): *Appreciate* (wörtlich = *zu schätzen wissen*) steht oft zum Ausdruck der Dankbarkeit, z. B. *I appreciate your help* (= Ich bin Ihnen für Ihre Hilfe dankbar).
10. We *expect to arrive* around 5 p.m., I just *wanted to let* you know . . ., I could probably *arrange to meet* you, We'll be *delighted to come*: Infinitiv nach Kettenverben und -adjektiven, vgl. 13B2 und 22B2.
11. Yours faithfully: Im BE übliche Schlußformel in Geschäftsbriefen mit nichtnamentlicher Anrede, also Briefen, die etwa mit *Dear Sir / Dear Madam* (→ 21C8) beginnen. – Vgl. 20C13.

12. 370 4494: Helen meldet sich mit der Telefonnummer (→ 4B5). Häufig meldet sich der Angerufene einfach mit *Hello?*

13. What a surprise! (= Was für eine Überraschung!): Entsprechend auch etwa *What beautiful flowers you have in your garden!* (= Was für schöne Blumen Ihr in eurem Garten habt!)

14. We were wondering if we could meet (= Wir überlegten, ob wir uns treffen könnten): Eine Art indirekte Rede (→ 20C10, 22B1) von *Can/Could we meet? Wonder* – hier etwas ungenau mit *überlegen* übersetzt – hat oft gar keine direkte deutsche Entsprechung: *I wonder where she is* (= Ich möchte wissen, wo sie steckt. / Wo sie wohl steckt?), *I wonder if that's true* (= Ich frage mich, ob das stimmt. / Ob das wohl stimmt?).

15. Ten past three (= zehn nach drei): *Zehn vor drei* wäre *ten to three.* Vgl. „Uhrzeit", S. 232–233.

In the West End of London

16. The West End: Der westliche Teil der Londoner Innenstadt mit den Haupteinkaufsstraßen, dem Vergnügungs- und Theaterviertel und teuren Wohngegenden. Heathrow, der Londoner Hauptflughafen, liegt 24 km westlich der Innenstadt und ist u. a. außer durch Flughafenbusse auch durch die U-Bahn mit der Stadt verbunden (45 Minuten zum Piccadilly Circus [ˈpɪkədɪlɪ ˈsɜːkəs]).

17. Was going to: *I was going to take the afternoon off* (= Ich hatte vor, den Nachmittag freizunehmen), *I was going to suggest you have dinner at our place* (= Ich wollte schon vorschlagen, daß Ihr bei uns zu Abend eßt).

18. We're looking forward *to seeing* you both again: *To* ist hier nicht das „Zeichen" des Infinitivs, sondern Präposition; daher steht das nachfolgende Verb in der *-ing*-Form (→ 15B3).

21D Übungen

1. Fragen zu den Texten.
   a) What's the client's name, and where's he from? b) What kind of accommodation is he booking? c) Why does he want a room with two beds? d) When will the Hölschers arrive, and when will they leave? e) How much does the room cost? Say what you think of the price. f) Why does the hotel want a letter of confirmation? g) Why does Günther phone Helen? h) Where's the Hölschers' hotel? i) How could the Hölschers get to their hotel if Helen wasn't driving them? j) Where will the Hölschers be having dinner on Tuesday evening?

2. Vervollständigen Sie.
   a) I'd ..... to book a room, please. b) I'll ..... you through to Reservations. c) The room should be quiet, if ..... d) Shall I ..... the name for you? e) The ..... for Berlin is 1000. f) I'll write you a letter ..... the booking. g) The reservation was ..... by telephone on the 21st of July. h) I just wanted to let you ..... that I'll be in London next week. i) I was ..... if we could meet. j) Could you arrange to .... me at the airport? k) I'll be ..... at the Royal Hotel. l) The Royal is in Park Lane, ...? m) I'd like to invite you to ..... dinner with me. n) Well, goodbye then, I'm looking forward to ..... you again soon.

3. Spielen Sie (wenn möglich mit Partner[in]) ein Telefongespräch entsprechend 21A1 durch, in dem Sie für sich ein Einzelzimmer mit Bad für drei Nächte zu einem Termin in drei Wochen buchen. (Preis: £37 pro Nacht.)

4. Antworten/Reagieren Sie.
   a) What's your surname? – Could you spell it, please? b) And your first name? – How do you spell it? c) What's your address? – Would you spell the name of the city/town/village, please? – What's the postcode? d) What's your telephone number? – And your (area) code? e) Have you ever been to the U.K. or U.S.? – If so, where and how long for? f) Do you like flying, or do you like travelling by train better? g) What's your favourite city, and why? h) What kind of cooking do you like?

5. Setzen Sie das Verb in eine passende Zukunftsform (→ 21B1, 14B3).
   a) If you can't do it alone, I (help) you. b) I (fly) to London next Monday. c) Where (you stay) in London? d) What time (you leave)? e) I (be) in London next Monday. f) Flight BA 727 from Frankfurt (arrive) at 15.10. g) It (be) hardly any trouble at all for me to drive you out to Heathrow. h) I (arrive) at Terminal 1. i) I (be) at the airport to meet you. j) I (probably see) her when I'm in London next week. k) I usually fly but I (go) by train this time. l) Our train (leave) at 18.35. m) When (you phone) her? n) According to the weather forecast it (be) a very warm weekend. o) There (be) a garden party at Buckingham Palace this afternoon. p) I (have) dinner with them this evening.

6. Ersetzen Sie das unterstrichene Objekt durch das eingeklammerte, und ändern Sie die Stellung entsprechend (→ 21B3).

> Why don't you try it on? (the medium-sized one)
> Why don't you try on the medium-sized one?

a) They were able to put the fires out. (most of the fires in the Adelaide area) b) He brought out his first novel in 1939. (it) c) Could you turn the heater off, please? (the electric heater in the bathroom) d) The referee sent Moran off. (the player who had fouled Reid) e) Have you checked in your baggage? (it) f) They locked up the man who started the fires. (him) g) I was at the airport to see them off. (some very good friends of mine who were going to Australia)

7. Üben Sie das Buchstabieren von Namen (wenn möglich mit Partner[in]) im Rahmen der folgenden Kurzdialoge.

> *A:* What's your name, please?
> *B:* . . . . .
> *A:* Could you spell it, please?
> *B:* . . . . .

> *A:* Where are you from?
> *B:* . . . . . – I'll spell it for you: . . . . .

Personennamen: Brügger, Fröhlich, Kättner, Müller, Schäfer, Schmittmann, Zöllner.
Ortsnamen: Göttingen, Innsbruck, Lübeck, Mödling, Saarbrücken, Würzburg, Zürich.

8. Übersetzen Sie.
a) Ich möchte gern ein Zimmer buchen. b) Ich verbinde Sie mit ‹der› Reservierung. c) Für wen ist die Buchung? d) Wissen Sie, um welche Zeit Sie ankommen werden? e) Meine Frau und ich werden nächsten Dienstag in London sein. f) Wir kommen in Heathrow um 15.10 Uhr an. g) Soll ich Sie am Flughafen abholen? h) Ja, das wäre (= würde sein) wunderbar. i) Wo werden Sie wohnen? – Im Royal in ‹der› Park Lane. j) Ich freue mich darauf, Sie nächsten Dienstag wiederzusehen.

22A

22A Text

Symbol of a past age

On Monday, April 15, 1912, it became known in London that the Titanic, the largest and most luxurious ship in the world, had sunk in the Atlantic Ocean just five days after leaving Southampton on its maiden voyage to New York. Shortly after 11.40 p.m. on Sunday the 14th, the great ship had struck an iceberg a few hundred miles south of Newfoundland; it sank at 2.20 a.m. on Monday morning.

The luxury liner had over 2,200 people on board, and all the reports agreed that most of them had lost their lives. This was, unfortunately, true. When, a few days later, more exact information was available, it was found that only about 700 passengers and crew had survived.

The world was deeply shocked by the disaster. The Titanic, regarded as the greatest engineering feat of its time, had been considered unsinkable. "Don't worry! God himself could not sink this ship," a sailor had told an anxious passenger on embarkation. People's confidence in technology, almost boundless before the disaster, was badly shaken.

Soon critical questions were being asked. Why had the Titanic been going at full speed in spite of warnings that there were icebergs in the area? Why was there lifeboat space for only half the people on board? Why were some of the boats only partly filled? Then there were reports that said that a vessel passed quite close to the Titanic when it was sinking and ignored its distress signals. What vessel was this? It turned out to have been the Californian, another British passenger liner, which had been waiting with its engines stopped because of the icebergs. How far away had the Californian been? Some witnesses said that the distance was not more than 10 miles, but the Californian's captain claimed that his ship had been more than 19 miles away from the Titanic. Was it true that all the people on board the Titanic could have been saved if the Californian had reacted to the distress signals and come to the sinking ship's rescue?

Those who survived were later picked up by the passenger liner Carpathia and taken to New York. As a result of the disaster, stricter safety regulations were introduced and an international iceberg patrol was established.

The sinking of the Titanic is now past history, but the story – told in dozens of books and at least seven films – has lived on into our time. Adventurers dreamt of finding and raising the wreck, and in 1985 a team of American and French scientists actually discovered and photographed it $2^1/_2$ miles down on the North Atlantic ocean floor. The great ship that sank quietly into the calm sea on that icy night in 1912 had stopped being a ghost and was becoming real again. Did it have any secrets, and if so, would it give them up? It looked as if at least one important question could now be answered: that of the ship's exact location when it sank. In other words, how close to the Californian had it been? The scientists' answer was that the distance had actually been less than ten, possibly only five miles. Their conclusion: "The passengers could have been rescued. No one need have died."

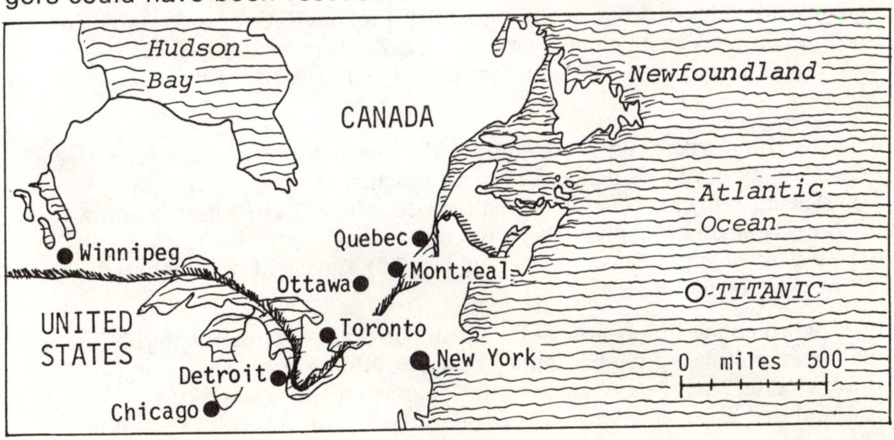

22B Grammatik

1. Die indirekte Rede (→ 20C10, 21C14)

Direkte Rede	Indirekte Rede
a1) "The Titanic **has sunk**."	a2) It became known that the Titanic **had sunk**.
b1) "There **are** icebergs in the area."	b2) They were warned that there **were** icebergs in the area.
c1) "My ship **was** more than 19 miles away from the Titanic."	c2) The Californian's captain claimed that his ship **had been** more than 19 miles away from the Titanic.
d1) "I **have passed** my final exams and **am** now on a world tour."	d2) She said (that) she **had passed** her final exams and **was** now on a world tour.
e1) "**Can** we meet?"	e2) We were wondering if we **could** meet.
f1) "**Will** the Titanic ever be raised?"	f2) In 1985 nobody knew if/whether the Titanic **would** ever be raised.

Beachten Sie zur „Zeitenfolge“ in der indirekten Rede:
Steht das Verb des Einleitungssatzes in einer Zeitform der Vergangenheit (a2–f2: *became known*, *were warned*, *claimed*, *said*, *were wondering*, *knew*), so wird das Verb des „berichteten“ Satzes gegenüber der direkten Rede – soweit möglich – um eine Stufe in die Vergangenheit verschoben („Zeitverschiebung“): *has sunk* → *had sunk*, *are* → *were*, *was* → *had been*, *have passed* → *had passed*, *will be raised* → *would be raised* etc.

Bei den Hilfsverben *could*, *might*, *should*, *would*, *need* und *had better* ist eine Verschiebung in die Vergangenheit nicht möglich:

g1) "The passengers *could* have been rescued." → g2) Their conclusion was that the passengers *could* have been rescued.

h1) "We *would* appreciate a quiet room." → h2) The client wrote (that) he *would* / he'*d* appreciate a quiet room.

Die Verschiebung Präteritum → Plusquamperfekt (→ c) unterbleibt häufig, wenn die Zeitverhältnisse auch bei Beibehaltung des Präteritums eindeutig sind:

i) "A vessel *passed* quite close to the Titanic when it *was* sinking." → Reports said that a vessel *passed* quite close to the Titanic when it *was* sinking.

2. To-Infinitiv und -ing-Form nach Kettenausdrücken (→ 13B2)

a) We **expect to arrive** at 5 p.m. *Wir rechnen damit, um 17 Uhr anzukommen.*
b) The great ship had **stopped being** a ghost. *Das große Schiff hatte aufgehört, ein Gespenst zu sein.*
c) I'm **prepared to work** hard. *Ich bin bereit, hart zu arbeiten.*
d) He's **afraid of flying**. *Er hat Angst vor dem Fliegen.*
e) The referee's **decision to send** Moran **off** was much criticized. *Die Entscheidung des Schiedsrichters, Moran vom Platz zu stellen, wurde sehr kritisiert.*
f) Whiteside's goal destroyed Everton's **dream of taking** three titles in one season. *Whitesides Tor zerstörte Evertons Traum, in einer Saison drei Titel zu holen.*

Kettenausdrücke sind Verben (a: *expect*, b: *stop*), Adjektive (c: *prepared*, d: *afraid*) oder Substantive (e: *decision*, f: *dream*), an die ein Verb angehängt wird. Das angehängte Verb kann ein *to*-Infinitiv sein (a: *to arrive*, c: *to work*, e: *to send off*) oder in der *-ing*-Form stehen (b: *being*, d: *flying*, f: *taking*); steht es in der *-ing*-Form, so geht ihm oft eine Präposition voraus (d und f: *of*).

In den Texten 1A–22A finden sich folgende Kettenkonstruktionen:

Kettenverben mit nachfolgendem *to*-Infinitiv:
arrange, expect, hate, like, manage, need, plan, try, turn out, want, wish.

Kettenadjektive mit nachfolgendem *to*-Infinitiv (gewöhnlich stehen sie mit einer Form von *be*):
able, allowed, delighted, determined, glad, likely, lucky, prepared, ready, sure.

Kettenverben mit nachfolgender *-ing*-Form:
concentrate on, dream of, get round to, look forward to, love, start, stop, turn to.

Außerdem zwei Kettensubstantive mit nachfolgendem *to*-Infinitiv (*decision*, *hurry*), zwei Kettensubstantive mit nachfolgender *-ing*-Form (*dream of*, *way of*) und ein Adjektiv mit nachfolgender *-ing*-Form (*afraid of*).

Vgl. Übung 22D4 sowie zum Infinitiv 13B2, 16C5, 17C9, 18C6, 21C10 und zur *-ing*-Form 14C9, 15B3, 18C9, 20C11, 21C18.

New York: Waiting for the survivors of the Titanic to arrive

3. Some – any (→ 10C12)

a) We've got **something** planned for the evening. *Wir haben für den Abend etwas vor.*
b) Have you got **anything** planned for the evening? *Habt ihr für den Abend etwas vor?*
c) We haven't got **anything** planned for the evening. *Wir haben für den Abend nichts vor.*

Grundregel: *Some* steht bei bejahendem (a), *any* bei fragendem (b) oder verneinendem (c) Sinn.

In Einklang mit der Grundregel steht *some* in Fragesätzen wie den folgenden:
d) How about *some* tights? (Hier handelt es sich nicht um eine „echte" Frage, sondern um einen Vorschlag, ein Angebot in Frageform.)
e) Why were *some* of the boats only partly filled? (Das Satzglied *some of the boats* wird als solches nicht in Frage gestellt, sondern es wird nach etwas gefragt, das *some of the boats* betrifft. Anders dagegen in: Were *any* of the boats only partly filled?)

Abweichend von der Grundregel steht *any* in bejahten Aussagen, wenn es die Bedeutung *jede(r, s) (x-beliebige)* hat:
f) Not everyone uses it, but *anyone* (betont:) can use it. (9A)
g) Look in the "Thrillers" section of *any* bookshop, English or German, and you're sure to find books by Raymond Chandler there. (13A)

22C Sprachgebrauch – Landeskunde

1. Five days *after leaving* Southampton: Auf eine Präposition folgende *-ing*-Struktur (→ 15B3) als adverbiale Bestimmung (→ 12B1, 18C5, 19C8).
2. On *its* maiden voyage, *It* sank at 2.20 a.m.: *The Titanic* hier = *it*. Häufig werden Schiffe aber auch personifiziert und sind dann weiblich. Möglich wäre also auch *on her maiden voyage* und *she sank at 2.20 a.m.*
3. Shortly after 11.40 p.m., at 2.20 a.m.: Vgl. 3C3, 21C15 und die Übersicht „Uhrzeit" auf S. 232–233.
4. Most of them had lost their *lives*: Zu beachten ist der vom Deutschen abweichende Gebrauch des Plurals. One man lost his *life*. – Two men lost their *lives*.
5. When more exact *information* was available: Im Deutschen würde hier ein Plural wie *Informationen*, *Einzelheiten*, *Angaben* stehen, aber *information* kann nur im Singular verwendet werden. Vgl. 3C1.
6. 700 passengers and *crew* (= 700 Passagiere und Besatzungsmitglieder): Auch z. B. *50 crew* wäre möglich und hieße *50 Mann Besatzung*.
7. God himself: *God* als der Name des einen jüdisch-christlichen oder islamischen Gottes wird groß geschrieben, als Bezeichnung für „irgendeinen Gott" oder „irgendwelche Götter" dagegen klein. Entsprechend z. B. Psalm 136,2 *Give thanks to the God of gods* oder etwa *Money is his god.* Häufig werden die auf

den einen Gott bezüglichen Pronomen *he*, *him*, *his*, *himself* groß geschrieben, also z. B. *God Himself could not sink this ship* oder *God saw all that He had made* (Genesis 1,31).

8. Sink: Heißt sowohl *sinken* (intransitiv) als auch *zum Sinken bringen / versenken* (transitiv).
9. An *anxious* passenger: *Anxious* könnte hier nicht durch *afraid* ersetzt werden, da *afraid* nicht vor dem Substantiv stehen kann.
10. Soon critical questions *were being asked* (= Bald wurden kritische Fragen gestellt / war man dabei, kritische Fragen zu stellen): Verlaufsform des Präteritums im Passiv. Ein entsprechender Aktivsatz wäre: Soon people *were asking* critical questions.
11. *Half the* people on board (= die Hälfte der Menschen an Bord): Entsprechend auch etwa: They lost *half the* money (= Sie verloren die Hälfte des Geldes), *Half the* children were ill (= Die Hälfte der Kinder war krank).
12. Ship – vessel – liner: Alles Wörter für *Schiff*.
13. *What* vessel was this?: Mit *which vessel* würde nach einem aus einer beschränkten Zahl von Schiffen gefragt. Vgl. 10B5.
14. It turned out *to have been* the Californian (= Es stellte sich heraus, daß es die Californian gewesen war): *It turned out to be the Californian* würde statt Vorzeitigkeit Gleichzeitigkeit ausdrücken (= Es stellte sich heraus, daß es die Californian war).
15. The people on board the Titanic *could have been saved* if the Californian *had reacted* to the distress signals (= Die Menschen an Bord der Titanic *hätten gerettet werden können*, wenn die Californian auf die Notsignale *reagiert hätte*): Bedingungssatz vom Typ 3 (→ 19B1).
16. The great ship sank *quietly* into the *calm* sea: Sowohl *quiet* als auch *calm* bedeuten *ruhig*, das erste im Sinn *geräuschlos*, das zweite im Sinn *bewegungslos*.
17. Scientist's – scientists': The *scientist's* answer = the answer of the *scientist*, the *scientists'* answer = the answer of the *scientists*. Vgl. auch 19A *the European Cup Winners' Cup = the Cup of the European Cup Winners*. Der Unterschied zwischen Singular und Plural ist in diesen Fällen nur lesbar, nicht hörbar, d. h. die Aussprache von *scientist's* und *scientists'* ist identisch. Vgl. 5B2 und 17B3.
18. No one *need* have died (= Niemand hätte zu sterben brauchen): *Need* ist hier ein Hilfsverb wie z. B. *should*, *could* und *must*. Beachten Sie die mit dem Hilfsverb sich ändernde Bedeutung: No one *should* have died (= Niemand hätte sterben dürfen), Someone *could* have died (= Es hätte jemand sterben können), Someone *must* have died (= Es muß jemand gestorben sein). Häufig kommt *need* auch mit *not* verneint oder in der Frage vor: They *needn't* have died (= Sie hätten nicht zu sterben brauchen), *Need* they really have died? (= Hätten sie wirklich sterben müssen?). Zum Infinitiv des Perfekts nach Hilfsverben vgl. 18B2. – Beachten Sie, daß *need* außer als Hilfsverb auch als normales Hauptverb gebraucht wird: I'll *need* a size five. (10A)

22D Übungen

1. Antworten Sie.
   a) Why was the Titanic such a famous ship in its time? b) On what date did the Titanic leave Southampton, and when and where did it sink? c) How long did it take until the Titanic sank after it struck the iceberg? d) Why do you think it struck an iceberg? e) How many people lost their lives? f) Why do you think so few people survived? g) Why were people so deeply shocked by the disaster? h) What about people's confidence in technology today? Is it as great as in 1912 before the Titanic disaster? i) How do you feel about technology? Do you have "boundless confidence" in it? j) Why do you think the captain was running the ship at full speed in spite of warnings that there were icebergs in the area? (*set up a record*) k) What ship was closest to the Titanic when it was sinking? How close was it? l) What would have happened if the Californian had come to the Titanic's rescue? m) Which ship eventually picked up the people in the lifeboats? n) Why do you think there have been so many books and films about the Titanic? o) Why was it very difficult to find the wreck of the Titanic? p) Is there anything else you know about the Titanic? Have objects from the ship been brought up, has the wreck been raised, or have any more questions about the sinking of the Titanic been answered? q) Many people believed the Titanic had a "secret". Do you think so too?

2. Verwandeln Sie die direkte in indirekte Rede.

   > "The Titanic is unsinkable." (Many people believed . . .)
   > Many people believed (that) the Titanic was unsinkable.

   a) "I'm sure God himself could not sink the Titanic." (A sailor told an anxious passenger . . .) b) "Why did the Californian ignore the Titanic's distress signals?" (After the disaster people wanted to know . . .) c) "My ship was at least 19 miles away from the Titanic." (The captain of the Californian claimed . . .) d) "The Californian was actually less than ten miles away from the Titanic when it was sinking." (When the wreck of the Titanic was found in 1985, it became clear . . .) e) "The wreck is in excellent condition." (The scientists who found the Titanic in 1985 said . . .) f) "It'll be possible to raise the wreck." (After the Titanic had been found in 1985, adventurers hoped . . .)

3. Verwandeln Sie die direkte in indirekte Rede.
   a) "We haven't seen the dog." (They said . . .) b) "It's impossible for a decent man to become rich." (Raymond Chandler believed . . .) c) "I'm staying at the Clinton Hotel." (Vivien told me . . .) d) "I'll give the cats their meal every day." (Morna said . . .) e) "My name's Turner." (He said . . .) f) "I want to enjoy myself before I join the rat race." (She wrote to me . . .) g) "I'm sure it won't be too much trouble." (She said . . .) h) "Can we meet?" (I was wondering . . .)

4. Vervollständigen Sie. *To*-Infinitiv, *-ing*-Form oder Präposition + *-ing*-Form?
a) As a child she was afraid (be) alone. b) Could you arrange (meet) us at the airport? c) Our decision (buy) the house turned out (have) been a mistake. d) She was determined (do) a better job the next time. e) I wouldn't dream (say) such a thing. f) We expect (arrive) in the late afternoon. g) I'm glad (hear) you're in such splendid form. h) I hate (admit) it, but you're better than I am. i) We're looking forward (see) you in August. j) He loves (browse) around in bookshops. k) You were lucky (not have) an accident. l) How did you manage (get) tickets? That theatre's been sold out for weeks. m) Hughes was in an excellent position (shoot), but he hesitated. n) We've got very nice neighbours. They're always ready (help). o) When are you going to start (redecorate) the living room? p) It's very difficult to stop (smoke). q) His wife is sure (know) where he is. r) What are you looking for? – I'm trying (find) a present for Tony. s) Are you sure that would be the best way (help) him?

5. Gleichzeitigkeit oder Vorzeitigkeit? Setzen Sie die passende Form des Infinitivs ein. (→ 22C14, 18B2, 22C18)

I wouldn't like to live in Alaska. It must (be) very cold there. I wouldn't like to live in Alaska. It *must be* very cold there.
It must (be) very cold the night the Titanic sank. It *must have been* very cold the night the Titanic sank.
Bill's not at home. He seems (be) still on holiday. Bill's not at home. He *seems to be* still on holiday.
Claire seems (have) an accident. She's in hospital. Claire *seems to have had* an accident. She's in hospital.

a) They're such nice people. We're lucky (have) them as neighbours. b) At first we didn't know who had taken the tickets, but later it turned out (be) Mike. c) She's been in hospital for five weeks now. She must (be) very ill. d) He's much better, though still very thin. He must (be) very ill. e) He must (be) over 80 when I last saw him. f) Everybody's attention was on the accident, so it must (be) easy to take the bag with the cameras out of the car. g) You needn't (come) if you don't want to. h) When they finally arrived at the station, they found that they needn't (hurry): the train was 45 minutes late. i) Latecomers are more likely (get) "bumped" than those who check in early. j) She thought she saw Brian in town today, but it can't (be) Brian because he's in America at the moment. k) He's very depressed and doesn't want (see) anyone. l) Their luggage is gone – they seem (leave).

6. Setzen Sie *some/somebody/someone/something* oder *any/anybody/anyone/anything* ein.
a) After the war he spent . . . . . time in France learning the language. b) Philip

Marlowe is a typical American hero: tough, honest, quick-witted, always ready to risk his life for ..... who suffers injustice. c) Did you do ..... overtime this month, Jack? d) John's on the phone. He's calling from New York. It's ..... urgent. e) There aren't ..... hotels around here. f) I'm afraid I don't have ..... size fives. But we're expecting ..... more in next week. g) Why didn't you tell me you were getting married? I thought you didn't have ..... secrets from me. h) Is there ..... else I can do for you? i) I simply can't understand how ..... could do a thing like that. j) We've got about £10 left. Don't you think we should buy ..... at the duty-free shop? ..... whisky perhaps? k) I'm afraid we've got hardly ..... money left. l) Come in, Cathy, and make yourself at home. Shall I make you ..... coffee? m) Ask ..... you like. They'll all tell you the same. n) You can come ..... time you like.

7. Übersetzen Sie.

a) Die Titanic war das größte, luxuriöseste und möglicherweise schnellste Schiff ihrer Zeit. b) Sie sank im Nordatlantik südlich von Neufundland am 15. April 1912. c) Am 10. April war sie von Southampton zu ihrer Jungfernfahrt ausgelaufen. d) Sie sank um zwei Uhr zwanzig morgens, zweieinhalb Stunden nachdem sie auf einen Eisberg gefahren war. e) Von den über 2200 Menschen an Bord der Titanic wurden nur etwa 700 gerettet. f) Die Welt war schockiert – man hatte die Titanic für unsinkbar gehalten. (*Passiv*) g) Nach dem Untergang der Titanic wurden kritische Fragen gestellt: Warum war das Schiff so schnell gefahren? Warum waren nur für die Hälfte der Menschen an Bord Rettungsboote vorhanden? Warum waren die Rettungsboote nur teilweise besetzt? Warum war die Californian der Titanic nicht zu Hilfe gekommen, obwohl ihre Besatzung die Notsignale des sinkenden Schiffes gesehen hatte? h) 73 Jahre nach der Katastrophe wurde das Wrack des großartigen Schiffes gefunden und fotografiert. i) Abenteurer sagten, sie würden versuchen, die Titanic zu heben. j) Andere sagten, das Wrack sei ein Denkmal (*memorial* [mɪˈmɔːrɪəl]) und sollte in Ruhe gelassen werden (*leave alone*).

Titanic inquiry in London

THE SEAFARER'S CROSSWORD

ACROSS

2 Another word for *ocean floor.*
4 A long trip by ship.
5 People travelling in a ship.
8 All the people working on a ship.
9 The second largest ocean.
10 A ship that has sunk.
12 Small boats on a ship's deck for use in case of wreck, fire, etc.
15 The machines inside a ship that make it run.

DOWN

1 The "master" of a ship.
3 The Atlantic is one of them.
4 Another word for *ship.*
6 The act of boarding a ship as a passenger.
7 The first voyage of a ship is called its ..... voyage.
8 What the sea is like when there is no wind.
11 Another word for *passenger ship.*
13 When you are on the ship, you are on .....
14 A large boat.

Wörterverzeichnis nach Lektionen

1A

arrival in London [ə'raɪvl ɪn 'lʌndən]	Ankunft in London
afternoon [ɑ:ftə'nu:n]	Nachmittag
good afternoon [gʊd ɑ:ftə'nu:n]	guten Tag (→ 1C1)
my name is Burger [maɪ 'neɪmz]	mein Name ist Burger
ah, welcome to London ['ɑ: 'welkəm tə 'lʌndən]	ah, willkommen in London (→ 1C6)
Mr (= Mister) Burger ['mɪstə]	Herr Burger
I'm (= I am) Sally Smith [aɪm 'sælɪ 'smɪθ]	ich bin Sally Smith
from United Tours [frəm jʊ'naɪtɪd 'tʊəz]	von United Tours (= „Vereinigte Reisen") (→ 1C6)
now let me see [naʊ 'let mɪ 'si:]	(„nun lassen Sie mich sehen") also, schauen wir mal
your hotel is the Sherlock Holmes [jə həʊ'telz ðə 'ʃɜ:lɒk 'həʊmz]	Ihr Hotel ist das Sherlock Holmes
yes [jes]	ja
(named) after the famous detective ['neɪmd ɑ:ftə ðə 'feɪməs dɪ'tektɪv]	(benannt) nach dem berühmten Detektiv
street [stri:t]	Straße
it's (= it is) in Baker Street [ɪts ɪn 'beɪkə stri:t]	es ist in der Baker Street
near Baker Street Underground Station [nɪə 'beɪkə stri:t 'ʌndəgraʊnd steɪʃn]	nahe dem U-Bahnhof / in der Nähe des U-Bahnhofs Baker Street (→ 1C4)
I see [aɪ 'si:]	(„ich sehe") ah so!
here's (= here is) the hotel brochure ['hɪəz ðə həʊ'tel 'brəʊʃə]	hier ist der Hotelprospekt
oh, that's useful ['əʊ 'ðæts 'ju:sfʊl]	oh, das ist nützlich
tonight [tə'naɪt]	heute nacht; heute abend
and a theatre ticket for tonight [ən ə 'θɪətə tɪkɪt fə tə'naɪt]	und eine Theaterkarte für heute abend
have a nice stay [hæv ə 'naɪs 'steɪ]	(haben Sie) einen schönen Aufenthalt!
thank you very much ['θæŋk jʊ verɪ 'mʌtʃ]	danke sehr; vielen Dank
goodbye [gʊd'baɪ]	auf Wiedersehen
registration form [redʒɪ'streɪʃn fɔ:m]	Anmeldeformular
surname ['sɜ:neɪm]	Nachname; Familienname (→ 1C5)
first name ['fɜ:st neɪm]	(„erster Name") Vorname (→ 1C5)
home address [həʊm ə'dres]	Heimatanschrift
nationality [næʃ'nælətɪ]	Nationalität; Staatsangehörigkeit
German ['dʒɜ:mən]	deutsch; Deutsch

1D

I'm German [aɪm 'dʒɜ:mən]	ich bin Deutsche(r)

I'm Austrian [aɪm ˈɒstrɪən]	ich bin Österreicher(in)
I'm Swiss [aɪm ˈswɪs]	ich bin Schweizer(in)
the happy beginner's crossword [ðə ˈhæpɪ bɪˈgɪnəz ˈkrɒswɜːd]	„des glücklichen Anfängers Kreuzworträtsel"
across [əˈkrɒs]	(*Kreuzworträtsel:*) waagerecht
down [daʊn]	(*Kreuzworträtsel:*) senkrecht
plural [ˈplʊərəl]	Plural; Mehrzahl

2A

in the coffee shop [ɪn ðə ˈkɒfɪ ʃɒp]	im Frühstückszimmer (→ 2C1)
English or Continental breakfast? [ˈɪŋglɪʃ ɔː kɒntɪˈnentl brekfəst]	„englisches oder kontinentales Frühstück?" (→ 2C2)
please [pliːz]	bitte
with coffee [wɪð ˈkɒfɪ]	mit Kaffee
and an orange juice [ən ˈɒrɪndʒ dʒuːs]	und einen Orangensaft
very well, madam [ˈverɪ ˈwel mædəm]	sehr wohl, meine Dame (→ sir)
what's (= what is) your room number? [ˈwɒts jɔː ˈruːm nʌmbə]	was/wie ist Ihre Zimmernummer?
(318) three one eight [ˈθriː wʌn ˈeɪt]	drei eins acht; dreihundertachtzehn (→ 4B5)
(good) morning, Rita [ˈmɔːnɪŋ]	(guten) Morgen, Rita (→ 1C1)
hello, Mark [ˈheləʊ ˈmɑːk]	Tag, Mark (→ 1C1)
come and join me [ˈkʌm ən ˈdʒɔɪn mɪ]	komm und („schließ dich mir an") setz dich zu mir
how are you? [haʊ ˈɑː jʊ]	wie geht es dir/Ihnen/euch? (→ 2C3)
fine, thanks [ˈfaɪn ˈθæŋks]	prima / (sehr) gut, danke
a bit tired perhaps [ə bɪt ˈtaɪəd pəhæps]	ein bißchen müde vielleicht
I'm (= I am) very well [aɪm ˈverɪ ˈwel]	(„ich bin sehr wohl") mir geht es sehr gut
where's (= where is) Annie? [weəz]	wo ist Annie?
she's (= she is) still in her room [ʃɪz ˈstɪl ɪn hə ˈruːm]	sie ist (immer) noch in ihrem Zimmer
what time is it? [wɒt ˈtaɪm ɪz ɪt]	(„welche Zeit ist es?") wieviel Uhr ist es?
by the way [baɪ ðə ˈweɪ]	übrigens
just after eight [ˈdʒʌst ɑːftər ˈeɪt]	gerade nach acht; kurz nach acht
so we're (= we are) not in a hurry [səʊ wɪə ˈnɒt ɪn ə ˈhʌrɪ]	so/dann sind wir (also) nicht in Eile
no, there's (= there is) plenty of time [ˈnəʊ ðəz ˈplentɪ əv ˈtaɪm]	nein, („da ist") es ist reichlich Zeit (→ 2C4)
Frank's (= Frank is) still in bed [bed]	Frank ist noch im Bett
he's (= he is) very tired [hɪz ˈverɪ ˈtaɪəd]	er ist sehr müde
here's the waitress [ˈweɪtrəs]	hier ist die Kellnerin
coffee, sir? [ˈkɒfɪ sə]	Kaffee, mein Herr? (→ madam)

who's (= who is) that man over there? ['hu:z ðæt 'mæn əʊvə ðeə]	wer ist („jener") der Mann da drüben? (→ 2C4, 2C5)
his face is familiar [hɪz 'feɪs ɪz fəmɪljə]	sein Gesicht („ist vertraut") kommt mir bekannt vor
you're (= you are) right [jɔ: 'raɪt]	du hast / Sie haben / ihr habt recht
but who is he? [bət hu: 'ɪz hɪ]	aber wer ist er?
someone from television perhaps? ['sʌmwʌn frəm 'telɪvɪʒn pəhæps]	jemand vom Fernsehen vielleicht?
he's the detective [dɪ'tektɪv]	er ist der Detektiv
in that programme ['prəʊgræm]	in jenem/dem Programm; in jener/der Sendung
on Friday nights [ɒn 'fraɪdɪ 'naɪts]	(„an Freitagabenden") freitags abends (→ 2C6)
what's (= what is) it called? ['wɒts ɪt 'kɔ:ld]	(„was ist es/sie genannt") wie heißt es/sie?
too tough for Scotland Yard ['tu: 'tʌf fə 'skɒtlənd 'jɑ:d]	zu schwierig für Scotland Yard (→ 2C7)
that's (= that is) it ['ðæts ɪt]	(= „das ist es") ja, genau

2D

police [pə'li:s]	Polizei; Polizisten
a six-letter word ['sɪks letə 'wɜ:d]	ein Wort mit sechs Buchstaben
puzzle ['pʌzl]	Rätsel
find the surname ['faɪnd ðə 'sɜ:neɪm]	finde(t) / finden Sie den Nachnamen
of a U.S. president [əv ə 'ju: es 'prezɪdənt]	(„von einem") eines US-Präsidenten

3A

some information [səm ɪnfə'meɪʃn]	einige Informationen (→ 3C1)
bank [bæŋk] – banks [bæŋks]	Bank – Banken
they are open [ðeər 'əʊpən]	sie sind offen
from 9.30 a.m. to 3.30 p.m. [frəm 'naɪn θɜ:tɪ 'eɪ em tə 'θri: θɜ:tɪ 'pi: em]	von 9.30 bis 15.30 Uhr (→ 3C3)
Mondays to Fridays ['mʌndɪz tə 'fraɪdɪz]	montags bis freitags
some large banks are also open ... [sʌm 'lɑ:dʒ bæŋks ər 'ɔ:lsəʊ əʊpən]	einige große Banken sind auch geöffnet ... (→ 3C2)
12.30 (= twelve thirty) ['twelv 'θɜ:tɪ]	12.30 Uhr (→ 3C3)
on Saturdays [ɒn 'sætədɪz]	an Sonnabenden/Samstagen; sonnabends/samstags
cinema ['sɪnəmə] – cinemas ['sɪnəməz]	Kino – Kinos
in spite of TV and home video [ɪn 'spaɪt əv ti:'vi: ənd 'həʊm 'vɪdɪəʊ]	trotz Fernsehen und (Heim-)Video
cinemas are still numerous ['sɪnəməz ə 'stɪl 'nju:mərəs]	(„Kinos sind immer noch zahlreich") es gibt immer noch viele Kinos
they are popular too [ðeə 'pɒpjʊlə 'tu:]	sie sind auch populär/beliebt (→ 3C2)

especially among learners of English [ɪˈspeʃəlɪ əmʌŋ ˈlɜːnəz əv ˈɪŋglɪʃ]	besonders unter Englischlernenden
there are dozens of cinemas [ðər ə ˈdʌznz əv ˈsɪnəməz]	es („sind“) gibt Dutzende von Kinos
in and around Leicester Square [ˈɪn ən əˈraʊnd ˈlestə ˈskweə]	„am und um den Leicester Square herum“
in Leicester Square alone [ɪn ˈlestə ˈskweər əˈləʊn]	allein schon am Leicester Square
expensive [ɪkˈspensɪv]	teuer
London Tourist Board [ˈlʌndən ˈtʊərɪst bɔːd]	(*etwa:*) Londoner („Touristenamt“) Verkehrsamt (→ 3C4)
they can tell you about budget hotels [ðeɪ kən ˈtel jʊ əbaʊt ˈbʌdʒɪt həʊˈtelz]	sie können Ihnen über preisgünstige Hotels („erzählen“) Auskunft geben
hostel [ˈhɒstl]	(*z. B.* Jugend-)Herberge; Wohnheim
and other cheap accommodation [ən ˈʌðə tʃiːp əkɒməˈdeɪʃn]	und andere billige Unterkünfte/Quartiere
a lot of cheap hotels [ə ˈlɒt əv ˈtʃiːp həʊˈtelz]	eine Menge / viele billige Hotels
cheap bed-and-breakfast places [ˈbed n ˈbrekfəst pleɪsɪz]	billige („Bett-und-Frühstück-Plätze“) Fremdenzimmer
the area around Victoria Station [ðɪ ˈeərɪə əraʊnd vɪkˈtɔːrɪə ˈsteɪʃn]	die Gegend um „den Victoria-Bahnhof“ (→ 3C5)
lavatory [ˈlævətrɪ] – lavatories	Toilette – Toiletten (→ 3C6)
the question to ask is . . . [ðə ˈkwestʃən tʊ ˈɑːsk ɪz]	die Frage („zu stellen“), die man stellen sollte, ist/lautet . . .
excuse me, where's the toilet? [ɪkˈskjuːz mɪ ˈweəz ðə ˈtɔɪlɪt]	entschuldigen Sie, wo ist die Toilette? (→ 3C6)
could you tell me where the nearest public lavatory is? [kʊd jə ˈtel mɪ weə ðə ˈnɪərɪst pʌblɪk ˈlævətrɪ ɪz]	könnten Sie mir sagen, wo die nächste öffentliche Toilette ist?
automatic [ɔːtəˈmætɪk]	automatisch
a music-playing lavatory [ˈmjuːzɪk pleɪɪŋ]	eine („Musik spielende“) Toilette mit Musik
“superloo” [ˈsuːpəluː]	„Superklo“
parking is very difficult [ˈpɑːkɪŋz ˈverɪ ˈdɪfɪkəlt]	das Parken ist sehr schwierig
so go by bus/taxi [gəʊ baɪ ˈbʌs/ˈtæksɪ]	deshalb fahren Sie mit dem Bus/Taxi
go by Tube [gəʊ baɪ ˈtjuːb]	mit der U-Bahn fahren (→ 1C4)
a lot of foreign restaurants [ˈfɒrən ˈrestrɑ̃ːz]	viele ausländische Restaurants
a Chinese/Indian/Italian restaurant [ˈtʃaɪniːz/ˈɪndɪən/ɪˈtæljən ˈrestrɑ̃ː]	ein chinesisches/indisches/italienisches Restaurant
there are even a few English restaurants [ˈiːvn ə fjuː ˈɪŋglɪʃ]	es gibt sogar ein paar englische Restaurants

sandwich [ˈsænwɪdʒ]	Sandwich (= *belegte Doppelschnitte*)
snack [snæk]	Kleinigkeit (zu essen); Imbiß
at many London pubs [ət ˈmenɪ ˈlʌndən ˈpʌbz]	in vielen Londoner Pubs/Lokalen
fish and chips [ˈfɪʃ n ˈtʃɪps]	Fisch und Pommes frites
a British favourite [ə ˈbrɪtɪʃ ˈfeɪvrət]	ein britisches/englisches Lieblingsgericht
sea shell [ˈsiː ʃel]	Seemuschel(schale)
49 (forty-nine) [ˈfɔːtɪ ˈnaɪn]	49 (→ Tabelle „Zahlen", S. 229)
Lisson Grove [ˈlɪsn ˈgrəʊv]	(*Straßenname:* „Lisson-Hain/Wäldchen")
the best in the world [ðə ˈbest ɪn ðə ˈwɜːld]	die besten (auf) der Welt

4A

phone London from New York [ˈfəʊn ˈlʌndən frəm njuː ˈjɔːk]	London von New York aus anrufen (→ 4B3)
is that you, Joan? [ɪz ðæt ˈjuː ˈdʒəʊn]	bist du es, Joan? (→ 4C1)
who's (= who is) speaking? [ˈhuːz ˈspiːkɪŋ]	wer („ist sprechend") spricht da? (→ 4B3)
this is Vivien [ðɪs ɪz ˈvɪvɪən]	(„dies") hier ist Vivien (→ 4C1)
your neighbour [jɔː ˈneɪbə]	dein(e)/Ihr(e) Nachbar(in)
listen, Joan [ˈlɪsn dʒəʊn]	hör mal (zu), Joan
would you do me a favour? [wʊd jə ˈduː mɪ ə ˈfeɪvə]	würdest du mir einen Gefallen tun?
yes, of course, Viv [ˈjes əv ˈkɔːs vɪv]	ja natürlich, Viv
could you go to my flat? [kʊd jə ˈgəʊ tə maɪ ˈflæt]	könntest du in meine Wohnung gehen? (→ 4C9)
aren't you (= are you not) at home? [ˈɑːnt jʊ ət ˈhəʊm]	bist du nicht zu Hause? (→ 4B4, 4C3)
you aren't (= are not) serious, are you? [jʊ ˈɑːnt ˈsɪərɪəs ɑː jə]	(„du bist nicht ernst") das ist doch nicht dein Ernst, oder? (→ 4B4)
business [ˈbɪznɪs]	Geschäft
I'm (= I am) here on business	ich bin geschäftlich hier (→ 4C9)
it's (= it is) something urgent [ˈsʌmθɪŋ ˈɜːdʒənt]	es ist etwas Dringendes
look [lʊk]	(„schau") hör mal; paß mal auf
you know that electric heater [jə ˈnəʊ ðæt ɪˈlektrɪk ˈhiːtə]	du kennst (doch) das elektrische Heizgerät
on the wall [ɒn ðə ˈwɔːl]	(„auf") an der Wand
in my bathroom [ɪn maɪ ˈbɑːθrʊm]	in meinem Badezimmer
if it's (= it is) on [ɪf ɪts ˈɒn]	wenn/falls es an/eingeschaltet ist
could you turn it off? [ˈtɜːn ɪt ˈɒf]	könntest du es ausschalten?
anything else? [ˈenɪθɪŋ ˈels]	(„irgend etwas sonst") sonst noch etwas?

would you also take the post out of my letter box? [teɪk ðə ˈpəʊst aʊt əv maɪ ˈletə bɒks]	würdest du auch die Post aus meinem Briefkasten nehmen? (→ 4C9)
tell the milkman [ˈmɪlkmən]	sag dem Milchmann
no milk till next Monday [ˈmʌndɪ]	keine Milch bis nächsten Montag
righto, Viv [ˈraɪtˈəʊ]	okay, Viv (→ 4C5)
when are you coming back? [kʌmɪŋ ˈbæk]	wann kommst du zurück? (→ 4B3)
on Sunday [ˈsʌndɪ]	am Sonntag
let me give you my address [let mɪ ˈgɪv jə maɪ əˈdres]	laß mich dir meine Adresse geben
phone number [ˈfəʊn nʌmbə]	Telefonnummer
just in case [ˈdʒʌst ɪn ˈkeɪs]	(„gerade im Fall") für alle Fälle
yes, go ahead [ˈgəʊ əˈhed]	ja, schieß los; ja, bitte
Clinton Hotel [ˈklɪntən həʊˈtel]	(*preiswertes Hotel in Manhattan,* → 4C6)
279-4017 [ˈtuː sevn ˈnaɪn ˈfɔːr əʊ wʌn ˈsevn]	(→ 4B5)
right, Viv [raɪt]	okay, Viv; gut, Viv (→ 4C5)
no, that's all [ˈðæts ˈɔːl]	nein, das ist alles
I hope it isn't (= is not) too much trouble [aɪ ˈhəʊp . . . ˈtrʌbl]	ich hoffe, es („ist") macht nicht zuviel Umstände (→ 4B4)
it's (= it is) no problem at all [ˈnəʊ prɒbləm əˈtɔːl]	es ist überhaupt kein Problem (→ 4C7)
bye(-bye)! [baɪ]	tschüs! (→ 4C8)

5A

birthday present [ˈbɜːθdeɪ preznt]	Geburtstagsgeschenk
too many people have their birthdays in February [ˈtuː menɪ ˈpiːpl hæv ðeə ˈbɜːθdeɪz ɪn ˈfebrʊərɪ]	zu viele Leute haben („ihre Geburtstage") im Februar Geburtstag
on the fourth/seventh (of February) [fɔːθ/ˈsevnθ]	am vierten/sieb(en)ten (Februar) (*zu diesen und den anderen -th-Zahlen vgl. 5B4*)
that's my grandmother's birthday [ˈgrænmʌðəz]	das ist der Geburtstag meiner Großmutter (→ 5B2)
I haven't (= have not) got enough ideas [aɪ ˈhævnt gɒt ɪnʌf aɪˈdɪəz]	ich habe nicht genug Ideen (→ 5B1)
for all these people [fər ˈɔːl ðiːz ˈpiːpl]	für all(e) diese Leute
just try to find a present [dʒəst ˈtraɪ tə faɪnd ə ˈpreznt]	versuch(e) nur mal, ein Geschenk zu finden (→ 5C2)
for someone like Tony [ˈsʌmwʌn laɪk ˈtəʊnɪ]	für jemand(en) wie Tony
impossible [ɪmˈpɒsəbl]	unmöglich

he's (= he has) already got everything [hɪz ɔːlredɪ ˈgɒt evrɪθɪŋ]	er hat bereits/schon alles
that's the trouble [ˈtrʌbl]	das ist das Problem
give him a book [ˈgɪv ɪm ə ˈbʊk]	gib/schenk ihm ein Buch
if it's his kind of book [ˈhɪz ˈkaɪnd əv bʊk]	wenn es seine Art von Buch ist
the same with records [ðə ˈseɪm wɪð ˈrekɔːdz]	dasselbe / das gleiche mit/bei Schallplatten (= trifft für Schallplatten zu)
he's (= he has) got all the important things [ɪmˈpɔːtnt θɪŋz]	er hat alle wichtigen/bedeutenden Sachen (→ 5C3)
symphony [ˈsɪmfənɪ]	Sinfonie
concerto [kənˈtʃɜːtəʊ]	(*z. B.* Klavier-/Violin-)Konzert (→ 5C4)
opera [ˈɒprə]	Oper
musical [ˈmjuːzɪkl]	Musical
jazz [dʒæz]	Jazz
he must have over a thousand records [hɪ mʌst hæv ˈəʊvər ə ˈθaʊznd]	er muß über tausend Schallplatten haben (→ 5C5)
you can't (= cannot) [kɑːnt]	du kannst / Sie können / man kann nicht (→ 5C6)
not even a pen or a lighter [nɒt iːvn ə ˈpen ər ə ˈlaɪtə]	noch nicht (ein)mal einen Kugelschreiber oder ein Feuerzeug
too many of them [ˈtuː ˈmenɪ əv ðəm]	zu viele von ihnen
with Tony it's hopeless [ˈhəʊpləs]	mit/bei Tony ist es hoffnungslos
Sue isn't such a problem [sʌtʃ ə ˈprɒbləm]	Sue ist kein solches Problem
what have you got for her (= Sue)? [ˈwɒt əv jʊ ˈgɒt fə hə]	was hast du für sie (= Sue)? (→ 5B1)
an earthenware jug [ˈɜːθnweə ˈdʒʌg]	ein(en) Tonkrug
it's rather nice [ˈrɑːðə ˈnaɪs]	er ist recht nett/hübsch
you know ... [jə ˈnəʊ]	weißt du ...
she can use it as a vase [ˈjuːz ɪt əz ə ˈvɑːz]	sie kann ihn als Vase benutzen
she *has* always got a lot of flowers [ʃɪ ˈhæz ɔːlwɪz gɒt ə lɒt əv ˈflaʊəz]	sie hat (doch) immer viele Blumen
what about Joyce? [ˈwɒt əbaʊt ˈdʒɔɪs]	was ist mit / wie ist es mit Joyce?
I've no idea what to give her [aɪˈdɪə]	ich habe keine Ahnung, was („zu schenken ihr") ich ihr schenken soll (→ 5C2)
she isn't a great reader [ʃɪ ˈɪznt ə greɪt ˈriːdə]	sie („ist keine große Leserin") liest nicht viel
she isn't interested in music [ˈɪntrəstɪd ɪn ˈmjuːzɪk]	sie interessiert sich nicht für Musik
candlestick [ˈkændlstɪk]	Kerzenhalter
she's hardly ever at home [ʃɪz ˈhɑːdlɪ evər ət ˈhəʊm]	sie ist („kaum jemals") fast nie zu Hause

what about an umbrella? [ʌmˈbrelə]	wie wäre es mit einem Schirm?
scarf [skɑːf] (*Pl.* scarves [skɑːvz])	Schal; (Hals-, Kopf-)Tuch
thanks for the tip [ˈθæŋks fə ðə ˈtɪp]	danke für den Tip/Hinweis

5D

a short word [ˈʃɔːt wɜːd]	ein kurzes Wort

6A

a 22-hour workday [ˈtwentɪ ˈtuː aʊə ˈwɜːkdeɪ]	ein 22stündiger Arbeitstag (→ 6C1, 6C2)
once the largest city in the world [ˈwʌns ðə ˈlɑːdʒɪst sɪtɪ ɪn ðə ˈwɜːld]	(früher) einmal die größte Stadt der Welt
only the ninth or tenth largest [ˈəʊnlɪ ðə ˈnaɪnθ ɔː ˈtenθ lɑːdʒɪst]	nur die neunt- oder zehntgrößte (→ 6C3)
of its over seven million people [əv ɪts ˈəʊvə ˈsevn mɪljən ˈpiːpl]	von seinen über sieben Millionen Menschen
52 per cent are white [ˈfɪftɪ ˈtuː pə sent ə ˈwaɪt]	52 Prozent sind weiß (→ 6C1)
black [blæk]	schwarz
Hispanic [hɪˈspænɪk]	(Amerikaner[in]) spanischer Herkunft (→ 6C4)
as a Korean immigrant [əz ə kəˈrɪən ˈɪmɪgrənt]	als koreanischer Immigrant
together with his wife [təˈgeðə ... ˈwaɪf]	zusammen mit seiner Frau
mother-in-law [ˈmʌðər ɪn lɔː]	Schwiegermutter
he runs a fruit and vegetable store [ˈrʌnz ə ˈfruːt n ˈvedʒtəbl stɔː]	er betreibt ein Obst-und-Gemüse-Geschäft (→ 6C2)
on Manhattan's Upper East Side [ɒn mænˈhætnz ˈʌpər ˈiːst saɪd]	auf der oberen Ostseite Manhattans (→ 6C6)
his workday starts at midnight [hɪz ˈwɜːkdeɪ stɑːts ət ˈmɪdnaɪt]	sein Arbeitstag fängt um Mitternacht an
when he drives his truck [wen ɪ ˈdraɪvs ɪz ˈtrʌk]	wenn er seinen Lastwagen fährt (→ 6C2)
drive to the market in the Bronx [ˈdraɪv tə ðə ˈmɑːkɪt ɪn ðə ˈbrɒŋks]	zum Markt in (der) / im Bronx fahren (→ 6C7)
it ends at 10 p.m. [ɪt ˈendz ət ˈten piː ˈem]	er endet / hört auf um 22 Uhr
he locks the door [ˈlɒks ðə ˈdɔː]	er schließt die Tür ab/zu
he goes home [gəʊz ˈhəʊm]	er geht nach Hause
here's part of our reporter's conversation [ˈpɑːt əv aʊə rɪˈpɔːtəz kɒnvəˈseɪʃn]	hier ist ein Teil des Gesprächs unseres Reporters (→ 6C10)
at work [ət ˈwɜːk]	bei der Arbeit (→ 6C10)
the rest of us [ðə ˈrest əv əs]	der Rest von uns; wir übrigen
we are sleeping [ˈsliːpɪŋ]	wir („sind am Schlafen") schlafen

you're still working [ˈwɜːkɪŋ]	Sie arbeiten immer noch
watch TV/television [wɒtʃ tiːˈviː/ˈtelɪvɪʒn]	fernsehen (watch = ansehen)
in the evening [ˈiːvnɪŋ]	am Abend; abends
in our kind of business [ˈaʊə kaɪnd əv bɪznɪs]	in unserer Art von Geschäft
you have to work long hours [jə ˈhæf tə wɜːk ˈlɒŋ ˈaʊəz]	man muß („lange Stunden arbeiten") eine lange Arbeitszeit in Kauf nehmen (→ 6C8)
I spend five hours at the market every night [evrɪ ˈnaɪt]	ich verbringe jede Nacht fünf Stunden auf dem Markt
they want a wide choice of fruit [ðeɪ wɒnt ə ˈwaɪd ˈtʃɔɪs əv ˈfruːt]	sie wollen eine große Auswahl an Obst
everything must be fresh and clean [ˈevrɪθɪŋ məs bɪ ˈfreʃ n ˈkliːn]	alles muß frisch und sauber sein (→ 6C8)
your wife's cleaning lettuce right now [jə ˈwaɪfs kliːnɪŋ ˈletəs raɪt naʊ]	Ihre Frau putzt gerade Salat
sort green peas [ˈsɔːt griːn ˈpiːz]	grüne Erbsen sortieren
we have to be very quick [wɪ hæf tə bɪ ˈverɪ ˈkwɪk]	wir müssen sehr schnell sein (→ 6C8)
there are 15 boxes waiting [ˈfɪftiːn ˈbɒksɪz weɪtɪŋ]	es warten 15 Kartons/Kisten
a box of strawberries [ˈbɒks əv ˈstrɔːbərɪz]	ein Karton Erdbeeren
a lot of asparagus and cauliflower [ə ˈlɒt əv əˈspærəgəs ən ˈkɒlɪflaʊə]	eine Menge Spargel und Blumenkohl
when do you sleep? [ˈwen də jə ˈsliːp]	wann („tun Sie schlafen") schlafen Sie? (→ 6C9, 7B1)
well ... [wel]	(*Füllwort:*) nun/also/tja ...
when I get back from the market [get ˈbæk]	wenn ich vom Markt zurückkomme
at about six o'clock [ˈsɪks ə ˈklɒk]	(„um ungefähr") gegen sechs Uhr
we first unload and store everything [wɪ ˈfɜːst ʌnˈləʊd ən ˈstɔːr evrɪθɪŋ]	zuerst laden wir alles aus/ab und lagern es ein
that takes us about two hours [ðæt ˈteɪks əs əbaʊt ˈtuː ˈaʊəz]	das kostet uns / dazu brauchen wir etwa zwei Stunden
after that I sleep [ɑːftə ˈðæt aɪ ˈsliːp]	danach schlafe ich
an hour or so [ən ˈaʊər ɔː səʊ]	so etwa/ungefähr eine Stunde
I get a bit of sleep [ə ˈbɪt əv ˈsliːp]	ich bekomme ein bißchen Schlaf
after work [ˈɑːftə ˈwɜːk]	nach der Arbeit
before you leave for the market again [bɪˈfɔː jə ˈliːv fə ðə ˈmɑːkɪt əgen]	bevor Sie wieder zum Markt aufbrechen
life is pretty hard for you [ˈlaɪf ɪz ˈprɪtɪ ˈhɑːd fə juː]	das Leben ist ziemlich schwer für Sie (→ 6C10)
you and your family [ˈfæməlɪ]	Sie und Ihre Familie

that's the way it is [ˈðæts ðə ˈweɪ ɪt ˈɪz]	(„das ist die Art, wie es ist") so ist es nun mal
we want to get on [wɪ ˈwɒnt tə get ˈɒn]	wir wollen weiterkommen
we're not complaining [kəmˈpleɪnɪŋ]	wir beklagen uns nicht

7A

a job in the sun [ə ˈdʒɒb ɪn ðə ˈsʌn]	ein Job an der Sonne
travel rep [ˈtrævl rep]	Reiseleiter(in) (→ 7C1)
the beautiful island of Majorca [ðə ˈbjuːtəfl aɪlənd əv məˈjɔːkə]	die schöne Insel Mallorca
it sounds (like) a dream job [ɪt saʊndz ə ˈdriːm dʒɒb]	das klingt wie ein Traumjob (→ 7C2)
live and work by the Mediterranean [ˈlɪv n ˈwɜːk baɪ ðə medɪtəˈreɪnjən]	am Mittelmeer leben/wohnen und arbeiten
all year round [ˈɔːl jɪə ˈraʊnd]	das ganze Jahr über
two and a half months off [ˈtuː ən ə ˈhɑːf mʌnθs ˈɒf]	zweieinhalb Monate frei/Urlaub
in the winter [ˈwɪntə]	im Winter
what exactly do you do? [ɪgˈzæktlɪ]	was machen Sie (eigentlich) genau? (→ 7C3)
I meet clients when they arrive [aɪ ˈmiːt ˈklaɪənts wen ðeɪ əˈraɪv]	ich begrüße die Kunden / hole die Kunden ab, wenn sie ankommen
I see them off when they leave [aɪ ˈsiː ðəm ˈɒf wen ðeɪ ˈliːv]	ich verabschiede sie / bringe sie zum Flughafen, wenn sie abreisen
I look after them during their stay [aɪ lʊk ˈɑːftə ðəm djʊərɪŋ ðeə ˈsteɪ]	ich betreue sie / kümmere mich um sie während ihres Aufenthalts
I take them on excursions [ɪkˈskɜːʃnz]	ich mache Ausflüge mit ihnen
do you like it? [də jə ˈlaɪk ɪt]	mögen Sie es?; gefällt es Ihnen?
oh yes, I do [aɪ ˈduː]	ja(, das tue ich)
but it is hard work [bət ɪt ˈɪz ˈhɑːd ˈwɜːk]	aber es ist harte/schwere Arbeit
you mean the hours [jə miːn ðɪ ˈaʊəz]	Sie meinen die Arbeitszeit
forty-two hours a week [ˈfɔːtɪ tuː … ˈwiːk]	42 Stunden pro/die Woche (→ 7C4, 7C5)
on top of that we have four extra jobs as well [ˈfɔːr ˈekstrə dʒɒbz]	zusätzlich/außerdem haben wir auch (noch) vier Extrajobs
accompany an excursion [əˈkʌmpənɪ]	einen Ausflug „begleiten"
a delayed aircraft [dɪˈleɪd ˈeəkrɑːft]	ein verspätetes Flugzeug; eine verspätete Maschine (→ 7C6)
that sort of thing [ˈðæt sɔːt əv θɪŋ]	(„diese Sorte von Ding") so etwas
that's certainly tough [ˈsɜːtnlɪ ˈtʌf]	das ist bestimmt hart/anstrengend
sunbathe [ˈsʌnbeɪð]	sonnenbaden; sich sonnen
I always sleep on my day off [aɪ ˈɔːlwɪz ˈsliːp ɒn maɪ deɪ ˈɒf]	ich schlafe an meinem freien Tag immer
do you speak Spanish? [ˈspænɪʃ]	sprechen Sie Spanisch?

you've got to know the language [jəv ˈgɒt tə nəʊ ðə ˈlæŋgwɪdʒ]	man muß die Sprache kennen/können (→ 7C7, 7C8)
after all you have to . . . [ˈɑːftər ˈɔːl]	schließlich muß man . . .
arrange things with the local people [əˈreɪndʒ . . . ˈləʊkl ˈpiːpl]	Dinge mit den Einheimischen regeln
transport [ˈtrænspɔːt]	Beförderung; Verkehrsmittel
arrange entertainment [entəˈteɪnmənt]	für Unterhaltung sorgen
not everybody speaks English [nɒt ˈevrɪbɒdɪ]	nicht jeder spricht / nicht alle sprechen Englisch
holiday [ˈhɒlədɪ] – holidays [ˈhɒlədɪz]	Urlaub – Urlaube/Ferien
each winter [iːtʃ ˈwɪntə]	jeder/jeden Winter
then you go back to Majorca [ˈðen jə gəʊ ˈbæk tə məˈjɔːkə]	dann gehen/fahren/fliegen Sie zurück nach Mallorca
that's right [ˈðæts ˈraɪt]	das ist richtig; das stimmt
I love Majorca [lʌv]	ich liebe Mallorca
the island's not so busy then [ðɪ ˈaɪləndz nɒt səʊ ˈbɪzɪ ðen]	die Insel ist dann nicht so („beschäftigt") überlaufen
sometimes I fly out to the Canaries [ˈsʌmtaɪmz aɪ ˈflaɪ aʊt tə ðə kəˈneərɪz]	manchmal fliege ich auf die Kanarischen Inseln (→ 7C9)
if it gets too cold [ˈtuː ˈkəʊld]	wenn es zu kalt wird (→ 7C10, 7C11)
what kind of person [ˈpɜːsn]	was für eine Art von Mensch
if you want to become a rep [ɪf jə ˈwɒnt tə bɪkʌm ə ˈrep]	wenn man Reiseleiter(in) werden will/möchte (→ 7C10)
you must be prepared to work hard [prɪˈpeəd tə ˈwɜːk ˈhɑːd]	man muß bereit sein, schwer zu arbeiten
you should be single [jə ʃəd bɪ ˈsɪŋgl]	man sollte ledig/unverheiratet sein

7D

proverb [ˈprɒvɜːb]	Sprichwort

8A

British Rail [ˈbrɪtɪʃ ˈreɪl]	(rail = Schiene; → 8C8)
we apologize/apologise for [əˈpɒlədʒaɪz]	wir bitten um Entschuldigung für
excessive delays [ɪkˈsesɪv dɪˈleɪz]	übermäßige Verspätungen
last evening [lɑːst ˈiːvnɪŋ]	gestern abend
the Brighton line [ˈbraɪtn laɪn]	die Strecke nach Brighton
Brighton line services [ˈsɜːvɪsɪz]	(*etwa:*) der Zugverkehr auf der Strecke nach Brighton
the cause was ice [ðə ˈkɔːz wəz ˈaɪs]	die Ursache war Eis
ice falling in Balcombe Tunnel [ˈaɪs fɔːlɪŋ ɪn bɔːlkəm ˈtʌnl]	Eis, das im Balcombe-Tunnel fiel (→ 8C1)
which caused damage [wɪtʃ kɔːzd ˈdæmɪdʒ]	welches/das Schaden verursachte

damage to equipment [ɪ'kwɪpmənt]	Schäden an den (Eisenbahn-)Anlagen
a commuter's story [kə'mju:təz 'stɔ:rɪ]	Geschichte eines Pendlers
the City of London ['sɪtɪ əv 'lʌndən]	(*etwa:*) die Altstadt von London (→ 8C2)
I don't (= do not) live there [dəʊnt]	ich wohne dort nicht (→ 8B1)
nobody ['nəʊbədɪ]	niemand
except caretakers [ɪk'sept 'keəteɪkəz]	außer Hausmeistern
night watchman [naɪt 'wɒtʃmən]	Nachtwächter (→ 8C3)
population [pɒpjʊ'leɪʃn]	Bevölkerung(szahl)
5,200 (five thousand two hundred) ['faɪv θaʊznd tu: 'hʌndrəd]	5.200 (→ 8C4)
working day ['wɜ:kɪŋ deɪ]	Arbeitstag (→ 8C5)
most of them ['məʊst əv ðəm]	die meisten von ihnen
from Central London ['sentrəl 'lʌndən]	aus der Londoner Innenstadt
not from Central London but from the suburbs ['sʌbɜ:bz]	nicht aus der Londoner Innenstadt, sondern aus den Vororten
vast [vɑ:st]	gewaltig; riesig; ausgedehnt
north and south ['nɔ:θ ən 'saʊθ]	Norden und Süden
east and west ['i:st ən 'west]	Osten und Westen
places further away ['pleɪsɪz 'fɜ:ðər ə'weɪ]	(„Orte weiter weg") weiter entfernt liegende Orte
a small town ['smɔ:l 'taʊn]	eine kleine Stadt / Kleinstadt (→ 8C6)
a (country) village ['kʌntrɪ 'vɪlɪdʒ]	ein Dorf (auf dem Land)
for example [fər ɪg'zɑ:mpl]	zum Beispiel
garden city [gɑ:dn 'sɪtɪ]	Gartenstadt (→ 8C7)
to the north of London [nɔ:θ]	nördlich von London
suck something in ['sʌk . . . 'ɪn]	etwas ein-/auf-/ansaugen
a giant vacuum cleaner ['dʒaɪənt 'vækjʊm kli:nə]	ein riesiger Staubsauger
come on foot [kʌm ɒn 'fʊt]	zu Fuß kommen (→ 8C9)
stand on London Bridge ['stænd ɒn 'lʌndən 'brɪdʒ]	auf der London Bridge („London-Brücke") stehen (→ 8C10)
between eight and nine [bɪ'twi:n]	zwischen acht und neun
hurry in one direction ['hʌrɪ ɪn 'wʌn də'rekʃn]	in eine Richtung eilen
come in on a train [treɪn]	mit einem Zug ankommen
countless ['kaʊntləs]	unzählig; zahllos
if the train's on time [ɒn 'taɪm]	wenn der Zug pünktlich ist
Cannon Street ['kænən stri:t]	(„Kanonenstraße") → 8C11, 8C13
at 8.53 (eight fifty-three) ['eɪt fɪftɪ 'θri:]	um acht Uhr dreiundfünfzig
often the trains don't run on time ['ɒfn]	oft fahren die Züge nicht pünktlich
I don't know why . . . [aɪ 'dəʊnt 'nəʊ]	ich weiß nicht, warum . . .
keep to the timetable ['ki:p tə ðə 'taɪm-teɪbl]	sich an den Fahrplan halten
according to British Rail [ə'kɔ:dɪŋ]	laut British Rail

because the weather's too cold [bɪˈkɒz ðə ˈweðəz tuː ˈkəʊld]	weil das Wetter zu kalt ist
hot [hɒt]	heiß
because of a strike [straɪk]	wegen eines Streiks
some technical failure [ˈteknɪkl feɪljə]	irgendeine technische Störung/Panne
for any other reason [ˈriːzn]	aus irgendeinem anderen Grund
a long list [ˈlɒŋ ˈlɪst]	eine lange Liste
daughter [ˈdɔːtə]	Tochter
dog [dɒg]	Hund
our house isn't new [haʊs]	unser Haus ist nicht neu
in fact, it's 85 years old [fækt]	es ist sogar schon 85 Jahre alt
a heavy mortgage [ˈhevɪ ˈmɔːgɪdʒ]	eine („schwere") hohe Hypothek
a homely house [ˈhəʊmlɪ ˈhaʊs]	ein („heimeliges") gemütliches Haus
in a quiet road [ˈkwaɪət ˈrəʊd]	in einer ruhigen Straße (→ 8C13)
not too far from the shops [nɒt ˈtuː fɑː frəm ðə ˈʃɒps]	nicht zu weit von den Geschäften (entfernt)
school [skuːl]	Schule
just right [ˈdʒʌst ˈraɪt]	genau richtig
people who don't have much time [ˈpiːpl huː ˈdəʊnt hæv mʌtʃ ˈtaɪm]	Leute, die nicht viel Zeit haben
time for gardening [ˈgɑːdnɪŋ]	Zeit für die Gartenarbeit
she works part-time [pɑːt ˈtaɪm]	sie hat eine Teilzeitbeschäftigung
a local accountant [ˈləʊkl əˈkaʊntənt]	ein ortsansässiger/hiesiger Steuerberater
office [ˈɒfɪs]	Büro
we don't see much of each other [iːtʃ]	wir sehen nicht viel voneinander
I don't get home till about seven [tɪl əbaʊt ˈsevn]	ich komme erst gegen sieben nach Hause
activity [ækˈtɪvətɪ]	Aktivität; Betätigung
the local community [kəˈmjuːnətɪ]	„die örtliche Gemeinschaft/Gemeinde"
I don't usually go out [ˈjuːʒəlɪ]	meistens / für gewöhnlich gehe ich nicht (r)aus
go out to play squash [ˈpleɪ ˈskwɒʃ]	rausgehen, um Squash zu spielen
have a drink with friends [hæv ə ˈdrɪŋk wɪð ˈfrendz]	mit Freunden einen Drink nehmen / einen trinken

9A

twenty questions [ˈtwentɪ ˈkwestʃənz]	zwanzig Fragen
there isn't much time left [left]	es ist nicht viel Zeit übrig
shall we have a game? [ˈʃæl wɪ hæv ə ˈgeɪm]	sollen wir ein Spiel machen? (→ 9B2)
for a change [fər ə ˈtʃeɪndʒ]	zur Abwechslung
how about Twenty Questions?	wie wäre es mit Twenty Questions?

suggest [sə'dʒest]	vorschlagen
does everybody agree? [dəz 'evrɪbɒdɪ ə'griː]	(„tut jeder zustimmen?") sind alle einverstanden? (→ 9B1)
who's going to be the challenger? ['tʃælɪndʒə]	wer wird/will der Herausforderer sein? (→ 9C1)
write the name of the object ['raɪt ðə 'neɪm əv ðɪ 'ɒbdʒɪkt]	schreib(t) den Namen des Gegenstandes (→ 9C2)
on a piece of paper ['piːs əv 'peɪpə]	auf ein Stück Papier
ready ['redɪ]	fertig
here we go then	also, es geht los; also, auf geht's!
are we looking for a special thing? [ə 'speʃl θɪŋ]	suchen wir („ein besonderes Ding") etwas Bestimmtes?
is there one outside somewhere? [aʊt'saɪd sʌmweə]	ist draußen irgendwo eines? (→ 9B4)
oh dear ['əʊ 'dɪə]	oje!; ach du meine Güte!
three noes already ['θriː nəʊz ɔːl'redɪ]	schon drei Neinantworten
we've got to be careful ['keəfl]	wir müssen vorsichtig sein
is it alive? [ə'laɪv]	ist es lebendig?; lebt es?
plant [plɑːnt]	Pflanze
animal ['ænɪməl]	Tier
man-made ['mæn 'meɪd]	von Menschen gemacht
and there isn't one outside either ['aɪðə]	und draußen ist auch keins (→ 9B4, 9B5)
where does one use it? [juːz]	wo benutzt man es? (→ 9B3)
allowed [ə'laʊd]	erlaubt
sorry! ['sɒrɪ]	Entschuldigung!
does one use it in the home? [dəz]	benutzt man es im Haus? (→ 9B3)
answer ['ɑːnsə]	Antwort
it probably means both men and women can use it [ɪt 'prɒbəblɪ miːnz bəʊθ 'men ən 'wɪmɪn kən 'juːz ɪt]	es/das bedeutet wahrscheinlich, daß sowohl Männer als auch Frauen es benutzen können (→ 9C3, 9C4)
OK [əʊ'keɪ]	okay; gut
it seems everyone uses it [ɪt 'siːmz 'evrɪwʌn juːzɪz ɪt]	es scheint, daß jeder es benutzt (→ 9C5)
anyone *can* use it [enɪwʌn 'kæn juːz ɪt]	jeder (x-beliebige) *kann* es benutzen (→ 9C5)
except small children ['smɔːl 'tʃɪldrən]	außer kleine(n) Kinder(n) (→ 9C4)
oh gosh, it's getting complicated ['əʊ 'gɒʃ . . . 'kɒmplɪkeɪtɪd]	oh, Mensch, es wird kompliziert / jetzt wird's kompliziert (→ 9C6)
one doesn't (= does not) use it every day ['dʌznt]	man gebraucht es nicht jeden Tag (→ 9B1, 9B3)
kettle ['ketl]	(Wasser-)Kessel
or anything like that ['enɪθɪŋ]	oder so etwas
not everybody, I suppose [sə'pəʊz]	nicht jeder, vermute ich; wohl nicht jeder

in this country [ˈkʌntrɪ] — in diesem Lande; hier in Deutschland/England/etc. (→ 9C9)

do you use it to clean things? [kliːn] — benutzt/gebraucht man es, um Sachen sauberzumachen? (→ 9C11, 7C7)

does it make a noise? [nɔɪz] — macht es ein Geräusch / Lärm?

some sort of household appliance [ˈhaʊshəʊld əˈplaɪəns] — irgendein(e Art von) Haushaltsgerät

washing machine [ˈwɒʃɪŋ məʃiːn] — Waschmaschine

a household appliance that cleans things — ein Haushaltsgerät, das Sachen saubermacht (→ 9C12)

vacuum cleaner [ˈvækjʊm kliːnə] — Staubsauger

congratulations! [kəngrætʃʊˈleɪʃnz] — herzlichen Glückwunsch!; gratuliere!

10A

buy clothes [baɪ ˈkləʊz] — Kleider/Kleidung(sstücke) kaufen

buying clothes [baɪɪŋ ˈkləʊz] — (*etwa:*) Kleiderkauf

customer [ˈkʌstəmə] — Kunde; Kundin

a sand-coloured skirt [ˈsænd-kʌləd ˈskɜːt] — ein sandfarbener Rock

window [ˈwɪndəʊ] — Fenster

assistant [əˈsɪstənt] — *BE* (Laden-)Verkäufer(in)

which one exactly do you mean? [ɪgˈzæktlɪ] — welchen genau meinen Sie? (→ 10B5, 10C1)

the one that costs £19.99 [kɒsts] — den, der £19.99 kostet (→ 10B4, 9C12)

our new sports line [ˈspɔːts laɪn] — unsere neue Sportkollektion

they're Italian [ɪˈtæljən] — sie sind („italienisch") aus Italien

stylish [ˈstaɪlɪʃ] — elegant; modisch (→ 10C2)

you'll (= you will) find them [faɪnd] — Sie werden sie finden (→ 10B1)

in sand [sænd] — in Sandfarbe (→ 10C3)

in light blue [ˈlaɪt ˈbluː] — in Hellblau/Bleu

in pink [pɪŋk] — in Rosa

what size are you? [saɪz] — welche Größe haben Sie? (→ 10C4, 10B5)

fourteen, I think [fɔːˈtiːn] — vierzehn, glaube ich (→ 10C5)

a top to go with it [tɒp] — ein Oberteil, das dazu paßt (→ 10C6)

certainly [ˈsɜːtnlɪ] — gewiß; sicher

T-shirt [ˈtiː ʃɜːt] — T-Shirt

it would look very nice with it [ɪt wʊd lʊk verɪ ˈnaɪs wɪð ɪt] — es würde sehr hübsch dazu aussehen (→ 10B2, 10C2)

how much are they? [haʊ mʌtʃ ˈɑː ðeɪ] — wieviel/was kosten sie? (→ 10C7)

pure cotton [ˈpjʊə ˈkɒtn] — reine Baumwolle

what colour would you like? [ˈkʌlə] — welche Farbe hätten Sie gern? (→ 10B5)

the dark-blue T-shirt [ˈdɑːk bluː] — das dunkelblaue T-Shirt

might go nicely with the skirt [maɪt gəʊ ˈnaɪslɪ wɪð ðə ˈskɜːt] — könnte schön zu dem Rock passen (→ 10B3, 10C8)

I'm sure [ʃʊə]	ich bin sicher
it'll look very smart [smɑ:t]	es wird sehr schick aussehen (→ 10B1)
fitting room ['fɪtɪŋ rʊm]	Umkleidekabine
try something on ['traɪ . . . 'ɒn]	etwas anprobieren (→ 10C9)
the skirt fits all right	der Rock paßt einwandfrei (→ 10C2)
rather tight ['rɑ:ðə 'taɪt]	ziemlich eng
small [smɔ:l] – medium ['mi:dɪəm]	klein – mittel (→ 10C10)
you'd (= you had) better take	sie nehmen besser (→ 10B2)
medium-sized ['mi:dɪəm saɪzd]	mittelgroß
sandals ['sændlz]	Sandalen
comfortable ['kʌmftəbl]	bequem
sell like hot cakes ['hɒt keɪks]	(„sich wie heiße Kuchen verkaufen") wie warme Semmeln weggehen
I'm wearing a pair myself ['weərɪŋ]	ich trage selbst ein Paar
they'd (= they would) [ðeɪd]	sie würden (→ 10B2)
I'll need [ni:d]	ich werde benötigen/brauchen; ich brauche
I'm afraid I don't have them [ə'freɪd]	ich fürchte, ich habe sie nicht; leider habe ich sie nicht (→ 10C11)
expect [ɪk'spekt]	erwarten
we're expecting some more in next week [ɪk'spektɪŋ səm 'mɔ:r 'ɪn]	wir erwarten, daß wir nächste Woche noch welche reinbekommen
a pair of tights [ə 'peər əv 'taɪts]	*BE* eine Strumpfhose
interesting ['ɪntrəstɪŋ]	interessant
I'm all right for tights [taɪts]	mit Strumpfhosen bin ich eingedeckt
pound [paʊnd]	Pfund (= 100 pence) (→ 10B4)
pence [pens] (*Pl. von* penny ['penɪ])	Pence (→ 10B4)
is it cash? [kæʃ]	(be)zahlen Sie bar?
here you are ['hɪə jʊ 'ɑ:]	bitte (schr)! (→ 10C13)
she gives her the money ['mʌnɪ]	sie gibt ihr das Geld
I'll put the receipt in the bag [aɪl pʊt ðə rɪ'si:t ɪn ðə 'bæg]	ich tu den Kassenzettel in die Tragetasche
just a minute ['mɪnɪt]	Moment/Augenblick mal!
these earrings are pretty ['ɪərɪŋz]	diese Ohrringe sind hübsch
they must be real gold ['rɪəl 'gəʊld]	die müssen aus echtem Gold sein
the stones are garnets ['gɑ:nɪts]	die Steine sind Granate
try and do something ['traɪ ən 'du:]	versuchen, etwas zu tun (→ 18C6)
save up for something [seɪv 'ʌp]	auf/für etwas sparen

10D

Swiss francs ['swɪs 'fræŋks]	Schweizer Franken
German marks ['dʒɜ:mən 'mɑ:ks]	Deutsche Mark
Austrian schillings ['ɒstrɪən 'ʃɪlɪŋz]	österreichische Schilling

11A

back from your holiday then?	du bist also zurück aus dem Urlaub?

how are you feeling? [ˈfiːlɪŋ]	wie fühlst du dich? (→ 11C4)
fit as a fiddle [ˈfɪt əz ə ˈfɪdl]	(„fit wie 'ne Fiedel") topfit (→ 11C1)
you look thinner too [ˈθɪnə]	du siehst auch dünner aus
I managed to lose eleven pounds [aɪ ˈmænɪdʒd tə ˈluːz ɪˈlevn ˈpaʊndz]	ich habe es geschafft, elf Pfund („zu verlieren") abzunehmen
I was at your birthday party [ˈbɜːθdeɪ]	ich war auf deiner Geburtstagsparty
three months ago [θriː ˈmʌnθs əgəʊ]	vor drei Monaten (→ 11B4, 11C3)
that's true [truː]	das ist wahr; das stimmt
go [gəʊ] – went [went]	gehen/fahren – ging/fuhr
when I went on holiday [ˈhɒlədɪ]	als ich in Urlaub fuhr
the usual sunbathing [ˈjuːʒəl ˈsʌnbeɪðɪŋ]	das übliche Sonnenbaden/Sichsonnen (→ 11C5)
overeat [əʊvərˈiːt]	zuviel essen; sich überessen (→ 11C5)
I take it [teɪk]	nehme ich an (→ 11C10)
not this time [nɒt ˈðɪs taɪm]	diesmal nicht
do you remember? [rɪˈmembə]	erinnerst du dich?
come [kʌm] – came [keɪm]	kommen – kam
from Austria [ˈɒstrɪə]	aus Österreich
in his later films [ˈleɪtə ˈfɪlmz]	in seinen späteren Filmen
book a holiday [ˈbʊk ə ˈhɒlədɪ]	einen Urlaub buchen
they call it an activity holiday [ækˈtɪvətɪ]	man nennt es einen Aktivurlaub
I don't believe it [bəˈliːv]	ich glaube es nicht
get up [get] – got up [gɒt]	aufstehen – stand auf
jog around the lake [ˈdʒɒg əraʊnd ðə ˈleɪk]	um den See (herum)joggen (→ 11C11)
before breakfast [bɪˈfɔː ˈbrekfəst]	vor dem Frühstück
joke [dʒəʊk]	spaßen; einen Witz machen
you're joking [ˈdʒəʊkɪŋ]	das ist doch nicht dein Ernst
play tennis [ˈpleɪ ˈtenɪs]	Tennis spielen
then we were off for a swim [swɪm]	(*etwa:*) dann ging's zum Schwimmen
(swimming) pool [ˈswɪmɪŋ puːl]	Schwimmbad, -becken
sauna [ˈsɔːnə]	Sauna
twice a week [ˈtwaɪs ə ˈwiːk]	zweimal die Woche
have a bath [hæv ə ˈbɑːθ]	ein Bad nehmen (→ 11C7)
mud bath [ˈmʌd bɑːθ]	Schlammbad; Moorbad
massage [ˈmæsɑːʒ]	Massage
and don't tell me [ˈdəʊnt ˈtel mɪ]	(*etwa:*) und nun erzähl mir bloß noch
for lunch [fə ˈlʌntʃ]	zum Mittagessen
have raw vegetables [ˈrɔː ˈvedʒtəblz]	rohes Gemüse essen (→ 11C7)
we got a steak now and then [steɪk]	hin und wieder haben wir ein Steak bekommen (→ 11B2)
there was an hour's rest [ən ˈaʊəz ˈrest]	es war eine Stunde (*z. B.* Mittags-)Ruhe (→ 11C9)
we went on a walking tour [ˈwɔːkɪŋ tʊə]	wir machten eine Wanderung (→ 11B2)

go on a cycling tour ['saɪklɪŋ tʊə]	eine Radtour machen (→ 11B2)
how did you spend your evenings? ['iːvnɪŋz]	wie („verbrachtet") habt ihr eure Abende verbracht?
play table tennis ['teɪbl tenɪs]	Tischtennis spielen
play billiards ['bɪljədz]	Billard spielen
take a boat trip ['bəʊt trɪp]	eine Bootsfahrt machen (→ 11C10)
arrange a dance [ə'reɪndʒ ə 'dɑːns]	einen Tanzabend veranstalten
we tried the discos too ['dɪskəʊz]	wir haben auch die Diskotheken ausprobiert
we couldn't stand the noise [wɪ 'kʊdnt stænd ðə 'nɔɪz]	wir konnten den Lärm nicht vertragen (→ 11B3)
visit a nightclub ['vɪzɪt ə 'naɪtklʌb]	einen Nachtklub besuchen
go to bed early ['ɜːlɪ]	früh zu/ins Bett gehen
the following morning ['fɒləʊɪŋ]	der folgende / am folgenden Morgen
I'm glad to hear you're in such splendid form ['splendɪd 'fɔːm]	ich freue mich zu hören, daß du in so blendender Form bist
she just phoned to say he's ill [ʃɪ dʒʌst 'fəʊnd tə seɪ hɪz 'ɪl]	sie hat gerade angerufen, um zu sagen, daß er krank ist
eat [iːt] – ate [et]	essen – aß (→ 11B2)
strange food ['streɪndʒ 'fuːd]	fremd(artig)e/ungewohnte Kost
you're in for some overtime ['əʊvətaɪm]	(*etwa:*) auf dich kommt einiges an Überstunden zu

11D

we meet [miːt] – we met [met]	wir lernen uns kennen – wir lernten uns kennen
in 1956 ['naɪntiːn fɪftɪ 'sɪks]	(im Jahre) 1956
say [seɪ] – said [sed]	sagen – sagte
if ever I was passing your way ['pɑːsɪŋ]	wenn ich je(mals) („Ihren Weg passierte") in Ihre Gegend käme
I should look you up	ich sollte Sie aufsuchen/besuchen

12A

trap [træp]	(mit einer Falle) fangen
trapped in the Tube ['træpt ɪn ðə 'tjuːb]	in der U-Bahn gefangen
gunman ['gʌnmən]	(mit einer Schußwaffe) Bewaffneter
he seized £8,500 [siːzd]	er erbeutete 8500 Pfund
camera shop ['kæmrə ʃɒp]	Fotogeschäft
yesterday ['jestədɪ]	gestern
shoot someone [ʃuːt]	jem. an-/nieder-/erschießen (→ 12C1)
he tried to stop him ['traɪd tə 'stɒp]	er versuchte, ihn aufzuhalten
passerby [pɑːsə'baɪ] (*Pl.* passersby)	Passant(in)
secretary ['sekrətrɪ]	Sekretär(in)
see [siː] – saw [sɔː]	sehen – sah (→ 12C2)
smartly dressed ['smɑːtlɪ 'drest]	elegant/schick/flott gekleidet
robber ['rɒbə]	Räuber

run [rʌn] – ran [ræn]	rennen/laufen – rannte/lief
she followed him along Baker Street [ʃɪ ˈfɒləʊd ɪm əlɒŋ ˈbeɪkə striːt]	sie folgte ihm die Baker Street entlang
into the Tube station [ˈtjuːb steɪʃn]	in den U-Bahnhof (hinein)
get on to a train [treɪn]	in einen Zug steigen
southbound [ˈsaʊθbaʊnd]	in Richtung Süden (fahrend)
she ran up to a London Transport official [əˈfɪʃl]	sie lief zu einem Beamten von London Transport hin
London Transport [ˈlʌndən ˈtrænspɔːt]	(die Londoner Verkehrsbetriebe)
shout [ʃaʊt]	rufen; schreien; brüllen (→ 12B1)
she appeared on the platform [ʃɪ əˈpɪəd ɒn ðə ˈplætfɔːm]	sie erschien auf dem Bahnsteig / tauchte auf dem Bahnsteig auf
on board the train [bɔːd]	(„an Bord des Zuges") im Zug
station foreman [ˈsteɪʃn ˈfɔːmən]	(*etwa:*) Bahnhofsvorsteher
say [seɪ] – said [sed]	sagen – sagte
we did so [wɪ ˈdɪd səʊ]	wir taten es (→ 12B2)
although I suppose it was risky [ɔːlˈðəʊ aɪ səˈpəʊz ɪt wəz ˈrɪskɪ]	obwohl es vermutlich riskant war; wenn es wohl auch riskant war
staff [stɑːf]	Personal
shut [ʃʌt] – shut [ʃʌt]	schließen – schloß
lock someone in [ˈlɒk . . . ˈɪn]	jem. einschließen (→ 12B1)
passenger [ˈpæsɪndʒə]	Fahrgast; Passagier; Fluggast
police sealed off the station [pəˈliːs ˈsiːld ɒf ðə ˈsteɪʃn]	die Polizei sperrte/riegelte den Bahnhof ab (→ 12C4)
they searched the train [sɜːtʃt]	sie durchsuchten den Zug
coach by coach [kəʊtʃ]	Wagen für Wagen
find [faɪnd] – found [faʊnd]	finden – fand
until they found the criminal [ˈkrɪmɪnəl]	bis sie den Verbrecher fanden
arrest someone [əˈrest]	jem. verhaften
we didn't know what was happening [wɪ ˈdɪdnt nəʊ wɒt wəz ˈhæpənɪŋ]	wir wußten nicht, was geschah / los war (→ 12C9)
nobody panicked [ˈnəʊbədɪ ˈpænɪkt]	niemand geriet in Panik (→ 12C5)
spokesman [ˈspəʊksmən]	(Presse-)Sprecher (→ 12C6)
he praised the staff for stopping the train [preɪzd]	er lobte das Personal dafür, daß es den Zug aufgehalten hatte
a difficult situation [sɪtʃʊˈeɪʃn]	eine schwierige Situation
in satisfactory condition [ɪn sætɪsˈfæktərɪ kənˈdɪʃn]	in befriedigendem Zustand
he's in hospital [ˈhɒspɪtl]	er ist im Krankenhaus
following an operation [ɒpəˈreɪʃn]	nach einer Operation (→ 12C7)
an arm wound [ˈɑːm wuːnd]	eine Armwunde
last night [lɑːst ˈnaɪt]	gestern abend
help the police [ˈhelp ðə pəˈliːs]	der Polizei helfen (→ 12C8, 12C9)
inquiries [ɪnˈkwaɪərɪz]	Nachforschungen

13A

a master of his craft [ə 'mɑ:stər əv ɪz 'krɑ:ft]	ein Meister seines Handwerks (→ 13C1)
look in the "Thrillers" section of any bookshop ['θrɪləz sekʃən]	schauen Sie in der „Krimi"-Abteilung irgendeiner Buchhandlung nach
you're sure to find books by Chandler there ['tʃɑ:ndlə]	Sie werden dort (ganz) bestimmt Bücher von Chandler finden (→ 13B2, 13C2)
die [daɪ] – died [daɪd]	sterben – starb
in 1959 (nineteen fifty-nine)	im Jahr(e) 1959 (→ 13C3)
write [raɪt] – wrote [rəʊt]	schreiben – schrieb
novel ['nɒvl]	Roman (→ 13C12)
they became classics ['klæsɪks]	sie wurden Klassiker / zu Klassikern
the central character ['kærɪktə]	die Hauptperson
in all of them [ɪn 'ɔ:l əv ðəm]	in ihnen allen
private detective ['praɪvət dɪ'tektɪv]	Privatdetektiv
one may say [wʌn meɪ 'seɪ]	man kann sagen (→ 13C5)
a typical American hero [ə 'tɪpɪkl ə'merɪkən 'hɪərəʊ]	ein typisch(er) amerikanischer Held (→ 13C6)
honest ['ɒnɪst]	ehrlich
quick-witted [kwɪk 'wɪtɪd]	geistesgegenwärtig
ready to risk his life [rɪsk]	bereit, sein Leben zu riskieren (→ 13B2)
somebody who suffers injustice [sʌmbədɪ hu: 'sʌfəz ɪn'dʒʌstɪs]	jemand, der eine Ungerechtigkeit erleidet / dem Unrecht geschieht
poor [pʊə] – rich [rɪtʃ]	arm – reich
a decent man ['di:snt]	ein anständiger Mann/Mensch (→ 13C7)
he is, in a way, a failure ['feɪljə]	er ist in gewisser Hinsicht ein Versager
as he writes in a letter [raɪts]	wie er in einem Brief schreibt
lonely ['ləʊnlɪ]	einsam
puzzled ['pʌzld]	verwundert; perplex
never quite defeated ['nevə kwaɪt dɪ'fi:tɪd]	niemals ganz besiegt
talk like an idealist [aɪ'dɪəlɪst]	wie ein Idealist reden
behave [bɪ'heɪv]	sich benehmen/verhalten
he is one at heart [ət 'hɑ:t]	im Herzen ist er einer
he rather hates to admit it [hɪ rɑ:ðə 'heɪts tʊ əd'mɪt ɪt]	er („haßt es ziemlich, es zuzugeben") gibt es ungern zu (→ 13B2, 13C8)
even to himself ['i:vn tə hɪm'self]	auch sich selbst gegenüber
unlike Marlowe ['ʌnlaɪk 'mɑ:ləʊ]	anders als / im Gegensatz zu M.
he was born in ... [bɔ:n]	er wurde in ... geboren
leave [li:v] – left [left]	verlassen – verließ
his mother took him to England ['ɪŋglənd]	seine Mutter brachte ihn nach England

stay with someone [steɪ]	bei jem. bleiben/wohnen
relatives [ˈrelətɪvz]	Verwandte
attend a public school [əˈtend ə ˈpʌblɪk ˈsku:l]	eine Public School besuchen (→ 13C10)
spend [spend]– spent [spent]	(*Zeit:*) verbringen – verbrachte
France [frɑ:ns]	Frankreich
Germany [ˈdʒɜ:mənɪ]	Deutschland
in order to learn the languages [ˈlæŋgwɪdʒɪz]	um die Sprachen zu lernen
various jobs [ˈveərɪəs ˈdʒɒbs]	verschiedene Jobs/Tätigkeiten
service [ˈsɜ:vɪs]	(Militär-/Wehr-)Dienst
during the First World War [ˈfɜ:st wɜ:ld ˈwɔ:]	während des Ersten Weltkrieges
return to the United States [rɪˈtɜ:n tə ðə jʊnaɪtɪd ˈsteɪts]	in die Vereinigten Staaten zurückkehren
southern California [ˈsʌðən kælɪˈfɔ:njə]	Südkalifornien
he eventually became director [hɪ ɪˈventʃʊəlɪ bɪkeɪm dəˈrektə]	er wurde schließlich Direktor (→ 13B4, 13C12)
a number of oil companies [ˈɔɪl kʌmpənɪz]	eine Reihe von Ölgesellschaften
fired from his job for drinking [ˈfaɪəd]	wegen Trinkens aus seinem Job entlassen
he turned to writing [ˈraɪtɪŋ]	er wandte sich dem Schreiben zu
publish a short story [ˈpʌblɪʃ ə ʃɔ:t ˈstɔ:rɪ]	eine Kurzgeschichte veröffentlichen
bring out [brɪŋ] – brought out [brɔ:t]	herausbringen – herausbrachte
The Big Sleep [ðə ˈbɪg ˈsli:p]	Der große Schlaf
the film scripts he wrote [skrɪpts]	die Drehbücher, die er schrieb
make [meɪk] – made [meɪd]	machen – machte
one of America's leading writers [wʌn əv əˈmerɪkəz ˈli:dɪŋ ˈraɪtəz]	einer der führenden Schriftsteller Amerikas
ideal material for films [aɪˈdɪəl məˈtɪərɪəl]	idealer Stoff für Filme
based on [beɪst]	basierend auf
just the right actor to play Marlowe [ˈæktə]	genau der richtige Schauspieler für die Rolle des Marlowe (→ 13B3)
without a gun [wɪˈðaʊt ə ˈgʌn]	ohne Schußwaffe/Pistole
they married in 1924 [ˈmærɪd]	sie heirateten 1924
a rather secluded life [sɪˈklu:dɪd]	ein recht zurückgezogenes Leben
a great letter writer [greɪt]	ein großer Brief(e)schreiber
selected letters [səˈlektɪd]	ausgewählte Briefe
show [ʃəʊ]	zeigen

14A

prepare for the holidays [prɪˈpeə]	sich auf die Ferien vorbereiten

almost [ˈɔ:lməʊst]	fast; beinahe
mine (= my things) are over there [ˈmaɪn ər əʊvə ˈðeə]	meine (= meine Sachen) sind da drüben (→ 14B6)
Dave has packed his own bag [ˈdeɪv əz pækt ɪz ˈəʊn bæg]	Dave hat seine Tasche selbst gepackt (→ 14C1)
it's an awful lot [ən ˈɔ:fl ˈlɒt]	es ist („eine furchtbare Menge") furchtbar viel
Shep's things will take up a lot of space too [wɪl ˈteɪk ʌp ə ˈlɒt əv ˈspeɪs]	Sheps Sachen werden auch viel Platz in Anspruch nehmen
have you been to the post office? [hæv jə bɪn tə ðə ˈpəʊst ɒfɪs]	bist du auf der Post gewesen? (→ 14C2)
tell [tel] – told [təʊld] – told	sagen – sagte – gesagt
I've told them to hold our mail [ˈhəʊld aʊə ˈmeɪl]	ich habe ihnen gesagt, sie sollen unsere Post zurückhalten (→ 14C3)
pay [peɪ] – paid [peɪd] – paid	bezahlen – bezahlte – bezahlt
I've paid all the bills [bɪlz]	ich habe alle Rechnungen bezahlt
cancel the paper [ˈkænsl ðə ˈpeɪpə]	die Zeitung abbestellen (→ 14C4)
collect the passport [kəˈlekt ðə ˈpɑ:spɔ:t]	den Paß abholen
whose passport? [hu:z]	wessen Paß?
the passport had to be extended [ɪkˈstendɪd]	der Paß mußte verlängert werden (→ 14C5)
(my) goodness! [ˈgʊdnəs]	meine Güte!
forget [fəˈget] – forgot [fəˈgɒt] – forgotten [fəˈgɒtn]	vergessen – vergaß – vergessen
I forgot all about it [fəˈgɒt]	ich hatte es ganz vergessen
think of something [θɪŋk]	an etwas denken
have you talked to John about the garden? [ˈtɔ:kt tə ˈdʒɒn əbaʊt ðə ˈgɑ:dn]	hast du mit John wegen des Gartens geredet/gesprochen?
he's going to mow the lawn [ˈməʊ ðə ˈlɔ:n]	er wird den Rasen mähen (→ 14B3)
water the plants [ˈwɔ:tə ðə ˈplɑ:nts]	die Pflanzen gießen
they're coming over tonight [təˈnaɪt]	sie kommen heute abend rüber/vorbei
you've told them about the cats? [jəv ˈtəʊld ðəm əbaʊt ðə ˈkæts]	du hast ihnen wegen der Katzen Bescheid gesagt?
meal [mi:l]	Mahlzeit; Essen; Futter
starting tomorrow [ˈstɑ:tɪŋ təˈmɒrəʊ]	(„morgen anfangend") ab morgen
apart from that [əˈpɑ:t]	davon abgesehen; darüber hinaus
they'll leave them to themselves [ðəmˈselvz]	sie werden sie sich selbst überlassen (→ 14C6)
we are lucky [ˈlʌkɪ]	wir haben Glück
absolutely reliable [ˈæbsəlu:tlɪ rɪˈlaɪəbl]	absolut verläßlich/zuverlässig
they're fond of animals [fɒnd]	sie haben Tiere gern (→ 14C8)
all the same [seɪm]	trotzdem

they won't (= will not) have to take Shep this time [wəʊnt]	sie werden Shep diesmal nicht zu nehmen brauchen
he has already noticed [ˈnəʊtɪst]	er hat bereits bemerkt/gemerkt
go away [gəʊ əˈweɪ]	weggehen; wegfahren
he's following me like a shadow [ˈʃædəʊ]	er folgt mir wie ein Schatten
wouldn't (= would not) [ˈwʊdnt]	würde nicht
leave someone behind [bɪˈhaɪnd]	jem. zurücklassen
he gets so depressed [dɪˈprest]	er wird so deprimiert/bedrückt
go [gəʊ] – went [went] – gone [gɒn]	gehen – ging – gegangen
we've gone for good [gɒn]	wir sind für immer gegangen/weg
he'll be happy this time [ˈhæpɪ]	diesmal wird er glücklich sein
he loves travelling by car [hɪ ˈlʌvz trævlɪŋ baɪ ˈkɑː]	er liebt es, (mit dem) Auto zu fahren (→ 14C9)
remind someone of something [rɪˈmaɪnd]	jem. an etwas erinnern
you've had the car serviced [ˈsɜːvɪst]	du hast den Wagen warten lassen / in der Inspektion gehabt (→ 14C10)
they've checked everything [tʃekt]	sie haben alles überprüft
battery [ˈbætərɪ]	Batterie
tyre [ˈtaɪə]	Reifen
brake [breɪk]	Bremse
the lot [lɒt]	alles
an old car like ours [ˈaʊəz]	ein altes Auto wie unseres (→ 14B6)
break down [breɪk ˈdaʊn]	kaputtgehen; eine Panne haben
it isn't likely [ˈlaɪklɪ]	es ist nicht wahrscheinlich
take [teɪk] – took [tʊk] – taken [ˈteɪkn]	nehmen – nahm – genommen
take trouble with something [ˈtrʌbl]	sich mit etwas Mühe geben (→ 14C11)
garage [ˈgærɑːʒ]	(Autoreparatur-)Werkstatt
shall I start putting the things in? [ˈpʊtɪŋ]	soll ich anfangen, die Sachen einzuräumen/einzuladen? (→ 14C12)
just look at that dog [dɒg]	schau dir nur den Hund an
he knows exactly what's going on	er weiß genau, was vor sich geht
you can see it in his eyes [aɪz]	du kannst es an seinen Augen sehen
darling [ˈdɑːlɪŋ]	Liebling

14D

friendly self-service [ˈfrendlɪ self ˈsɜːvɪs]	freundliche Selbstbedienung

15A

Australia's bushfire disaster [ɒˈstreɪljəz ˈbʊʃfaɪə dɪzɑːstə]	Australiens Buschbrandkatastrophe
start a fund [fʌnd]	einen Fonds einrichten
set [set] – set – set	setzen – setzte – gesetzt

Britain [ˈbrɪtn]	Großbritannien
hit [hɪt] – hit – hit	treffen
families hit by the bushfires [ˈfæməlɪz hɪt baɪ ðə ˈbʊʃfaɪəz]	Familien, die von den Buschbränden betroffen sind (→ 15B2)
southeastern [saʊθˈiːstən]	südöstlich (→ 15C1)
so far [səʊ ˈfɑː]	bis jetzt; bisher
more than 70 people have died [ˈmɔː ðən ˈsevntɪ ˈpiːpl əv ˈdaɪd]	mehr als / über 70 Menschen sind gestorben
2,000 homes have been destroyed [dɪˈstrɔɪd]	2000 Wohnungen sind zerstört worden
several towns [ˈsevrəl ˈtaʊnz]	mehrere Städte
as well as large areas of forest [ˈfɒrɪst]	wie auch große Waldgebiete
farmland [ˈfɑːmlænd]	Acker- und Weideland
burn [bɜːn] – burnt [bɜːnt] – burnt	verbrennen – verbrannte – verbrannt (→ 15C13)
hundreds of thousands of sheep [ˈhʌndrədz əv ˈθaʊzndz əv ˈʃiːp]	Hunderttausende von Schafen (→ 15C2)
cattle [ˈkætl]	(Rind-)Vieh (→ 15C3)
have been killed by the firestorm [əv bɪn ˈkɪld baɪ ðə ˈfaɪəstɔːm]	(„sind von dem Feuersturm getötet worden") sind in dem Feuersturm umgekommen
which raced along 500 miles of coast [wɪtʃ ˈreɪst əlɒŋ ˈfaɪv hʌndrəd maɪlz əv ˈkəʊst]	„der 500 Meilen Küste entlangraste"
90 per cent of which are now caused by humans [ˈnaɪntɪ pə ˈsent əv wɪtʃ ə ˈnaʊ ˈkɔːzd baɪ ˈhjuːmənz]	„von denen 90 Prozent jetzt von Menschen verursacht werden" (→ 15C4)
have always been common [ˈkɒmən]	sind schon immer häufig gewesen
if they occur in uninhabited areas [əˈkɜːr ɪn ʌnɪnˈhæbɪtɪd ˈeərɪəz]	wenn sie in unbewohnten Gebieten vorkommen/auftreten
they are allowed to burn themselves out [əˈlaʊd]	man läßt sie ausbrennen (→ 15C5, 15C6)
human life or property [ˈprɒpətɪ]	menschliches Leben oder Eigentum
threaten [ˈθretn]	bedrohen
put out [pʊt] – put out – put out	(*Feuer:*) löschen – löschte – gelöscht
before too much damage has been caused [ˈdæmɪdʒ]	bevor allzuviel Schaden angerichtet worden ist
almost every time we can cope [kəʊp]	fast jedesmal können wir damit zurechtkommen/fertigwerden
fire officer [ˈfaɪər ɒfɪsə]	Feuerwehrmann
fight [faɪt] – fought [fɔːt] – fought	bekämpfen – bekämpfte – bekämpft
we have fought many fires before, but none like this [nʌn]	wir haben schon viele Brände bekämpft, aber keinen wie diesen
frightening [ˈfraɪtnɪŋ]	furchterregend
the speed of the fire [spiːd]	die Geschwindigkeit des Feuers

there was nothing we could do to stop it [ˈnʌθɪŋ]	es gab nichts, was wir tun konnten, um es zu stoppen (→ 15C7, 9C11)
get people well out of the way [ˈpiːpl]	die Menschen aus dem Weg schaffen / in Sicherheit bringen
temperatures around 43 degrees [ˈtemprətʃəz ... dɪˈgriːz]	Temperaturen um 43 Grad (herum) (→ 15C8)
strong winds [ˈstrɒŋ ˈwɪndz]	starke/kräftige Winde
a twelve-month period [ˈtwelv mʌnθ ˈpɪərɪəd]	(ein Zeitraum von) 12 Monate(n) (→ 15C9)
dry weather [ˈdraɪ ˈweðə]	trockenes Wetter
spread [spred] – spread – spread	sich ausbreiten – sich ausbreitete – sich ausgebreitet
at lightning speed [ˈlaɪtnɪŋ ˈspiːd]	mit („Blitzgeschwindigkeit“) enormer Geschwindigkeit; blitzschnell (→ 15C10)
some of them may have been started deliberately [dɪˈlɪbrətlɪ]	es kann sein, daß einige von ihnen absichtlich/vorsätzlich gelegt wurden (→ 15C11, 15C12)
an unemployed worker [ˈʌnɪmplɔɪd ˈwɜːkə]	ein arbeitsloser Arbeiter
charge someone with something [tʃɑːdʒ]	gegen jem. wegen etwas Anklage erheben (→ 15B3)
light a fire [ˈlaɪt ə ˈfaɪə]	ein Feuer entzünden; einen Brand legen (→ 15B3)
hill [hɪl]	Hügel; (kleinerer) Berg
on Wednesday [ˈwenzdɪ]	am Mittwoch
for his own safety [ˈseɪftɪ]	zu seiner eigenen Sicherheit
the accused man [əˈkjuːzd]	der Angeklagte/Beschuldigte
lock someone up [ˈlɒk sʌmwʌn ˈʌp]	jem. einsperren / in Haft nehmen
until his trial [ʌnˈtɪl ɪz ˈtraɪəl]	bis zur Gerichtsverhandlung / zum Prozeß
thanks to cooler and less windy weather [ˈkuːlər ən les ˈwɪndɪ]	dank kühlerem und weniger windigem Wetter
largely under control [kənˈtrəʊl]	großenteils unter Kontrolle
higher temperatures have been forecast [ˈhaɪə ... ˈfɔːkɑːst]	höhere Temperaturen sind vorhergesagt
forecast [ˈfɔːkɑːst] – forecast – forecast	vorhersagen – vorhersagte – vorhergesagt
for this weekend [wiːkˈend]	für dieses Wochenende
fire service [ˈfaɪə sɜːvɪs]	Feuerwehr
warn [wɔːn]	warnen
large areas of land [lænd]	große/weite Landstriche
extremely dry [ɪkˈstriːmlɪ ˈdraɪ]	äußerst/extrem trocken
carelessness [ˈkeələsnəs]	Leichtsinn

a deliberate act [dɪˈlɪbrət ˈækt]	eine vorsätzliche Tat/Handlung (→ 15C12)
start something [stɑːt]	etwas beginnen / in Gang setzen
15D	
capital [ˈkæpɪtl]	Hauptstadt
16A	
travel by air [ˈtrævl baɪ ˈeə]	(„per Luft") mit dem Flugzeug reisen (→ 16C1)
let's (= let us) assume [lets əˈsjuːm]	„lassen Sie uns" / wir wollen annehmen / nehmen wir (einmal) an
airport [ˈeəpɔːt]	Flughafen
make [meɪk] – made [meɪd] – made	machen – machte – gemacht
you have possibly made your reservation by phone [ˈpɒsəblɪ ... rezəˈveɪʃn]	möglicherweise haben Sie Ihre Reservierung/Buchung telefonisch vorgenommen / telefonisch gebucht
you haven't got your ticket yet [jʊ ˈhævnt gɒt jə ˈtɪkɪt jet]	Sie haben Ihren Flugschein noch nicht (→ 16C2)
airline [ˈeəlaɪn]	Fluggesellschaft; Luftverkehrsgesellschaft
ticket desk [ˈtɪkɪt desk]	Flugscheinschalter
flight-information board [ˈflaɪt ɪnfəˈmeɪʃn]	Fluginformationstafel
details about your flight [ˈdiːteɪlz]	Einzelheiten zu Ihrem Flug
scheduled departure time [ˈʃedjuːld dɪˈpɑːtʃə]	planmäßige Abflugzeit
whether the flight is delayed [ˈweðə ... dɪˈleɪd]	ob der Flug verspätet ist
which gate you're to proceed to [wɪtʃ ˈgeɪt jɔː tə prəˈsiːd tʊ]	zu welchem Flugsteig Sie sich begeben sollen (→ 16C3, 16C4)
etc. (= et cetera) [ət ˈsetrə]	etc.; usw.
if possible [ˈpɒsəbl]	wenn möglich
check in [tʃek ˈɪn]	sich „einchecken" / abfertigen lassen (→ 16C7)
at the last minute [ˈmɪnɪt]	in letzter Minute
since a certain percentage of passengers are "no-shows" [sɪns ə ˈsɜːtn pəˈsentɪdʒ]	da ein bestimmter Prozentsatz von Fluggästen "no-shows" sind
i.e. (= id est / that is) [ðæt ˈɪz]	d. h. (= das heißt)
booking [ˈbʊkɪŋ]	Buchung; Reservierung
show up [ʃəʊ ˈʌp]	auftauchen; sich einfinden
show up for the flight [flaɪt]	den Flug wahrnehmen
they normally overbook their flights [ˈnɔːməlɪ]	sie überbuchen normalerweise ihre Flüge (*d.h.* nehmen mehr Buchungen an, als Plätze vorhanden sind)

even a confirmed reservation is no guarantee [kən'fɜ:md . . . gærən'ti:]	selbst eine bestätigte Buchung ist keine Garantie
that you'll actually get a seat ['æktʃəlɪ . . . 'si:t]	daß man tatsächlich einen Platz bekommt (→ 16B1, 16B4)
latecomers are more likely to get "bumped" ['leɪtkʌməz . . . 'bʌmpt]	bei Nachzüglern ist es wahrscheinlicher, daß sie „ausgebootet" werden (→ 16C5)
bump [bʌmp]	bumsen; (runter)stoßen
that [ðæt] – those [ðəʊz]	jene(r, -s) (*Singular*) – jene (*Plural*) (→ 5C1)
than those who check in early [ðən 'ðəʊz hʊ 'tʃek ɪn 'ɜ:lɪ]	als jene, die sich früh abfertigen lassen (→ 16C6, 16C7)
check-in desk ['tʃek in desk]	Abfertigungsschalter (→ 16C7)
baggage ['bægɪdʒ]	(*AE u. Luftfahrt:*) Gepäck (→ 16C8)
you are given a boarding pass [jɔ: 'gɪvn ə 'bɔ:dɪŋ pɑ:s]	(„es wird Ihnen eine Bordkarte gegeben") Sie erhalten eine Bordkarte (→ 16C9)
security check [sɪ'kjʊərətɪ tʃek]	Sicherheitskontrolle
cabin bags ['kæbɪn bægz]	Kabinen-/Bordtaschen, -gepäck
X-ray something ['eks reɪ]	etwas durchleuchten/röntgen
bags must be opened ['əʊpənd]	Taschen müssen geöffnet werden
suspicious objects [sə'spɪʃəs]	verdächtige Gegenstände
see [si:] – saw [sɔ:] – seen [si:n]	sehen – sah – gesehen
examine someone [ɪg'zæmɪn]	jem. untersuchen
metal detector ['metl dɪtektə]	Metallsuchgerät; „Sonde"
hand-search someone ['hænd sɜ:tʃ]	jem. („mit der Hand durchsuchen") abtasten
go abroad [ə'brɔ:d]	ins Ausland fahren
go through passport control ['pɑ:spɔ:t kəntrəʊl]	durch die Paßkontrolle gehen
go through customs ['kʌstəmz]	durch den Zoll gehen
you may wish to buy something [wɪʃ tə 'baɪ]	(„Sie mögen etwas zu kaufen wünschen") vielleicht möchten Sie etwas kaufen
duty-free shop [dju:tɪ 'fri: ʃɒp]	Duty-free-Shop („zollfreier Laden")
cigarette [sɪgə'ret]	Zigarette
whisky ['wɪskɪ]	Whisky
cheaper than in normal shops ['tʃi:pə]	billiger als in normalen Geschäften
not necessarily less expensive ['nesəsərəlɪ]	nicht („notwendigerweise") unbedingt billiger (→ 16B1)
goods bought cheap [bɔ:t]	billig (ein)gekaufte Waren (→ 16B1)
they may prove expensive [pru:v]	sie können sich als teuer erweisen (→ 16C10)
pay duty on something [peɪ 'dju:tɪ]	auf etwas Zoll bezahlen
at your destination [destɪ'neɪʃn]	an Ihrem Reiseziel

after boarding [ˈbɔːdɪŋ]	nach dem Einsteigen (→ 16C11)
stow your hand baggage safely under the seat [stəʊ . . . ˈseɪflɪ]	verstauen Sie Ihr Handgepäck sicher unter dem Sitz (→ 16B1)
the seat in front of you [frʌnt]	der Sitz vor Ihnen
in one of the overhead luggage bins [ˈəʊvəhed ˈlʌgɪdʒ bɪnz]	in einem der Gepäckfächer über Ihnen
make sure you fasten your seat belt	denken Sie daran, sich anzuschnallen
fasten your seat belt [ˈfɑːsn jə ˈsiːt belt]	(„befestigen Sie Ihren Sitzgurt“)
takeoff [ˈteɪkɒf]	(*Flugzeug:*) Start
landing [ˈlændɪŋ]	Landung
sign [saɪn]	Zeichen; Schild; Anzeige
smoking is not allowed [əˈlaʊd]	das Rauchen ist nicht erlaubt
smoking section [ˈsməʊkɪŋ sekʃn]	Raucherabteil (= der Teil der Kabine, in dem das Rauchen erlaubt ist)
he's afraid of flying [əˈfreɪd əv ˈflaɪɪŋ]	er hat Angst vor dem Fliegen (→ 16C11)
you should relax [rɪˈlæks]	Sie sollten sich entspannen
breathe deeply [ˈbriːð ˈdiːplɪ]	tief atmen (→ 16B1)
you should consider this [kənˈsɪdə]	Sie sollten dies bedenken
statistics show [stəˈtɪstɪks]	Statistiken zeigen
it's 25 times safer [ˈseɪfə]	es ist 25mal sicherer

16D

an air traveller [ˈeə trævlə]	ein Flugreisender; eine Flugreisende

17A

the world's fourth largest nation [ˈfɔːθ lɑːdʒɪst ˈneɪʃn]	die viertgrößte Nation der Welt (→ 17B2, 17B3)
in both area and population [ɪn bəʊθ ˈeərɪə ən pɒpjʊˈleɪʃn]	an Fläche wie auch an Bevölkerung (→ 17C2)
the U.S. consists of 50 states [ðə juː ˈes kənˈsɪsts əv ˈfɪftɪ ˈsteɪts]	die USA bestehen aus 50 Staaten (→ 17C1)
federal district [ˈfedrəl ˈdɪstrɪkt]	Bundesdistrikt
the site of the capital [ðə ˈsaɪt əv ðə ˈkæpɪtl]	das Gebiet der Hauptstadt (→ 17B3)
D.C. (= District of Columbia [kəˈlʌmbɪə])	Distrikt von Columbia (= *Bundesdistrikt der USA – kein Staat! – flächengleich mit der Bundeshauptstadt Washington*) (→ 17C3)
West Germany [ˈwest ˈdʒɜːmənɪ]	Westdeutschland
federal republic [ˈfedrəl rɪˈpʌblɪk]	Bundesrepublik (→ 17C4)
in contrast to [ˈkɒntrɑːst]	im Gegensatz zu
head of state [hed əv ˈsteɪt]	Staatsoberhaupt (→ 17B3)
king [kɪŋ]	König
queen [kwiːn]	Königin

head of government [hed əv 'gʌvəmənt]	Regierungschef(in) (→ 17B3)
prime minister [praɪm 'mɪnɪstə]	Premierminister(in)
two different people ['dɪfrənt]	zwei verschiedene Personen
politically and economically [pə'lɪtɪklɪ ən ekə'nɒmɪklɪ]	politisch und wirtschaftlich (gesehen) (→ 17C5)
the most powerful country ['paʊəfəl]	das mächtigste Land (→ 17B2)
conspicuous [kən'spɪkjʊəs]	auffällig; herausragend
in the sense that [sens]	in dem Sinn, daß
fashion ['fæʃn]	Mode
policy ['pɒləsɪ]	(eine bestimmte) Politik (→ 17C6)
weapon ['wepən]	Waffe
executive [ɪg'zekjʊtɪv]	Führungskraft; Manager
soldier ['səʊldʒə]	Soldat
shape something [ʃeɪp]	etwas formen/prägen/gestalten
today [tə'deɪ]	heute
today's world [tə'deɪz 'wɜ:ld]	die heutige Welt (→ 17B3, 11C9)
to a much greater extent [ɪk'stent]	in viel größerem/höherem Maße
considering its prominent position [kən'sɪdərɪŋ ɪts 'prɒmɪnənt pə'zɪʃn]	wenn man ihre herausragende Stellung bedenkt
surprising [sə'praɪzɪŋ]	überraschend
dislike someone intensely [dɪs'laɪk . . . ɪn'tenslɪ]	(„jem. intensiv nicht mögen") gegen jem. eine starke Abneigung haben
make a difference between ['dɪfrəns]	einen Unterschied machen zwischen; unterscheiden zwischen
the American people ['pi:pl]	das amerikanische Volk (→ 17C7)
warm [wɔ:m]	warm; herzlich
friendly ['frendlɪ]	freundlich
whose policies are disapproved of [hu:z 'pɒləsɪz ə dɪsə'pru:vd ɒv]	deren Politik mißbilligt wird (→ 17C6, 17C8, 17B4)
a vast area ['vɑ:st 'eərɪə]	ein riesiges Gebiet
the opposite is equally true [ðɪ 'ɒpəzɪt ɪz 'i:kwəlɪ tru:]	das Gegenteil ist ebenso wahr
rain forest ['reɪn fɒrɪst]	Regenwald
desert ['dezət]	Wüste
mountains ['maʊntənz]	(höhere) Berge; Gebirge
prairie ['preərɪ]	Prärie (= Grassteppe in Nordamerika)
on one and the same November day [nəʊ'vembə]	an ein und demselben Novembertag
–7 (= minus seven) degrees ['maɪnəs]	minus sieben Grad
citizen ['sɪtɪzn]	(Staats-)Bürger(in)
old-stock Americans ['əʊld stɒk]	alteingesessene Amerikaner (→ 17C10)
the descendants of immigrants [ðə dɪ'sendənts əv 'ɪmɪgrənts]	die Nachkommen von Einwanderern (→ 17B3)
European countries [jʊərə'pɪən]	europäische Länder

Asian countries ['eɪʃn]	asiatische Länder
Latin American countries [lætɪn ə'merɪkən]	lateinamerikanische Länder
American Indians ['ɪndɪənz]	Indianer (→ 17C11)
African slaves ['æfrɪkən 'sleɪvz]	afrikanische Sklaven
foreigner ['fɒrənə]	Ausländer(in)
become – became – become	werden – wurde – geworden
become naturalized ['nætʃrəlaɪzd]	eingebürgert werden
though they are all Americans	obwohl sie alle Amerikaner sind
underprivileged minority groups [ʌndə'prɪvəlɪdʒd maɪ'nɒrətɪ gru:ps]	unterprivilegierte („Minoritätsgruppen“) Minderheiten
they live in neighbourhoods of their own ['neɪbəhʊdz]	sie leben in eigenen („Nachbarschaften“) Vierteln (→ 17C12)
character ['kærɪktə]	Charakter; Wesensart
customs ['kʌstəmz]	Sitten; (Ge-)Bräuche
religion [rɪ'lɪdʒən]	Religion
bad [bæd] – worse [wɜ:s] – worst [wɜ:st]	schlimm – schlimmer – schlimmste
historian [hɪ'stɔ:rɪən]	Historiker(in)
while U.S. wages are among the highest in the world [waɪl . . . 'weɪdʒɪz]	während die amerikanischen Löhne zu den höchsten der Welt gehören
the majority of Americans [mə'dʒɒrətɪ]	die Mehrheit der Amerikaner
well off [wel 'ɒf]	gutgestellt; gut d(a)ran
below the poverty line [bɪ'ləʊ ðə 'pɒvətɪ laɪn]	unter der Armutsgrenze / dem Existenzminimum
the poverty rate ['pɒvətɪ reɪt]	der Anteil der Armen/Bedürftigen (an der Gesamtbevölkerung)
a low rate [ləʊ]	ein niedriger Anteil
nationwide [neɪʃn'waɪd]	landesweit
a shocking 35 per cent for blacks ['ʃɒkɪŋ]	schockierende 35 Prozent für Schwarze
every third black person [θɜ:d]	jeder dritte Schwarze
what would the world be like if there was no America?	wie wäre die Welt beschaffen, wenn es kein Amerika gäbe? (→ 17B1)
would there be another superpower to take America's place? [ə'nʌðə 'su:pəpaʊə]	wäre eine andere Supermacht da, die Amerikas Stelle einnehmen würde? (→ 17C14, 17B3)
international business [ɪntə'næʃnəl]	das internationale Geschäft(sleben)
as lively as it is ['laɪvlɪ]	so lebhaft/dynamisch, wie es ist
we Europeans [jʊərə'pɪənz]	wir Europäer
prosperous ['prɒspərəs]	wohlhabend
jeans [dʒi:nz]	Jeans
hamburger ['hæmbɜ:gə]	Hamburger
soap opera ['səʊp ɒprə]	„Seifenoper“ (→ 17C15)
supermarket ['su:pəmɑ:kɪt]	Supermarkt

mass-produce [mæs prəˈdjuːs]	in Massenfabrikation herstellen
telephone [ˈtelɪfəʊn]	Telefon
ballpoint pen [ˈbɔːlpɔɪnt ˈpen]	Kugelschreiber
personal computer [ˈpɜːsnəl kəmˈpjuːtə]	Personal Computer; PC
invent something [ɪnˈvent]	etwas erfinden
perfect something [pəˈfekt]	etwas vervollkommnen
owe something to someone [əʊ]	jem. etwas schulden/verdanken
a great deal of its vitality [diːl ... vaɪˈtælətɪ]	einen großen Teil seiner Vitalität
material comforts [məˈtɪərɪəl ˈkʌmfəts]	materielle Annehmlichkeiten

17D

Statue of Liberty [ˈstætʃuː əv ˈlɪbətɪ]	Freiheitsstatue

18A

first aid and after [fɜːst ˈeɪd]	Erste Hilfe und danach
overtake – overtook – overtaken	überholen – überholte – überholt
the motorbike had just overtaken her [ˈməʊtəbaɪk ... əʊvəˈteɪkən]	das Motorrad hatte sie gerade überholt (→ 18B1)
it had been going very fast [fɑːst]	es war sehr schnell gefahren (→ 18B1)
bend [bend]	(Straßen-)Kurve
Mrs Susan Turner [ˈmɪsɪz]	Frau Susan Turner
just as she rounded it [ˈraʊndɪd]	gerade als sie durch sie hindurchfuhr
estate car [ɪˈsteɪt kɑː]	*BE* Kombi(wagen)
she saw the motorcyclist skid [ʃɪ ˈsɔː ðə ˈməʊtəsaɪklɪst ˈskɪd]	sie sah („den Motorradfahrer schleudern"), wie der M. ins Schleudern geriet (→ 18C1)
hit the crash barrier [ˈkræʃ bærɪə]	gegen die Leitplanke fahren
she immediately pulled over to the side of the road [ɪˈmiːdɪətlɪ pʊld]	sie fuhr sofort an den Straßenrand
get out – got out – got out	aussteigen – ausstieg – ausgestiegen
lie [laɪ] – lying [ˈlaɪɪŋ]	liegen – liegend
the young man was unconscious [jʌŋ ... ʌnˈkɒnʃəs]	der junge Mann war bewußtlos
bleed [bliːd] – bled [bled] – bled	bluten – blutete – geblutet
driver [ˈdraɪvə]	Fahrer(in)
he ran off [ræn ˈɒf]	er rannte weg (→ 18C2, 18C3)
call an ambulance [ˈæmbjʊləns]	einen Krankenwagen rufen (→ 18C3)
search for something [sɜːtʃ]	nach etwas suchen
first-aid box [fɜːst ˈeɪd bɒks]	Erste-Hilfe-Kasten (→ 18C4)
among the photographic equipment [fəʊtəˈgræfɪk]	zwischen den fotografischen Geräten
in the back of her car [kɑː]	hinten im Auto
find [faɪnd] – found [faʊnd] – found	finden – fand – gefunden (→ 18C5)

she dashed back to the injured man [ʃɪ 'dæʃt bæk tə ðɪ 'ɪndʒəd 'mæn]	sie sauste/rannte zurück zu dem Verletzten (→ 18C5)
apply a bandage [ə'plaɪ ə 'bændɪdʒ]	einen Verband anlegen (→ 18C6)
stop the bleeding ['bli:dɪŋ]	die Blutung stillen (→ 18C3, 18C7)
he was taken to a nearby hospital [hɪ wəz 'teɪkən tʊ ə 'nɪəbaɪ 'hɒspɪtl]	er wurde in ein nahe gelegenes Krankenhaus gebracht
intensive-care unit [ɪn'tensɪv 'keə ju:nɪt]	Intensivstation (→ 18C4)
leave something with someone [li:v]	etwas bei jem. (hinter)lassen (→ 18C8)
police officer [pə'li:s ɒfɪsə]	Polizeibeamte(r)
drive [draɪv] – drove [drəʊv] – driven ['drɪvn]	fahren – fuhr – gefahren
she drove on to her destination	sie fuhr weiter zu ihrem Reiseziel
keep a business appointment [ə'pɔɪntmənt]	einen geschäftlichen Termin wahrnehmen (→ 18C3)
have an unpleasant surprise [ʌn'pleznt sə'praɪz]	eine unangenehme Überraschung erleben
£1,000 worth of equipment [ə 'θaʊzənd 'paʊndz wɜ:θ]	Geräte/Apparate im Wert von 1000 Pfund
disappear [dɪsə'pɪə]	verschwinden
steal [sti:l] – stole [stəʊl] – stolen ['stəʊlən]	stehlen – stahl – gestohlen
she's a freelance photographer ['fri:lɑ:ns fə'tɒgrəfə]	sie ist eine freiberuflich tätige Fotografin (→ 13B4)
concentrate on something ['kɒnsəntreɪt]	sich auf etwas konzentrieren (→ 18C9)
youngster ['jʌŋstə]	junger Mensch
at the roadside ['rəʊdsaɪd]	am Straßenrand
he was in very bad shape [bæd 'ʃeɪp]	er war in sehr schlechter Verfassung
the best way of helping him ['helpɪŋ]	die beste Art, ihm zu helfen (→ 18C9)
reach (a place) [ri:tʃ]	(einen Ort) erreichen
boy [bɔɪ]	Junge
leave [li:v] – left [left] – left	lassen – ließ – gelassen
in the back of the car [ðə 'bæk əv ðə 'kɑ:]	hinten im Auto
leave the back of the car open ['əʊpən]	(*etwa:*) den Kofferraum (des Wagens) offenlassen
attention [ə'tenʃn]	Aufmerksamkeit
obviously ['ɒbvɪəslɪ]	offensichtlich; (*hier:*) natürlich
accident ['æksɪdənt]	Unfall
it must have been easy ['i:zɪ]	es muß leicht gewesen sein (→ 18B2)
camera ['kæmrə]	Kamera; Fotoapparat
whoever it was [hu:'evər ɪt 'wɒz]	wer es auch war
he should have considered the circumstances [kən'sɪdəd ðə 'sɜ:kəmstənsɪz]	er hätte die Umstände bedenken/berücksichtigen sollen/müssen (→ 18B2)

I simply can't understand how anybody could do a thing like that [sɪmplɪ 'kɑ:nt ʌndə'stænd]	ich kann einfach nicht verstehen, wie jemand so etwas tun konnte
I'd rather not say ['rɑ:ðə]	ich sage lieber nicht (→ 18C10)
fortunately ['fɔ:tʃnətlɪ]	glücklicherweise
the lens was insured ['lenz . . . ɪn'ʃʊəd]	das Objektiv war versichert
thief [θi:f] (*Pl.* thieves [θi:vz])	Dieb
know [nəʊ] – knew [nju:] – known [nəʊn]	wissen – wußte – gewußt
he coldly exploited the situation ['kəʊldlɪ ɪk'splɔɪtɪd]	er hat die Situation eiskalt ausgenutzt
a callous theft ['kæləs 'θeft]	ein herzloser/gemeiner Diebstahl

19A

a dramatic Cup final [drə'mætɪk 'kʌp 'faɪnl]	ein dramatisches Pokalfinale
FA [ef 'eɪ] (= Football Association)	Fußballverband/-bund (→ 19C1)
the most successful season [sək'sesfl 'si:zn]	die erfolgreichste Saison/Spielzeit
in Everton's history ['evətnz 'hɪstərɪ]	in Evertons Geschichte (→ 19C2)
win [wɪn] – won [wʌn] – won	gewinnen – gewann – gewonnen
the club had won [klʌb]	der Klub/Verein hatte gewonnen
Football League Championship ['fʊtbɔ:l li:g 'tʃæmpɪənʃɪp]	„Fußball-Liga-Meisterschaft" (→ 19C3)
European Cup Winners' Cup ['kʌp wɪnəz]	Europapokal der Pokalsieger
come – came – come	kommen – kam – gekommen
win against Manchester United [əgenst 'mæntʃəstə jʊ'naɪtɪd]	gegen Manchester United gewinnen
victory ['vɪktərɪ]	Sieg
the first team ever to win the three trophies in one season [ti:m . . . 'trəʊfɪz]	die erste Mannschaft, die je(mals) die drei Trophäen in einer Spielzeit gewonnen hatte (→ 19C6)
begin – began [bɪ'gæn] – begun [bɪ'gʌn]	beginnen – begann – begonnen
begin cautiously ['kɔ:ʃəslɪ]	vorsichtig beginnen
a minor alarm ['maɪnər ə'lɑ:m]	„ein kleinerer Alarm"
at Everton's end ['evətnz end]	an Evertons Ende; auf Evertons Seite
a major one (= alarm) ['meɪdʒə wʌn]	ein größerer (= Alarm) (→ 19C7)
a long throw-in ['θrəʊ ɪn]	ein langer Einwurf
fly – flew [flu:] – flown [fləʊn]	fliegen – flog – geflogen
flew deep into the penalty area [di:p . . . 'penltɪ eərɪə]	flog („tief") weit in den Strafraum (→ 19B2)
and had goalkeeper Bailey stretching desperately ['gəʊlki:pə 'beɪlɪ stretʃɪŋ 'desprətlɪ]	(*etwa:*) und veranlaßte Torwart Bailey, sich verzweifelt zu strecken

punch the ball clear [ˈpʌntʃ . . . ˈklɪə]	den Ball wegfausten (→ 19B2)
the ball drops/dropped [drɒps/drɒpt]	der Ball fällt/fiel
volley a ball [ˈvɒlɪ]	einen Ball aus der Luft nehmen
he would surely have scored [ˈʃʊəlɪ əv ˈskɔːd]	er hätte sicher einen Punkt gemacht / ein Tor geschossen (→ 19B1)
if Gidman had not diverted the ball [ˈgɪdmən . . . daɪˈvɜːtɪd]	wenn Gidman den Ball nicht abgefälscht hätte (→ 19B1)
the foot of the post [ˈfʊt əv ðə ˈpəʊst]	der Fuß des Torpfostens
and out for a corner [ˈkɔːnə]	und ins Aus zu einer Ecke
a more calculated threat [ə mɔː ˈkælkjʊleɪtɪd θret]	(„eine berechnetere Bedrohung") ein gezielterer Angriff
in the twentieth minute [ˈtwentɪəθ]	in der zwanzigsten Minute (→ 19B3)
combine [kəmˈbaɪn]	sich zusammentun; zusammenwirken
send [send] – sent [sent] – sent	schicken – schickte – geschickt
charge [tʃɑːdʒ]	stürmen; angreifen
in the inside-left position [ˈɪnsaɪd ˈleft]	in/auf halblinker Position
he was in an excellent position to shoot [ˈeksələnt]	er war ausgezeichnet plaziert, um zu schießen
hesitate [ˈhezɪteɪt]	zögern
thus [ðʌs]	so; auf diese Weise
thus allowing the tireless Reid to steal the ball from him [ˈtaɪələs ˈriːd tə ˈstiːl]	es auf diese Weise zulassend, daß der unermüdliche Reid ihm den Ball abnahm (→ 19C8)
the drama that was to come [ˈdrɑːmə]	das Drama, das kommen sollte (→ 19C9)
the second half [ˈsekənd ˈhɑːf]	die zweite Halbzeit
foresee [fɔːˈsiː] – foresaw [fɔːˈsɔː] – foreseen [fɔːˈsiːn]	vorhersehen – vorhersah – vorhergesehen
interval [ˈɪntəvəl]	(Halbzeit-)Pause
Robson's name was taken [ˈrɒbsnz]	Robson wurde (durch Zeigen der gelben Karte) verwarnt
a foul on Reid [faʊl]	ein Foul an Reid
the only notable occurrence [ˈnəʊtəbl əˈkʌrəns]	das einzige bemerkenswerte Vorkommnis/Ereignis
open the defence [dɪˈfens]	die Verteidigung/Abwehr öffnen
a delightful move [dɪˈlaɪtfəl ˈmuːv]	ein („reizender") herrlicher Spielzug
cross from the right [krɒs]	von rechts flanken
so that Hughes was able to head the ball down [wəz ˈeɪbl tə ˈhed ðə bɔːl ˈdaʊn]	so daß Hughes den Ball „hinunterköpfen" konnte (→ 19C10)
into the path of Robson [pɑːθ]	in den („Pfad") Lauf von Robson
captain [ˈkæptən]	(Mannschafts-)Kapitän
a left-foot shot [ˈleft fʊt ˈʃɒt]	ein Schuß mit dem linken Fuß
inches too high [ˈɪntʃɪz tuː ˈhaɪ]	einige Zoll zu hoch (1 inch = 2,54 cm)
come even closer to something [ˈkləʊsə]	einer Sache sogar noch näher kommen

Footballer of the Year [ˈfʊtbɔːlə]	Fußballer des Jahres
he advanced to block the shot expertly [ədˈvɑːnst tə ˈblɒk ðə ʃɒt ˈekspɜːtlɪ]	er kam heraus, um den Schuß geschickt abzublocken/abzufangen
the end of regular time [ˈregjʊlə]	das Ende der normalen Spielzeit
the sensational moment [senˈseɪʃnəl ˈməʊmənt]	der sensationelle Augenblick
send a player off [send ə pleɪər ˈɒf]	einen Spieler vom Platz stellen
referee [refəˈriː]	Schiedsrichter
a likeable Irishman [ˈlaɪkəbl ˈaɪərɪʃmən]	ein sympathischer Ire
an ordinary foul [ˈɔːdnrɪ ˈfaʊl]	ein gewöhnliches Foul
the decision was much criticized after the match [dɪˈsɪʒn . . . ˈkrɪtɪsaɪzd . . . mætʃ]	die Entscheidung wurde nach dem Spiel sehr kritisiert (→ 19C11)
furious [ˈfjʊərɪəs]	wütend
twelve instead of ten [ɪnˈsted]	zwölf (an)statt zehn
the score was nil-nil [skɔː . . . nɪl]	der Spielstand war / das Spiel stand null zu null (→ 19C12)
the end of extra time [ˈekstrə]	das Ende der Verlängerung
he steered the shot past him [stɪəd]	er lenkte den Schuß an ihm vorbei
the winning goal [ˈwɪnɪŋ ˈgəʊl]	das Siegtor
title [ˈtaɪtl]	Titel
opinion [əˈpɪnjən]	Meinung
hear [hɪə] – heard [hɜːd] – heard	hören – hörte – gehört
a controversial decision [kɒntrəˈvɜːʃl]	eine umstrittene Entscheidung
turn a boring game into a dramatic one [ˈbɔːrɪŋ]	ein langweiliges Spiel zu einem dramatischen machen / in ein dramatisches verwandeln

19D

a soccer fan [ˈsɒkə fæn]	ein Fußballfan

20A

July [dʒʊˈlaɪ]	Juli (→ 20B4, 20C1)
dear Susan [ˈdɪə ˈsuːzn]	liebe Susan (→ 20C2)
I've been meaning to write to you for some time [ˈmiːnɪŋ tə ˈraɪt]	ich will/wollte dir schon seit längerer Zeit schreiben (→ 20B1, 20B2)
I simply didn't get round to it	ich bin einfach nicht dazu gekommen
hectic [ˈhektɪk]	hektisch
up to the last minute [ˈmɪnɪt]	bis zur letzten Minute
trade fair [ˈtreɪd feə]	(Handels-)Messe
keep [keep] – kept [kept] – kept	halten – hielt – gehalten
May and June [ˈmeɪ ən ˈdʒuːn]	Mai und Juni (→ 20B4)
in between [bɪˈtwiːn]	zwischendurch

take to the road [rəʊd]	(*etwa:*) auf Tour / auf Achse gehen, losfahren/-ziehen
have an operation [ɒpəˈreɪʃn]	sich operieren lassen (→ 20C4)
mainly in the office [ˈmeɪnlɪ]	hauptsächlich im Büro/Innendienst
during the last few years [fjuː]	während der letzten Jahre
I did rather well out in the field [fiːld]	ich habe mich draußen / im Außendienst recht gut geschlagen
sell [sel] – sold [səʊld] – sold	verkaufen – verkaufte – verkauft
software [ˈsɒftweə]	Software; Computerprogramme
the forecast was £60,000 [ðə ˈfɔːkɑːst wəz ˈsɪkstɪ θaʊznd ˈpaʊndz]	„prognostiziert"/angesetzt waren 60000 Pfund
since the beginning of my holiday	seit dem Beginn meines Urlaubs (→ 20B2)
take it easy [ˈiːzɪ]	es leicht nehmen; sich schonen
sleep late [sliːp ˈleɪt] (– slept – slept)	lange schlafen; sich ausschlafen (– schlief – geschlafen)
eat out [iːt ˈaʊt]	auswärts essen; essen gehen
(go) window-shop(ping)	einen Schaufensterbummel machen
browse around in bookshops [braʊz]	in Buchhandlungen stöbern (→ 20C3)
I just idled around [ˈaɪdld əˈraʊnd]	ich habe einfach nur gefaulenzt (→ 20C3)
my idea of a perfect holiday [ˈpɜːfɪkt ˈhɒlədɪ]	meine Vorstellung von einem perfekten/vollkommenen Urlaub
wonderful weather [ˈwʌndəfəl ˈweðə]	herrliches Wetter
temperatures in the eighties	Temperaturen in den Achtzigern (→ 20C5)
Spain or Greece [ˈspeɪn ɔː ˈgriːs]	Spanien oder Griechenland
on the late-night news [ˈnjuːz]	in den Spätnachrichten
the main topic [ˈmeɪn ˈtɒpɪk]	das Hauptthema
topless bathing [ˈtɒpləs ˈbeɪðɪŋ]	Baden oben ohne
at Buckingham Palace [ˈbʌkɪŋəm ˈpæləs]	im Buckingham-Palast (→ 20C6)
a dozen guests [ə ˈdʌzn ˈgests]	ein Dutzend Gäste
faint away [ˈfeɪnt əˈweɪ]	ohnmächtig werden; umfallen
the pubs are running out of beer [bɪə]	den Kneipen geht das Bier aus
ice-cream parlour [ˈaɪs kriːm pɑːlə]	Eisdiele (→ 20C7)
ice cream [aɪs ˈkriːm]	(Speise-)Eis; Eiscreme
air-conditioning system [ˈeə kəndɪʃnɪŋ sɪstəm]	Klimaanlage (→ 20C7)
office tower block [ˈtaʊə blɒk]	Bürohochhaus
unopenable windows [ʌnˈəʊpnəbl]	Fenster, die sich nicht öffnen lassen
endless rain [ˈendləs ˈreɪn]	endloser Regen
produce headlines [prəˈdjuːs ˈhedlaɪnz]	Schlagzeilen liefern
I hope you're doing well	ich hoffe, es geht dir gut (→ 20C9)
how quickly the time has passed! [pɑːst]	wie schnell (doch) die Zeit vergangen ist!

I had a card from Tracey the other day [kɑ:d]	ich bekam neulich eine Karte von Tracey (→ 20C4)
she has passed her final exams ['faɪnl ɪg'zæmz]	sie hat ihre Abschlußprüfungen bestanden (→ 20C10)
exam(ination) [ɪgzæmɪ'neɪʃn]	Prüfung; Examen
she's on a world tour ['wɜ:ld 'tʊə]	sie macht eine Weltreise
she seems determined to enjoy herself [dɪ'tɜ:mɪnd tʊ ɪn'dʒɔɪ əself]	sie scheint entschlossen (zu sein), sich zu amüsieren (→ 20B3)
join the rat race ['dʒɔɪn ðə 'ræt reɪs]	(„sich dem Rattenrennen anschließen") in den Konkurrenzkampf einsteigen
turn out to be something [tɜ:n 'aʊt]	sich als etwas erweisen
do a piece of work [pi:s əv 'wɜ:k]	ein Stück Arbeit / eine Arbeit tun
do [du:] – did [dɪd] – done [dʌn]	tun – tat – getan
post a letter ['pəʊst ə 'letə]	einen Brief auf die Post geben / abschicken
when I've had some lunch [səm 'lʌntʃ]	wenn ich (etwas) zu Mittag gegessen habe (→ 20C4)
redecorate the living room [ri:'dekəreɪt ðə 'lɪvɪŋ rʊm]	das Wohnzimmer neu tapezieren usw. / renovieren (→ 20C11)
plan to do something [plæn]	planen/vorhaben, etwas zu tun
look after yourself [lʊk 'ɑ:ftə jəself]	gib auf dich acht; paß auf dich auf
give my regards to everyone [rɪ'gɑ:dz]	(„gib meine Grüße an jeden") grüß(e) alle von mir (→ 20C12)
at your end [ət 'jɔ:r end]	(„an deinem Ende", *also etwa:*) bei euch (zu Hause / in Australien)
keep in touch! [ki:p ɪn 'tʌtʃ]	(„bleib in Berührung") laß mal wieder von dir hören!
love, Claire ['lʌv 'kleə]	(*etwa:*) alles Liebe, Claire (→ 20C13)

20D

stranger ['streɪndʒə]	Fremde(r)
I'm a stranger here myself	ich bin hier selber fremd (→ 20B3)
a little secret [ə lɪtl 'si:krət]	ein kleines Geheimnis
I haven't polished my shoes ['pɒlɪʃt maɪ 'ʃu:z]	ich habe meine Schuhe nicht geputzt

21A1

telephone operator ['ɒpəreɪtə]	Telefonist(in)
royal ['rɔɪəl]	königlich
I'd like to book a room [ru:m]	ich möchte gern ein Zimmer buchen/reservieren (→ 21C1)
I'll put you through to Reservations [pʊt jə 'θru: tə rezə'veɪʃnz]	ich verbinde Sie mit der (Zimmer-)Reservierung (→ 21B3)
reservation clerk [klɑ:k]	Reservierungssekretärin

I'm calling from Germany ['kɔ:lɪŋ]	ich rufe aus Deutschland an
twin-bedded room ['twɪn 'bedɪd]	Zweibettzimmer (→ 21C2)
that's all right [ɔ:l 'raɪt]	das ist/geht in Ordnung
who's the booking for? ['hu:z ðə bʊkɪŋ 'fɔ:]	für wen ist die Reservierung? (→ 21C3)
spell the surname ['spel ðə 'sɜ:neɪm]	den Familiennamen buchstabieren
o umlaut [əʊ 'ʊmlaʊt]	ö (→ 21C4)
double s ['dʌbl 'es]	Doppel-s
postcode – area code [kəʊd]	Postleitzahl – Ortsnetzkennzahl (→ 21C5)
confirm the booking [kən'fɜ:m]	die Reservierung/Buchung bestätigen
including [ɪn'klu:dɪŋ]	inklusive; einschließlich
V.A.T. (= value-added tax) [vi: eɪ 'ti: / væt]	Mehrwertsteuer
OK / okay [əʊ'keɪ]	okay; in Ordnung; gut; einverstanden

21A2

letter of confirmation [kɒnfə'meɪʃn]	Bestätigung(sschreiben)
manager ['mænɪdʒə]	Geschäftsführer(in)
Park Lane ['pɑ:k 'leɪn]	(„Park-Gasse" – *breite Straße am Londoner Hyde Park mit vornehmen Hotels und Wohnhäusern*)
Dear Sir ['dɪə 'sɜ:]	Sehr geehrter Herr (→ 21C8)
this is to confirm [kən'fɜ:m]	hiermit bestätige ich
we would appreciate a quiet room [wɪ wəd ə'pri:ʃɪeɪt ə 'kwaɪət ru:m]	wir wären für ein ruhiges Zimmer dankbar (→ 21C9)
I understand the rate per night will be £43 ['reɪt pə 'naɪt]	wie Sie mir sagten, ist der Zimmerpreis pro Nacht 43 Pfund
around 5 p.m. ['faɪv pi: 'em]	gegen 17 Uhr (→ 21C6, 20C3)
we shall be leaving before 11 a.m. [ʃəl bɪ 'li:vɪŋ]	wir werden vor 11 Uhr abreisen (→ 21B1, 21B2)
Yours faithfully [jɔ:z 'feɪθfəlɪ]	hochachtungsvoll (→ 21C11)

21A3

make a date with someone [deɪt]	sich mit jem. verabreden
what a surprise! [sə'praɪz]	was für eine Überraschung! (→ 21C13)
I just wanted to let you know	ich wollte dir nur mitteilen/sagen
Tuesday ['tju:zdɪ]	Dienstag
we were wondering if we could meet ['wʌndərɪŋ]	wir überlegten, ob wir uns treffen könnten (→ 21C14)
that'd (= that would) be great [greɪt]	das wäre großartig
you'll be flying, I take it ['flaɪɪŋ]	ihr werdet doch sicher fliegen (→ 21B1)
Heathrow (Airport) [hi:θ'rəʊ / 'hi:θrəʊ 'eəpɔ:t]	(der Londoner Hauptflughafen, → 21C16)
at ten past three ['ten pɑ:st 'θri:]	um zehn nach drei (→ 21C15)

I could arrange to meet you [əˈreɪndʒ]	ich könnte es einrichten, daß ich euch abhole
terminal [ˈtɜːmɪnl]	Terminal (*etwa* = Abfertigungshalle)
drive out all the way to H. [draɪv]	den ganzen Weg nach H. rausfahren
we can just as easily take the Tube [ˈiːzəlɪ]	wir können genausogut die U-Bahn nehmen
it'll be hardly any trouble at all [ˈtrʌbl]	es macht fast überhaupt keine Umstände
halfway between [ˈhɑːlfweɪ bɪˈtwiːn]	auf halbem Weg(e) zwischen
the West End [west ˈend]	das (Londoner) West End (→ 21C16)
I was going to take the afternoon off anyway [ˈenɪweɪ]	ich wollte den Nachmittag sowieso freinehmen (→ 21C17, 21B3)
make a detour [ˈdiːtʊə]	einen Umweg machen
I'll take you into town with me	ich werde euch mit in die Stadt nehmen
if you haven't got anything planned	wenn ihr nichts vorhabt
we'd like to take you out to dinner	wir würden euch gern einladen, mit uns essen zu gehen / zum Essen einladen
dinner [ˈdɪnə]	Abendessen (*als Hauptmahlzeit, sonst auch:* Mittagessen)
have dinner at our place [pleɪs]	bei uns zu Abend essen
I'm into Japanese cooking at the moment [dʒæpəˈniːz kʊkɪŋ]	„ich stehe im Moment auf japanische Küche"
that's hard to resist [rɪˈzɪst]	dem ist schwer zu widerstehen
we'll be delighted to come [dɪˈlaɪtɪd]	wir werden („entzückt sein zu kommen") sehr gern kommen; wir kommen sehr gern
thanks a lot! [ˈθæŋks ə ˈlɒt]	vielen herzlichen / tausend Dank!
we're looking forward to seeing you again [ˈfɔːwəd]	wir freuen uns darauf, euch wiederzusehen (→ 21C18)
give my love to Sabine [lʌv]	grüß(e) Sabine herzlich von mir

22A

symbol of a past age [ˈsɪmbl əv ə ˈpɑːst ˈeidʒ]	Symbol eines vergangenen Zeitalters
on April 15 [ˈeɪprəl ðə fɪfˈtiːnθ]	am 15. April
it became known [bɪkeɪm ˈnəʊn]	es wurde bekannt
the most luxurious ship [ləgˈʒʊərɪəs]	das luxuriöseste Schiff
sink [sɪŋk] – sank [sæŋk] – sunk [sʌŋk]	sinken – sank – gesunken
the Atlantic Ocean [ətˈlæntɪk ˈəʊʃn]	der Atlantische Ozean
just five days after leaving Southampton [saʊˈθæmtən]	nur fünf Tage, nachdem sie von Southampton ausgelaufen war (→ 22C1)
voyage [ˈvɔɪɪdʒ]	(See-)Reise
maiden voyage [ˈmeɪdn vɔɪɪdʒ]	Jungfernfahrt
shortly after 11.40 p.m. [ˈʃɔːtlɪ]	kurz nach 23.40 Uhr (→ 22C3)
strike [straɪk] – struck [strʌk] – struck	schlagen – schlug – geschlagen

strike an iceberg ['aɪsbɜ:g]	auf einen Eisberg auflaufen
south of Newfoundland ['nju:fəndlənd]	südlich von Neufundland
luxury liner ['lʌkʃərɪ 'laɪnə]	Luxusdampfer
on board [bɔ:d]	an Bord
all the reports agreed that ... [rɪ'pɔ:ts ə'gri:d]	alle Berichte stimmten darin überein, daß ...
most of them had lost their lives [laɪvz]	die meisten von ihnen waren ums Leben gekommen (→ 22C4)
unfortunately [ʌn'fɔ:tʃnətlɪ]	unglücklicherweise
when more exact information was available [ə'veɪləbl]	als genauere Informationen vorlagen (→ 22C5)
it was found [faʊnd]	(*hier etwa:*) es stellte sich heraus
crew [kru:]	Mannschaft; Besatzung (→ 22C6)
survive [sə'vaɪv]	überleben
they were deeply shocked by ...	sie waren tief erschüttert über ...
regard something as a great engineering feat [endʒɪ'nɪərɪŋ fi:t]	etwas als eine technische Großtat ansehen
the greatest engineering feat ['greɪtɪst]	(*etwa:*) die größte technische Meisterleistung
consider a ship unsinkable [ʌn'sɪŋkəbl]	ein Schiff für unsinkbar halten
don't worry ['wʌrɪ]	machen Sie sich keine Sorgen
God himself could not sink this ship ['gɒd ɪm'self]	Gott selber könnte dieses Schiff nicht zum Sinken bringen (→ 22C7, 22C8)
sailor ['seɪlə]	Seemann; Matrose
an anxious passenger ['æŋkʃəs]	ein besorgter/ängstlicher Passagier (→ 22C9)
on embarkation [embɑ:'keɪʃn]	bei der Einschiffung
people's confidence in technology ['kɒnfɪdəns ɪn tek'nɒlədʒɪ]	das Vertrauen der Menschen zur Technik
boundless confidence ['baʊndləs]	grenzenloses Vertrauen
their confidence was badly shaken ['ʃeɪkən]	ihr Vertrauen war schwer erschüttert
ask critical questions ['krɪtɪkl]	kritische Fragen stellen
go at full speed [ət 'fʊl 'spi:d]	mit Höchstgeschwindigkeit / mit voller Kraft fahren
in spite of warnings ['wɔ:nɪŋz]	trotz Warnungen
lifeboat ['laɪfbəʊt]	Rettungsboot
for half the people [hɑ:f]	für die Hälfte der Menschen (→ 22C11)
only partly filled ['pɑ:tlɪ 'fɪld]	nur halb gefüllt/besetzt
a vessel passed quite close to the Titanic ['vesl ... kwaɪt 'kləʊs]	ein Schiff fuhr ganz dicht an der Titanic vorbei (→ 22C12)
ignore distress signals [ɪg'nɔ: dɪ'stres sɪgnəlz]	Notsignale ignorieren / nicht beachten
it turned out to have been the Californian [kælɪ'fɔ:njən]	es stellte sich heraus, daß es die Californian gewesen war (→ 22C14)

passenger liner [ˈpæsɪndʒə laɪnə]	Passagierschiff
stop the engines [ˈendʒənz]	die Maschinen stoppen
witness [ˈwɪtnəs]	Zeuge; Zeugin
distance [ˈdɪstəns]	Entfernung; Abstand
the captain claimed [kleɪmd]	der Kapitän behauptete
they could have been saved [seɪvd]	sie hätten gerettet werden können (→ 22C15)
react to signals [rɪˈækt tə ˈsɪgnəlz]	auf Signale reagieren
come to someone's rescue [ˈreskjuː]	jemandem zu Hilfe kommen
pick up passengers [ˈpɪk ʌp ˈpæsɪndʒəz]	Passagiere aufnehmen/bergen
as a result of the disaster [rɪˈzʌlt]	infolge der Katastrophe
stricter safety regulations [ˈseɪftɪ]	strengere Sicherheitsbestimmungen
introduce stricter regulations [ɪntrəˈdjuːs ˈstrɪktə regjʊˈleɪʃnz]	strengere Vorschriften einführen
establish an international iceberg patrol [ɪˈstæblɪʃ . . . pəˈtrəʊl]	einen internationalen Eisbergwarndienst einrichten
the sinking of the Titanic [taɪˈtænɪk]	der Untergang der Titanic
tell (– told – told) a story	eine Geschichte erzählen
at least seven films [ət ˈliːst]	mindestens sieben Filme
live on [lɪv ˈɒn]	weiterleben
adventurer [ədˈventʃərə]	Abenteurer(in)
dream [driːm] – dreamt [dremt] – dreamt	träumen – träumte – geträumt
dream of raising the wreck [rek]	davon träumen, das Wrack zu heben
a team of French scientists [ˈfrentʃ ˈsaɪəntɪsts]	eine Gruppe von französischen Wissenschaftlern
discover something [dɪsˈkʌvə]	etwas entdecken
photograph something [ˈfəʊtəgrɑːf]	etwas fotografieren
$2^1/_2$ (two and a half) miles down	$2^1/_2$ Meilen (= 4 Kilometer) tief
the North Atlantic [ˈnɔːθ ətˈlæntɪk]	der Nordatlantik
on the ocean floor [ˈəʊʃn ˈflɔː]	auf dem Boden des Ozeans
the sea was calm [ðə ˈsiː wəz ˈkɑːm]	die See / das Meer war ruhig (→ 22C16)
on that icy night [ˈaɪsɪ]	in jener/dieser eisigen Nacht
the ship had stopped being a ghost [ˈstɒpt biːɪŋ ə ˈgəʊst]	das Schiff hatte aufgehört, ein Geist/Gespenst zu sein
did it have any secrets? [ˈsiːkrəts]	hatte es irgendwelche Geheimnisse? (→ 22B3, 22C2)
and if so [ən ɪf ˈsəʊ]	und wenn ja / wenn dem so war
give up a secret [ˈgɪv ʌp ə ˈsiːkrət]	ein Geheimnis preisgeben
the ship's exact location [ləʊˈkeɪʃn]	die genaue Position des Schiffes
conclusion [kənˈkluːʒn]	Schlußfolgerung
they could have been rescued [ˈreskjuːd]	sie hätten gerettet werden können (→ 22C15)
no one need have died [niːd əv ˈdaɪd]	niemand hätte zu sterben brauchen (→ 22C18)

22B

the survivors [sə'vaɪvəz]	die Überlebenden

22D

inquiry [ɪn'kwaɪərɪ]	Untersuchung
seafarer ['siːfeərə]	(*selten:*) Seefahrer, -mann

United States (excluding Alaska)

D A
Lake Superior
SOTA
MICHIGAN
Lake Huron
WISCONSIN
apolis
Milwaukee
Lake Michigan
O W A
Davenport
Chicago
ILLINOIS
INDIANA
Indianapolis
St. Louis
MISSOURI
OZARK
PLATEAU
rkansas
ARKANSAS
Memphis
TENNESSEE
Nashville
KENTUCKY
Louisville
Ohio
Cincinnati
OHIO
Cleveland
Lake Erie
Niagara Falls
Lake Ontario
Buffalo
St. Lawrence
NEW YORK
PENNSYLVANIA
Pittsburgh
Philadelphia
WEST VIRGINIA
VIRGINIA
MARYLAND
Washington D.C.
DELAWARE
NEW JERSEY
New York
CONN.
RHODE ISLAND
MASS.
Boston
Cape Cod
VERMONT
NEW HAMPSHIRE
MAINE
Portland
C. Sable
APPALACHIAN MTS
NORTH CAROLINA
C. Hatteras
SOUTH CAROLINA
Columbia
Charleston
Atlanta
GEORGIA
Birmingham
ALABAMA
MISSISSIPPI
Mississippi
LOUISIANA
New Orleans
Galveston
Jacksonville
FLORIDA
Cape Canaveral
West Palm Beach
Miami
Key West
STRAITS OF FLORIDA
BAHAMAS
Nassau
CUBA
ATLANTIC OCEAN
GULF OF MEXICO

SHETLAND IS.
Lerwick
ORKNEY IS.
Kirkwall
PENTLAND FIRTH
Stornoway
MORAY FIRTH
Inverness
HEBRIDES
Aberdeen
SCOTLAND
Dundee
Perth
Oban
Stirling
FIRTH OF FORTH
Edinburgh
Glasgow
Ayr
FIRTH OF CLYDE
NORTH SEA
ATLANTIC OCEAN
Newcastle
Carlisle
SOLWAY FIRTH
NORTHERN IRELAND
Belfast
ENGLAND
York
ISLE OF MAN
Bradford
Leeds
Hull
IRISH SEA
REPUBLIC OF IRELAND
Liverpool
Manchester
Sheffield
Dublin
ANGLESEY
Stoke
Nottingham
THE WASH
Leicester
Norwich
Birmingham
Coventry
WALES
Cambridge
Stratford
Cork
Oxford
Swansea
Cardiff
Bristol
LONDON
BRISTOL CHANNEL
Canterbury
Winchester
Calais
Southampton
Portsmouth
Exeter
ISLE OF WIGHT
Plymouth
ENGLISH CHANNEL
SCILLY IS
0 50 100 MILES
CHANNEL IS.
FRANCE

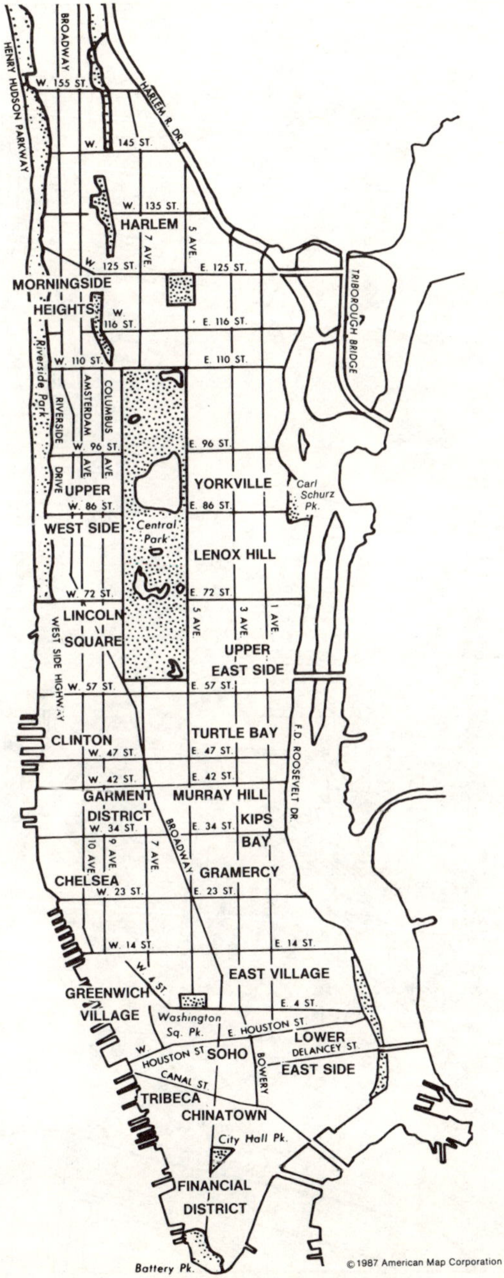
HENRY HUDSON PARKWAY
BROADWAY
W. 155 ST.
HARLEM R. DR.
W. 145 ST.
W. 135 ST.
HARLEM
7 AVE.
5 AVE.
W. 125 ST.
E. 125 ST.
TRIBOROUGH BRIDGE
MORNINGSIDE
HEIGHTS
W. 116 ST.
E. 116 ST.
Riverside Park
W. 110 ST.
E. 110 ST.
RIVERSIDE DRIVE
AMSTERDAM AVE
COLUMBUS AVE
W. 96 ST.
E. 96 ST.
UPPER
WEST SIDE
YORKVILLE
Carl Schurz Pk.
W. 86 ST.
E. 86 ST.
Central Park
LENOX HILL
W. 72 ST.
E. 72 ST.
LINCOLN
SQUARE
WEST SIDE HIGHWAY
5 AVE.
3 AVE.
1 AVE.
UPPER
EAST SIDE
W. 57 ST.
E. 57 ST.
TURTLE BAY
F.D. ROOSEVELT DR.
CLINTON
W. 47 ST.
E. 47 ST.
W. 42 ST.
E. 42 ST.
GARMENT
DISTRICT
MURRAY HILL
W. 34 ST.
E. 34 ST.
KIPS
BAY
BROADWAY
10 AVE.
9 AVE.
7 AVE.
CHELSEA
GRAMERCY
W. 23 ST.
E. 23 ST.
W. 14 ST.
E. 14 ST.
W. 4 ST.
EAST VILLAGE
GREENWICH
VILLAGE
E. 4 ST.
Washington Sq. Pk.
E. HOUSTON ST.
LOWER
EAST SIDE
W. HOUSTON ST.
SOHO
BOWERY
DELANCEY ST.
CANAL ST.
TRIBECA
CHINATOWN
City Hall Pk.
FINANCIAL
DISTRICT
Battery Pk.
© 1987 American Map Corporation

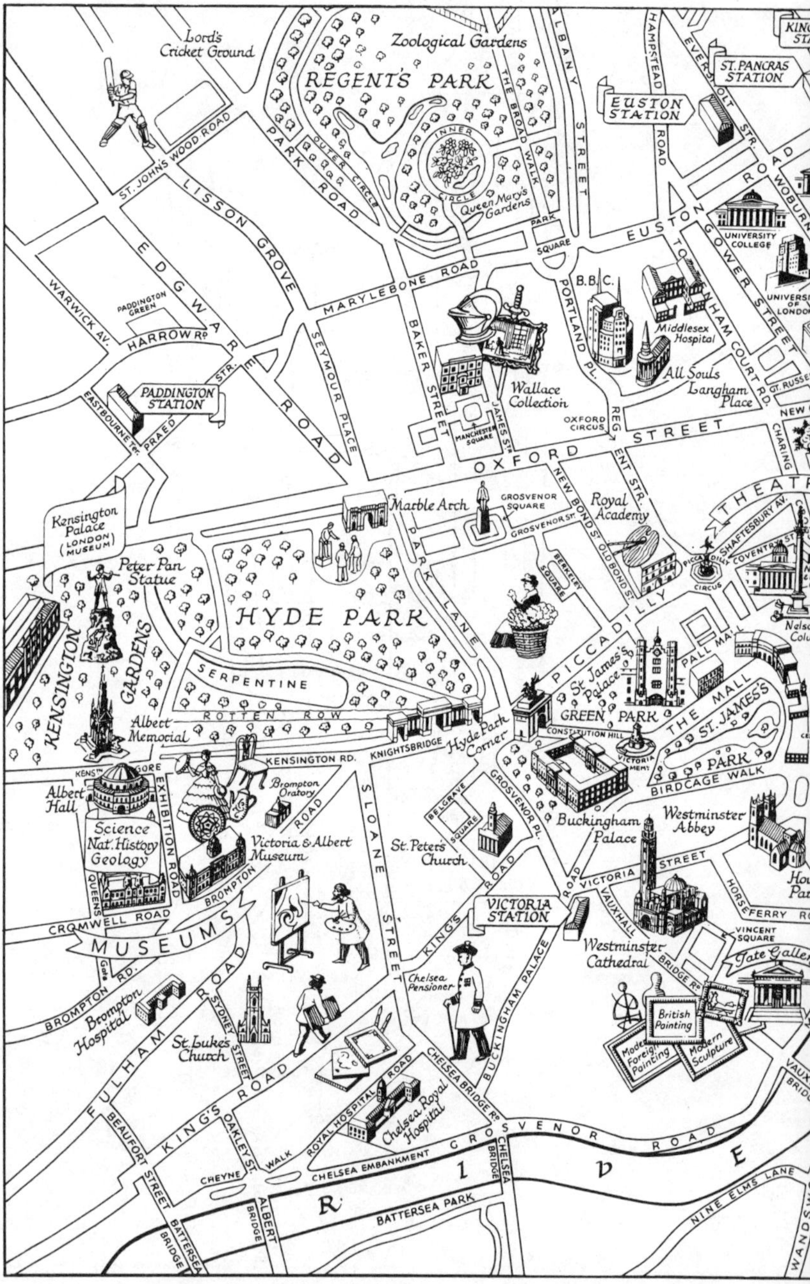
Lord's Cricket Ground
Zoological Gardens
REGENT'S PARK
ST. PANCRAS STATION
EUSTON STATION
HAMPSTEAD ROAD
ALBANY STREET
THE BROAD WALK
INNER CIRCLE
OUTER CIRCLE
Queen Mary's Gardens
PARK SQUARE
PARK ROAD
ST. JOHNS WOOD ROAD
LISSON GROVE
EDGWARE ROAD
WARWICK AV.
PADDINGTON GREEN
HARROW RD
PADDINGTON STATION
EASTBOURNE TER.
PRAED STR.
MARYLEBONE ROAD
EUSTON ROAD
UNIVERSITY COLLEGE
GOWER STREET
TOTTENHAM COURT RD.
B.B.C.
PORTLAND PL.
Middlesex Hospital
All Souls Langham Place
BAKER STREET
SEYMOUR PLACE
Wallace Collection
MANCHESTER SQUARE
JAMES STR.
OXFORD CIRCUS
REGENT STR.
OXFORD STREET
CHARING
NEW BOND ST
OLD BOND ST.
Marble Arch
GROSVENOR SQUARE
GROSVENOR ST.
Royal Academy
BERKELEY SQUARE
SHAFTESBURY AV.
COVENTRY ST.
PICCADILLY CIRCUS
Kensington Palace (LONDON MUSEUM)
Peter Pan Statue
KENSINGTON GARDENS
HYDE PARK
PARK LANE
PICCADILLY
SERPENTINE
ROTTEN ROW
Albert Memorial
St James's Palace
PALL MALL
GREEN PARK
CONSTITUTION HILL
VICTORIA MEM'L
THE MALL
ST. JAMES'S PARK
BIRDCAGE WALK
Hyde Park Corner
KNIGHTSBRIDGE
KENSINGTON RD.
KENS'TN GORE
Albert Hall
EXHIBITION ROAD
Brompton Oratory
Science Nat. History Geology
QUEENS GATE
Victoria & Albert Museum
BROMPTON ROAD
SLOANE STREET
BELGRAVE SQUARE
St. Peter's Church
GROSVENOR PL.
Buckingham Palace
Westminster Abbey
VICTORIA STREET
HORSEFERRY RD
VICTORIA STATION
VAUXHALL BRIDGE RD.
VINCENT SQUARE
Westminster Cathedral
CROMWELL ROAD
MUSEUMS
BROMPTON RD.
Brompton Hospital
FULHAM ROAD
SYDNEY STREET
KING'S ROAD
Chelsea Pensioner
BUCKINGHAM PALACE ROAD
St. Luke's Church
British Painting
Modern Sculpture
ROYAL HOSPITAL ROAD
CHELSEA BRIDGE RD
Chelsea Royal Hospital
BEAUFORT STREET
OAKLEY ST.
CHEYNE WALK
CHELSEA EMBANKMENT
GROSVENOR ROAD
CHELSEA BRIDGE
NINE ELMS LANE
BATTERSEA PARK
ALBERT BRIDGE
BATTERSEA BRIDGE

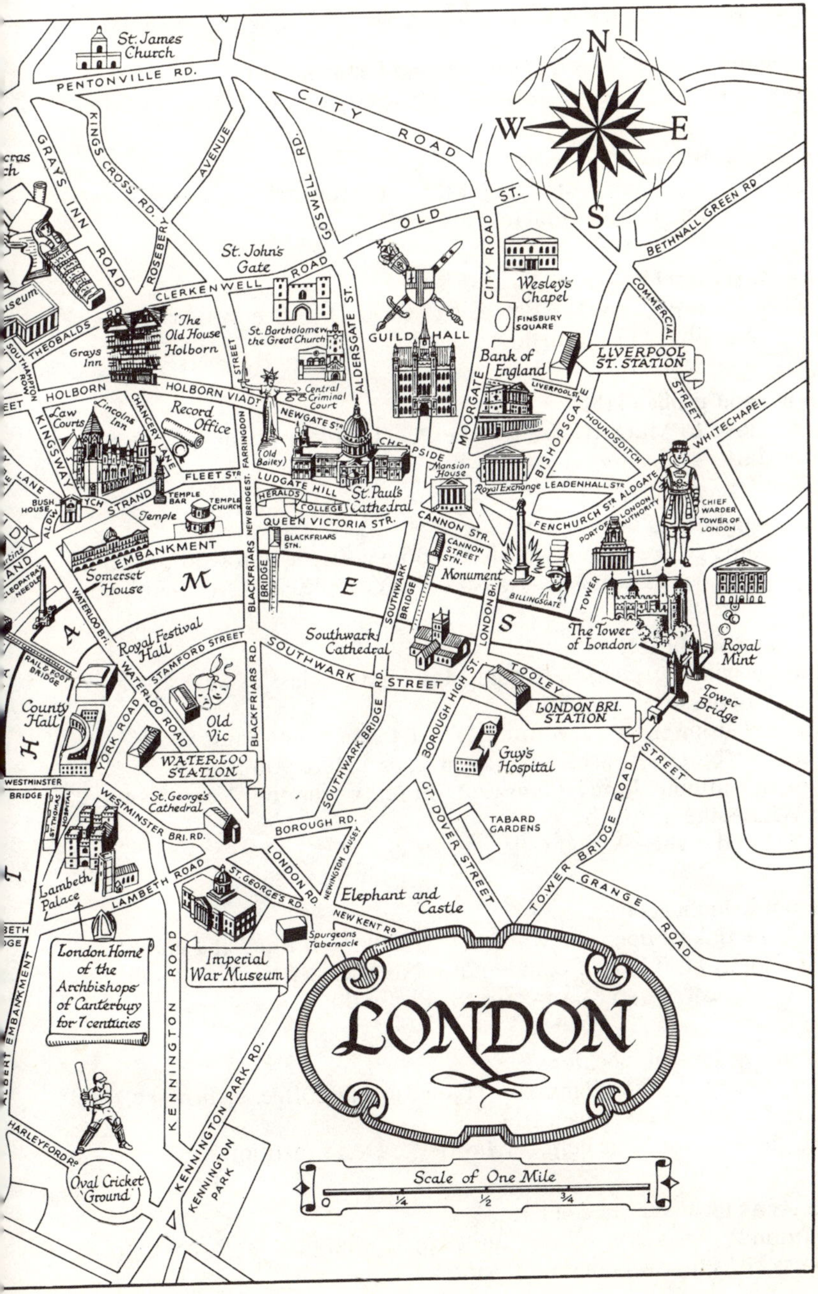
St. James Church
PENTONVILLE RD.
CITY ROAD
GRAYS INN ROAD
KINGS CROSS RD.
ROSEBERY AVENUE
GOSWELL RD.
OLD ST.
CITY ROAD
BETHNALL GREEN RD
N
S
E
W
St. John's Gate
CLERKENWELL ROAD
Museum
THEOBALDS RD
SOUTHAMPTON ROW
"The Old House" Holborn
Grays Inn
St. Bartholomew the Great Church
ALDERSGATE ST.
GUILD HALL
MOORGATE
Wesley's Chapel
FINSBURY SQUARE
COMMERCIAL STREET
LIVERPOOL ST. STATION
Bank of England
LIVERPOOL ST.
HOLBORN
HOLBORN VIADT.
Central Criminal Court
Record Office
Law Courts
Lincolns Inn
CHANCERY LANE
KINGSWAY
NEWGATE STR.
(Old Bailey)
FARRINGDON ST.
CHEAPSIDE
HOUNDSDITCH
BISHOPSGATE
WHITECHAPEL
FLEET STR.
LUDGATE HILL
HERALDS COLLEGE
St. Paul's Cathedral
Mansion House
Royal Exchange
LEADENHALL STR.
ALDGATE
CHIEF WARDER TOWER OF LONDON
STRAND
TEMPLE BAR
TEMPLE CHURCH
Temple
BUSH HOUSE
ALDWYCH
NEW BRIDGE ST.
QUEEN VICTORIA STR.
BLACKFRIARS STN.
CANNON STR.
CANNON STREET STN.
FENCHURCH STR.
PORT OF LONDON AUTHORITY
EMBANKMENT
Somerset House
THAMES
CLEOPATRA'S NEEDLE
BLACKFRIARS BRIDGE
SOUTHWARK BRIDGE
Monument
LONDON BRI.
BILLINGSGATE
TOWER HILL
The Tower of London
Royal Mint
Tower Bridge
WATERLOO BRI.
RAIL & FOOT BRIDGE
Royal Festival Hall
STAMFORD STREET
Southwark Cathedral
SOUTHWARK STREET
TOOLEY STREET
LONDON BRI. STATION
County Hall
WATERLOO ROAD
Old Vic
BLACKFRIARS RD.
SOUTHWARK BRIDGE RD.
BOROUGH HIGH ST.
Guy's Hospital
YORK ROAD
WATERLOO STATION
WESTMINSTER BRIDGE
ST. THOMAS HOSPITAL
St. George's Cathedral
WESTMINSTER BRI. RD.
BOROUGH RD.
GT. DOVER STREET
TABARD GARDENS
TOWER BRIDGE ROAD
LONDON RD.
NEWINGTON CAUSEY
ST. GEORGE'S RD.
Lambeth Palace
LAMBETH ROAD
Elephant and Castle
NEW KENT RD.
GRANGE ROAD
Spurgeons Tabernacle
London Home of the Archbishops of Canterbury for 7 centuries
Imperial War Museum
KENNINGTON ROAD
KENNINGTON PARK RD.
ALBERT EMBANKMENT
LONDON
HARLEYFORD RD.
Oval Cricket Ground
KENNINGTON PARK
Scale of One Mile
0 ¼ ½ ¾ 1

Alltagsredensarten – Was man sagt . . .

(* Beachten Sie: *Answer* bedeutet „eine mögliche Antwort“, nicht „die einzig mögliche Antwort“.)

1. Wenn man jemand vorgestellt wird bzw. jemand kennenlernt:
How do you do. / How d'ye do. – (*Answer**:) How do you do. / How d'ye do.

2. Wenn man eine(n) Bekannte(n) trifft:
Hello, Bill/Jane. / Hi, Bill/Jane. / Morning, Bill/Jane. How are you? – (*Answer**:) Fine, thanks. / Very well, thank you. How are *you*?

3. Wenn man sich verabschiedet:
Goodbye. / Cheerio. / Bye(-bye). / Be seeing you. / (I'll) See you (later/soon/tomorrow/etc.). / So long. / Goodnight.

4. Wenn man jemand grüßen läßt:
Give my regards/love to Mark/Rita. – (*Answer**:) (Thanks,) I will.
Say hello/hi to Mark. – (*Answer**:) Yes, I will.

5. Wenn man jemand etwas anbieten möchte:
Would you like some coffee? / Will you have some coffee? / (How about some) Coffee? / May I offer you a whisky? – (*Answer**:) Yes, please. / No, thank you.

6. Wenn man um etwas bittet:
Could you shut the window, please? / Could/May I have a glass of water, please? – (*Answer**:) Yes, of course.
Would you mind waiting (for) a few minutes? – (*Answer**:) No, not at all.
Would you pass the butter, please? – (*No answer, or:*) Here you are.
Could I see you for a minute, John? – (*Answer**:) Sure. / Certainly. / Yes, of course. / What's up? / What's the problem?
A (cup of) coffee and a cheese sandwich, please.

7. Wenn man um Erlaubnis bittet:
Do you mind if I smoke / open the window? / Would you mind if I smoked? – (*Answer**:) No, not at all. / No, of course not. / No, please do. / No, go ahead.
May I come in? – (*Answer**:) Yes, of course. / Please do.

8. Wenn man sich bedanken möchte:
Thank you (very much). / (Many) Thanks. / Thanks for the coffee. – (*Answer**:) Not at all. / That's all right. / You're welcome.
I'm very/really grateful for your help. – (*Answer**:) Don't mention it.

9. Wenn man etwas nicht verstanden hat:
I beg your pardon? / I'm sorry, I didn't quite catch what you said / get that.
What did you say? / What was that (you said)?

10. Wenn man sich entschuldigen möchte:
(I'm very/so) Sorry. / It was *my* fault (entirely). – (*Answer**:) That's all right. / Not to worry. / No harm done.
Sorry I'm (so) late. / I do apologize. – (*Answer**:) That's all right. We haven't started yet. / We were just about to begin.
I'm terribly sorry. / I really am sorry.
I'm sorry, but I have to go now. / I'm afraid I have to go now.
(*Z.B. wenn man durch-/vorbeimöchte:*) Excuse me, please.
Excuse me, can you tell me where the Royal Hotel is, please? / Excuse me, could you tell me how to get to the station, please?

11. Wenn man vom Wetter redet:
What nasty/awful/terrible/horrible/wretched weather!
Nice weather we're having(, isn't it?).
Let's hope it keeps fine for the weekend.
It's very/rather warm/cold today, isn't it?
They say it's going to rain/snow / get warmer/colder.
Looks like rain / Looks as if it's going to rain, doesn't it?
A bit cold / Quite warm/mild for the time of (the) year, isn't it?
What was the weather like in Ireland?

12. Wenn man jemand zu etwas einladen möchte:
Would you like to have tea with us this afternoon? – (*Answer**:) Yes, I'd love to. Thank you very much.
Would you like to come over for dinner tomorrow night? – (*Answer**:) Oh, I'd love to but I'm afraid I can't. You see, . . .
Are you free on Wednesday night at all? I thought we could perhaps go to the cinema together. – (*Answer**:) That sounds like a good idea. What's on?
Shall we have a drink? / Shall we go out for a drink tonight? – (*Answer**:) Yes, (that's a) good idea.

13. Wenn man jemand Gutes / Glück / gute Besserung wünscht:
Have a good/nice time. Enjoy yourself. – (*Answer**:) Thanks, I'm sure I will.
Good luck. / Best of luck. – (*Answer**:) Thanks.
Have a nice holiday. – (*Answer**:) Thanks, you too.
Merry Christmas. / Happy New Year. – (*Answer**:) Merry Christmas. / Happy New Year. / And the same to you.
Many happy returns. – (*Answer**:) Thank you.
(I hope you) Get better soon. / Get well soon(, won't you?).

14. Wenn man Bedauern, Anteilnahme, Beileid ausdrücken möchte:
We lost half a day because we missed our plane. – (*Answer**:) How annoying.
I'm afraid I can't come. I'm in bed with flu. – (*Answer**:) Oh, I'm sorry to hear that. / You poor thing.

I've lost the ring my husband gave me for my fiftieth birthday. – (*Answer*:) That's awful. / Oh dear.
Would you believe we had nothing but rain on our holiday. – (*Answer*:) Oh, no. / Oh, bad luck.
My father's had a heart attack. – (*Answer*:) Oh, I'm (very) sorry to hear that.
My mother died / (*AE bzw. Schriftenglisch:*) passed away yesterday morning. – (*Answer*:) Oh, I'm so/very sorry to hear that.

15. Wenn man telefoniert:
Hello. (This is) Brian here/speaking. Can/Could I speak/talk to Annie, please? / May/Could I have a word with Annie, please? / Is Annie there, please? – (*Answer*:) Hang on / Hold on a moment. / Just a moment, please. I'll see if she's in / if she's at home.
I'm afraid she's not in/here. Would you like me to take a message? / Can I take a message? – (*Answer*:) Yes, could you ask her to ring/call me when she gets back / when she comes home?
Could I speak to Mrs Turner, please? / I'd like to speak to Mrs Turner, please. – (*Answer*:) Hold the line, please, I'll put you through. / There's no Mrs Turner here. I think you must have the wrong number.

Ergänzungswortschatz zum Volkshochschul-Zertifikat

1 Person

1.1 Name, Familienstand, Geschlecht etc.
adult ['ædʌlt] *Erwachsene(r)*
baby ['beɪbɪ] *Baby, Säugling*
divorced [dɪ'vɔ:st] *geschieden*
engaged [ɪn'geɪdʒd] *verlobt*
female ['fi:meɪl] *weiblich*
girl [gɜ:l] *Mädchen*
male [meɪl] *männlich*
Miss [mɪs] *Fräulein*
Ms [məz] *Frau (besonders schriftsprachliche Anredeform, die nicht zwischen Frau od. Fräulein unterscheidet)*
sex [seks] *Geschlecht*

1.2 Lernen, Schule, Sprachunterricht
class [klɑ:s] *Klasse*
college ['kɒlɪdʒ] *College, (Fach-)Hochschule*
dictionary ['dɪkʃənrɪ] *Wörterbuch*
education [edjʊ'keɪʃn] *(Aus)Bildung*
exercise ['eksəsaɪz] *Übung*
experience [ɪk'spɪərɪəns] *Erfahrung*
guess [ges] *(er)raten*
knowledge ['nɒlɪdʒ] *Wissen*
lesson ['lesn] *(Unterrichts-)Stunde, Lektion*
meaning ['mi:nɪŋ] *Bedeutung*
method ['meθəd] *Methode*
mind [maɪnd] *Verstand, Geist*
mistake [mɪ'steɪk] *Fehler*
practice ['præktɪs] *(das) Üben, Übung*
practise ['præktɪs] *üben*
pronounce [prə'naʊns] *aussprechen*
pupil ['pju:pl] *Schüler(in)*
science ['saɪəns] *(Natur-)Wissenschaft*
slang [slæŋ] *Slang, Jargon*
student ['stju:dənt] *Student(in)*
study ['stʌdɪ] *studieren*
subject ['sʌbdʒɪkt] *Fach, Thema*
teach [ti:tʃ] *unterrichten*
teacher ['ti:tʃə] *Lehrer(in)*
test [test] *(Prüfungs-)Arbeit*
university [ju:nɪ'vɜ:sɪtɪ] *Universität*

1.3 Beruf, Tätigkeit (vgl. 4.1)
actress ['æktrɪs] *Schauspielerin*
expert ['ekspɜ:t] *Experte, Expertin*
housewife ['haʊswaɪf] *Hausfrau*
living ['lɪvɪŋ] *(Lebens-)Unterhalt*
profession [prə'feʃn] *Beruf*
professional [prə'feʃnəl] *professionell, Profi-*
specialist ['speʃəlɪst] *Spezialist(in)*
typist ['taɪpɪst] *Stenotypist(in)*
workman ['wɜ:kmən] *Handwerker*

1.4 Aussehen, Eigenschaften
alike [ə'laɪk] *gleich, ähnlich*
attractive [ə'træktɪv] *attraktiv*
beard [bɪəd] *Bart*
careless ['keələs] *nachlässig, achtlos*
charming ['tʃɑ:mɪŋ] *reizend, liebenswürdig*
clever ['klevə] *klug, gescheit*
fat [fæt] *dick, fett*
figure ['fɪgə] *Figur*
fool [fu:l] *Narr, Dummkopf*
generous ['dʒenrəs] *großzügig*
good-looking ['gʊd-'lʊkɪŋ] *gutaussehend*
habit ['hæbɪt] *Gewohnheit*
helpful ['helpfəl] *hilfreich, hilfsbereit*
humour ['hju:mə] *Humor*
intelligent [ɪn'telədʒənt] *intelligent*
lazy ['leɪzɪ] *faul*
lovely ['lʌvlɪ] *entzückend, reizend*
mad [mæd] *verrückt*
nasty ['nɑ:stɪ] *widerlich*
nervous ['nɜ:vəs] *nervös, ängstlich*
polite [pə'laɪt] *höflich*
proud [praʊd] *stolz*
silly ['sɪlɪ] *albern*
skilful ['skɪlfəl] *geschickt*
skill [skɪl] *Geschick*
slim [slɪm] *schlank*
stupid ['stju:pɪd] *dumm*
tall [tɔ:l] *groß*
weak [wi:k] *schwach*
wise [waɪz] *klug, weise*

1.5 Familie, Gruppe, persönliche Beziehungen
aunt [ɑ:nt] *Tante*
brother ['brʌðə] *Bruder*
crowd [kraʊd] *(Menschen-)Menge*
father ['fɑ:ðə] *Vater*
husband ['hʌzbənd] *(Ehe-)Mann*

invitation [ɪnvɪˈteɪʃn] *Einladung*
invite [ɪnˈvaɪt] *einladen*
kiss [kɪs] *küssen, Kuß*
member [ˈmembə] *Mitglied*
parents [ˈpeərənts] *Eltern*
partner [ˈpɑːtnə] *Partner(in)*
relationship [rɪˈleɪʃnʃɪp] *Beziehung*
sister [ˈsɪstə] *Schwester*
son [sʌn] *Sohn*
uncle [ˈʌŋkl] *Onkel*

1.6 Freizeitbeschäftigungen, Sport (vgl. 5.5)
beat [biːt] *schlagen*
hobby [ˈhɒbɪ] *Hobby, Steckenpferd*
motorboat [ˈməʊtəbəʊt] *Motorboot*
music [ˈmjuːzɪk] *Musik*
piano [pɪˈænəʊ] *Klavier*
ride [raɪd] *reiten*
sing [sɪŋ] *singen*
song [sɒŋ] *Lied*
toy(s) [tɔi(z)] *Spielzeug*
walk [wɔːk] *Spaziergang*

1.7 Gefühle, Stimmungen, (Ab-)Neigungen
angry [ˈæŋgrɪ] *ärgerlich, böse*
be ashamed [əˈʃeɪmd] *sich schämen*
disappointed [dɪsəˈpɔɪntɪd] *enttäuscht*
embarrassed [ɪmˈbærəst] *verlegen*
fear [fɪə] *Furcht, Angst*
feeling [ˈfiːlɪŋ] *Gefühl*
grateful [ˈgreɪtfəl] *dankbar*
interest [ˈɪntrəst] *Interesse*
laugh [lɑːf] *lachen*
merry [ˈmerɪ] *fröhlich*
mind [maɪnd] *etwas dagegen haben*
mood [muːd] *Stimmung*
pleased [pliːzd] *erfreut*
prefer [prɪˈfɜː] *(es) vorziehen*
regret [rɪˈgret] *bedauern*
sad [sæd] *traurig*
shock [ʃɒk] *Schock*
smile [smaɪl] *lächeln*

2 Gebäude

2.1 Art, Eigenschaften und Bestandteile eines Gebäudes, einer Wohnung
apartment [əˈpɑːtmənt] *Wohnung*
basement [ˈbeɪsmənt] *Kellergeschoß*
building [ˈbɪldɪŋ] *Gebäude*
castle [ˈkɑːsl] *Burg, Schloß*
entrance [ˈentrəns] *Eingang*
exit [ˈeksɪt] *Ausgang*
ground floor [graʊnd ˈflɔː] *BE Erdgeschoß*
rent [rent] *Miete, mieten*
roof [ruːf] *Dach*
stairs [steəz] *Treppe*
upstairs [ʌpˈsteəz] *(nach) oben*

2.2 Räume
balcony [ˈbælkənɪ] *Balkon*
bedroom [ˈbedrʊm] *Schlafzimmer*
cellar [ˈselə] *Keller*
dining room [ˈdaɪnɪŋ rʊm] *Eßzimmer*
hall [hɔːl] *Saal, Hausflur*
kitchen [ˈkɪtʃən] *Küche*

2.3 Wohnen in Hotel, Pension etc.
camping [ˈkæmpɪŋ] *Camping*
guesthouse [ˈgesthaʊs] *(Fremden-)Pension*
landlady [ˈlændleɪdɪ] *(Zimmer-)Wirtin*

2.4 Einrichtung
bell [bel] *Glocke, Klingel*
chair [tʃeə] *Stuhl*
cupboard [ˈkʌbəd] *Schrank (mit Regalen)*
curtain [ˈkɜːtn] *Vorhang, Gardine*
furnished [ˈfɜːnɪʃt] *möbliert*
furniture [ˈfɜːnɪtʃə] *Möbel, Mobiliar*
heating [ˈhiːtɪŋ] *Heizung*
lift [lɪft] *Aufzug*
shelf [ʃelf] *Regal*
shower [ˈʃaʊə] *Dusche*

3 Orte, Länder

3.1 Art, Lage und Größe eines Ortes, Landes
border [ˈbɔːdə] *Grenze*
continent [ˈkɒntɪnənt] *Kontinent, Festland*

3.2 Allgemeine Orts- und Richtungsangaben
above [əˈbʌv] *oben, über*
anywhere [ˈenɪweə] *irgendwo(hin)*
beyond [bɪˈjɒnd] *jenseits*
bottom [ˈbɒtəm] *Boden, unteres Ende*
eastern [ˈiːstən] *östlich, Ost-*
everywhere [ˈevrɪweə] *überall*
middle [ˈmɪdl] *Mitte*
next to [nekst] *neben*

northern [ˈnɔːðən] *nördlich, Nord-*
nowhere [ˈnəʊweə] *nirgendwo(hin)*
toward(s) [təˈwɔːd(z)] *auf ... zu*

4 Arbeit

4.1 Arbeitsplatz, Arbeitsbedingungen, Arbeitszeit (vgl. 1.3)

application [æplɪˈkaɪʃn] *Bewerbung*
boss [bɒs] *Chef(in)*
colleague [ˈkɒliːg] *Kollege, Kollegin*
department [dɪˈpɑːtmənt] *Abteilung*
employee [ɪmˈplɔɪiː] *Angestellte(r)*
employer [ɪmˈplɔɪə] *Arbeitgeber(in)*
firm [fɜːm] *Firma*
(trade) union [(treɪd) ˈjuːnɪən] *Gewerkschaft*
unemployment [ʌnɪmˈplɔɪmənt] *Arbeitslosigkeit*

4.2 Lohn, Gehalt etc.

account [əˈkaʊnt] *Konto*
earn money [ˈɜːn ˈmʌnɪ] *Geld verdienen*
salary [ˈsælərɪ] *Gehalt*

5 Tägliches Leben

5.1 Gewohnheiten, Tagesablauf

wake up [weɪk ˈʌp] *aufwachen/-wecken*

5.2 Einkauf, Geschäfte, Dienstleistungen

afford [əˈfɔːd] *sich leisten*
chemist('s) [ˈkemɪst(s)] *Apotheke, Drogerie*
department store [dɪˈpɑːtmənt stɔː] *Kaufhaus*
go shopping [gəʊ ˈʃɒpɪŋ] *einkaufen gehen*
hairdresser('s) [ˈheədresə(z)] *Friseur*
quality [ˈkwɒlətɪ] *Qualität*
queue [kjuː] *Schlange (stehen)*
sale [seɪl] *Verkauf*
salesman [ˈseɪlzmən] *Verkäufer*
secondhand [sekəndˈhænd] *gebraucht, Gebraucht-*
serve [sɜːv] *bedienen*

5.3 Gebrauchsgegenstände, Kleidung und deren Beschreibung

blanket [ˈblæŋkɪt] *Decke*
blouse [blaʊz] *Bluse*
button [ˈbʌtn] *Knopf*
calculator [ˈkælkjʊleɪtə] *Rechner*
cassette [kəˈset] *(Ton-, Video-)Cassette*
clock [klɒk] *(nicht Armband-/Taschen-)Uhr*
coat [kəʊt] *Mantel, Kittel, Jackett*
comb [kəʊm] *Kamm, kämmen*
dish [dɪʃ] *Schüssel*
dress [dres] *Kleid*
glass [glɑːs] *Glas*
glasses [ˈglɑːsɪz] *Brille*
handkerchief [ˈhæŋkətʃɪf] *Taschentuch*
hat [hæt] *Hut*
instrument [ˈɪnstrʊmənt] *Instrument*
jacket [ˈdʒækɪt] *Jacke*
key [kiː] *Schlüssel*
lamp [læmp] *Lampe*
leather [ˈleðə] *Leder(-)*
mirror [ˈmɪrə] *Spiegel*
needle [ˈniːdl] *Nadel*
plastic [ˈplæstɪk] *Kunststoff(-)*
pocket [ˈpɒkɪt] *Tasche (in Kleidungsstück)*
pullover [ˈpʊləʊvə] *Pullover*
purse [pɜːs] *Geldbörse*
record player [ˈrekɔːd pleɪə] *Plattenspieler*
recorder [rɪˈkɔːdə] *Recorder*
screw [skruː] *Schraube*
sharp [ʃɑːp] *scharf*
sheet [ʃiːt] *Laken*
shirt [ʃɜːt] *(Ober-)Hemd*
shorts [ʃɔːts] *(kurze) Hose*
silver [ˈsɪlvə] *Silber(-), silbern*
socks [sɒks] *Socken*
stockings [ˈstɒkɪŋz] *Strümpfe*
string [strɪŋ] *Schnur, Bindfaden*
suit [suːt] *Anzug, Kostüm*
tape [teɪp] *(z. B. Ton-)Band*
tie [taɪ] *Krawatte*
tin [tɪn] *Büchse, Dose*
tool [tuːl] *Werkzeug*
trousers [ˈtraʊzəz] *Hose(n)*
wallet [ˈwɒlɪt] *Brieftasche*
wooden [ˈwʊdn] *Holz-*
wool [wʊl] *Wolle*

5.4 Zahlen, Nummern, Maße, Mengen, Geld

account [əˈkaʊnt] *Konto*
amount [əˈmaʊnt] *Betrag*
(bank)note [(ˈbæŋk)nəʊt] *Banknote*
centimetre [ˈsentɪmiːtə] *Zentimeter*
cheque [tʃek] *Scheck*
coin [kɔɪn] *Münze*
dollar [ˈdɒlə] *Dollar*

equals [ˈi:kwəlz] *gleich*
figure [ˈfɪgə] *Zahl*
gallon [ˈgælən] *Gallone (BE = 4,55 / AE = 3,78 Liter)*
gram [græm] *Gramm*
increase [ɪnˈkri:s] *vermehren, (sich) erhöhen*
kilo(gram) [ˈki:ləʊ/ˈkɪləgræm] *Kilo(-gramm)*
kilometre [ˈkɪləmi:tə] *Kilometer*
little [ˈlɪtl] *wenig*
metre [ˈmi:tə] *Meter*
nearly [ˈnɪəlɪ] *fast, beinahe*
nought [nɔ:t] *null, Null*
ounce [aʊns] *Unze (= 28,35 Gramm)*
packet [ˈpækɪt] *Packung*
pint [paɪnt] *Pint (= BE 0,57 / AE 0,47 Liter)*
price [praɪs] *Preis*
quarter [ˈkwɔ:tə] *Viertel*
rise [raɪz] *Erhöhung, steigen*
share [ʃeə] *Anteil*
small change [smɔ:l ˈtʃeɪndʒ] *Kleingeld*
ton [tʌn] *Tonne*
total [ˈtəʊtl] *Gesamtbetrag*
traveller's cheque [trævləz ˈtʃek] *Travellerscheck*
weigh [weɪ] *wiegen*
weight [weɪt] *Gewicht*
yard [jɑ:d] *Yard (= 0,914 Meter)*
zero [ˈzɪərəʊ] *Null(punkt)*

5.5 Reisen, Verkehr, Verkehrsmittel und -verbindungen

bicycle [ˈbaɪsɪkl] *Fahrrad*
car park [ˈkɑ: pɑ:k] *Parkplatz*
driving licence [ˈdraɪvɪŋ laɪsəns] *BE Führerschein*
go sightseeing [ˈsaɪtsi:ɪŋ] *Sehenswürdigkeiten besichtigen*
guide [gaɪd] *(Fremden-)Führer(in)*
hire a car [ˈhaɪər ə ˈkɑ:] *ein Auto mieten*
map [mæp] *Landkarte, Stadtplan*
motor [ˈməʊtə] *Motor-, Auto-*
motorway [ˈməʊtəweɪ] *BE Autobahn*
petrol [ˈpetrəl] *BE Benzin*
plane [pleɪn] *Flugzeug*
port [pɔ:t] *Hafen(stadt)*
porter [ˈpɔ:tə] *Portier, Gepäckträger*
railway [ˈreɪlweɪ] *BE Eisenbahn*
reception [rɪˈsepʃn] *(Hotel:) Empfang*
reserve [rɪˈzɜ:v] *reservieren*
rush hour [ˈrʌʃ aʊə] *Hauptverkehrszeit*
sail [seɪl] *(mit dem Schiff) fahren*
steward(ess) [ˈstjʊəd(ɪs)] *Steward(eß)*
suitcase [ˈsu:tkeɪs] *Koffer*
tent [tent] *Zelt*
traffic [ˈtræfɪk] *Verkehr*
traffic lights [ˈtræfɪk laɪts] *(Verkehrs-) Ampel*
tram [træm] *BE Straßenbahn*

5.6 Post, Telefon

airmail [ˈeəmeɪl] *Luftpost*
express [ɪkˈspres] *Expreß-, Eil-*
parcel [ˈpɑ:sl] *Paket, Päckchen*
postage [ˈpəʊstɪdʒ] *Porto*
postcard [ˈpəʊstkɑ:d] *Postkarte*
postman [ˈpəʊstmən] *Briefträger*
receive [rɪˈsi:v] *erhalten*
ring [rɪŋ] *anrufen, Anruf*
stamp [stæmp] *Briefmarke*
telegram [ˈtelɪgræm] *Telegramm*

5.7 Kommunikation, Sprache, Lesen, Schreiben

article [ˈɑ:tɪkl] *Artikel*
comma [ˈkɒmə] *Komma*
envelope [ˈenvələʊp] *(Brief-)Umschlag*
explain [ɪkˈspleɪn] *erklären*
explanation [ekspləˈneɪʃn] *Erklärung*
express [ɪkˈspres] *ausdrücken*
expression [ɪkˈspreʃn] *Ausdruck*
interrupt [ɪntəˈrʌpt] *unterbrechen*
interview [ˈɪntəvju:] *Interview*
library [ˈlaɪbrərɪ] *Bibliothek*
magazine [mægəˈzi:n] *Zeitschrift, Magazin*
mark [mɑ:k] *kennzeichnen*
mention [ˈmenʃn] *erwähnen*
message [ˈmesɪdʒ] *Mitteilung*
newspaper [ˈnju:speɪpə] *Zeitung*
note [nəʊt] *Notiz*
note something down [nəʊt ... ˈdaʊn] *sich etwas notieren*
notebook [ˈnəʊtbʊk] *Notizbuch*
page [peɪdʒ] *(z. B. Buch-)Seite*
pencil [ˈpensl] *Bleistift*
poem [ˈpəʊɪm] *Gedicht*
print [prɪnt] *Druck, Abzug*
read [ri:d] *lesen*

reply [rɪˈplaɪ] *antworten, Antwort*
sentence [ˈsentəns] *Satz*
sheet [ʃiːt] *Blatt/Bogen (Papier)*
signature [ˈsɪgnətʃə] *Unterschrift*
silent [ˈsaɪlənt] *still*
text [tekst] *Text*
translate [trænzˈleɪt] *übersetzen*
translation [trænzˈleɪʃn] *Übersetzung*
type [taɪp] *tippen*
typewriter [ˈtaɪpraɪtə] *Schreibmaschine*
yours sincerely [ˈjɔːz sɪnˈsɪəlɪ] *(Briefschluß:) mit freundlichen Grüßen*
yours truly [ˈjɔːz ˈtruːlɪ] *(Briefschluß:) mit freundlichen Grüßen*

5.8 Zeit- und Häufigkeitsangaben
afterwards [ˈɑːftəwədz] *danach*
at once [ət ˈwʌns] *sofort*
autumn [ˈɔːtəm] *Herbst*
century [ˈsentʃərɪ] *Jahrhundert*
Christmas [ˈkrɪsməs] *Weihnachten, Weihnachts-*
daily [ˈdeɪlɪ] *täglich*
date [deɪt] *Datum*
Easter [ˈiːstə] *Ostern, Oster-*
finally [ˈfaɪnəlɪ] *schließlich*
future [ˈfjuːtʃə] *Zukunft, (zu)künftig*
quarter of an hour [ˈkwɔːtər əv ən ˈaʊə] *Viertelstunde*
recently [ˈriːsntlɪ] *vor kurzem*
seldom [ˈseldəm] *selten*
soon [suːn] *bald*
spring [sprɪŋ] *Frühling*
summer [ˈsʌmə] *Sommer*
weekly [ˈwiːklɪ] *wöchentlich*

6 Essen, Trinken, Genußmittel

6.1 Lokale
bar [bɑː] *Bar, Buffet*
café [ˈkæfeɪ] *Café*
snack bar [ˈsnæk bɑː] *Imbißstube*

6.2 Lebensmittel, Mahlzeiten, Speisen und deren Zubereitung
apple [ˈæpl] *Apfel*
beef [biːf] *Rindfleisch*
biscuit [ˈbɪskɪt] *BE Keks*
boil [bɔɪl] *kochen, sieden*
bread [bred] *Brot*
butter [ˈbʌtə] *Butter*
cheese [tʃiːz] *Käse*
chocolate [ˈtʃɒklət] *Schokolade*
cook [kʊk] *kochen (= zubereiten)*
egg [eg] *Ei*
fork [fɔːk] *Gabel*
frozen [ˈfrəʊzn] *Gefrier-, Tiefkühl-*
hungry [ˈhʌŋgrɪ] *hungrig*
jam [dʒæm] *Marmelade*
knife [naɪf] *Messer*
meat [miːt] *Fleisch*
nut [nʌt] *Nuß*
pear [peə] *Birne*
plate [pleɪt] *Teller*
pork [pɔːk] *Schweinefleisch*
potato [pəˈteɪtəʊ] *Kartoffel*
roll [rəʊl] *Brötchen*
salad [ˈsæləd] *Salat*
salt [sɔːlt] *Salz*
sausage [ˈsɒsɪdʒ] *Wurst*
soup [suːp] *Suppe*
spoon [spuːn] *Löffel*
sugar [ˈʃʊgə] *Zucker*
supper [ˈsʌpə] *Abendessen*
taste [teɪst] *schmecken*
tomato [təˈmɑːtəʊ] *Tomate*

6.3 Getränke
alcohol [ˈælkəhɒl] *Alkohol*
bottle [ˈbɒtl] *Flasche*
drunk [drʌŋk] *betrunken*
wine [waɪn] *Wein*

6.4 Rauchen
pipe [paɪp] *Pfeife*
tobacco [təˈbækəʊ] *Tabak*

7 Der körperliche Mensch

7.1 Körper und Körperpflege
body [ˈbɒdɪ] *Körper, Leiche*
finger [ˈfɪŋgə] *Finger*
hair [heə] *Haar(e)*
leg [leg] *Bein*
mouth [maʊθ] *Mund*
neck [nek] *Hals*
nose [nəʊz] *Nase*
shave [ʃeɪv] *(sich) rasieren*
shaver [ˈʃeɪvə] *Rasierer*
shoulder [ˈʃəʊldə] *Schulter*
skin [skɪn] *Haut*
stomach [ˈstʌmək] *Magen*
tooth [tuːθ] *Zahn*

toothbrush ['tu:θbrʌʃ] *Zahnbürste*
voice [vɔɪs] *Stimme*
wash [wɒʃ] *(sich) waschen*

7.2 Gesundheit, Krankheit, Tod
blind [blaɪnd] *blind*
blood [blʌd] *Blut*
cough [kɒf] *husten, Husten*
dead [ded] *tot*
death [deθ] *Tod*
dentist ['dentɪst] *Zahnarzt, Zahnärztin*
doctor ['dɒktə] *Arzt, Ärztin*
drug [drʌg] *Droge, Medikament, Arznei*
flu [flu:] *Grippe*
a headache ['hedeɪk] *Kopfschmerzen*
health [helθ] *Gesundheit*
hurt [hɜ:t] *verletzen*
illness ['ɪlnɪs] *Krankheit*
medical ['medɪkl] *medizinisch, ärztlich*
medicine ['medsən] *Medizin, Arznei*
nurse [nɜ:s] *Krankenschwester/-pfleger(in)*
pain [peɪn] *Schmerz(en)*
pill [pɪl] *Pille, Tablette*
sick [sɪk] *unwohl, krank*
a sore throat ['sɔ: 'θrəʊt] *Halsschmerzen*
sweat [swet] *schwitzen*
(a) toothache ['tu:θeɪk] *Zahnschmerzen*
treat [tri:t] *behandeln*

8 Natürliche Umgebung

8.1 Tiere
bird [bɜ:d] *Vogel*
chicken ['tʃɪkən] *Huhn*
cow [kaʊ] *Kuh*
horse [hɔ:s] *Pferd*
lamb [læm] *Lamm*
wild [waɪld] *wild*

8.2 Landschaft, Pflanzen
at the seaside ['si:saɪd] *an der See*
beach [bi:tʃ] *Strand*
earth [ɜ:θ] *Erde*
environment [ɪn'vaɪrənmənt] *Umgebung, Umwelt*
farm [fɑ:m] *Bauernhof*
flood [flʌd] *Flut, Überschwemmung*
grass [grɑ:s] *Gras*
ground [graʊnd] *Boden*
hole [həʊl] *Loch*
moon [mu:n] *Mond*
river ['rɪvə] *Fluß*
rose [rəʊz] *Rose*
sky [skaɪ] *Himmel*
star [stɑ:] *Stern*
stream [stri:m] *Bach*
tree [tri:] *Baum*
valley ['vælɪ] *Tal*
wood(s) [wʊd(z)] *Wald*

8.3 Wetter, Klima
cloud [klaʊd] *Wolke*
cloudy ['klaʊdɪ] *bewölkt*
fog [fɒg] *Nebel*
freezing ['fri:zɪŋ] *eiskalt*
heat [hi:t] *Hitze*
snow [snəʊ] *Schnee, schneien*
sunny ['sʌnɪ] *sonnig*
sunshine ['sʌnʃaɪn] *Sonne(nschein)*
thunderstorm ['θʌndəstɔ:m] *Gewitter*

9 Themen von allgemeinem und aktuellem Interesse

9.1 Gesellschaft, Wirtschaft, Staat
advertisement [əd'vɜ:tɪsmənt] *Anzeige, Inserat*
branch [brɑ:ntʃ] *Filiale*
democratic [demə'krætɪk] *demokratisch*
economic [ekə'nɒmɪk] *wirtschaftlich*
elect [ɪ'lekt] *(in ein Amt) wählen*
election [ɪ'lekʃn] *Wahl*
freedom ['fri:dəm] *Freiheit*
industrial [ɪn'dʌstrɪəl] *industriell, Industrie-*
industry ['ɪndəstrɪ] *Industrie*
insurance [ɪn'ʃʊərəns] *Versicherung*
national ['næʃnəl] *national, Volks-, Staats-*
organization [ɔ:gənaɪ'zeɪʃn] *Organisation*
politician [pɒlɪ'tɪʃn] *Politiker(in)*
politics ['pɒlɪtɪks] *Politik*
power ['paʊə] *Macht, Kraft*
product ['prɒdʌkt] *Produkt, Erzeugnis*
progress ['prəʊgres] *Fortschritt(e)*
protest [prə'test] *protestieren*
social ['səʊʃl] *sozial*
society [sə'saɪətɪ] *Gesellschaft*
vote (for) [vəʊt] *stimmen (für), wählen*

9.2 Technik, Energie
coal [kəʊl] *Kohle*
electricity [ɪlek'trɪsɪtɪ] *Elektrizität, (elektr.) Strom*

energy ['enədʒɪ] *Energie*
engineer [endʒɪ'nɪə] *Ingenieur(in)*
factory ['fæktərɪ] *Fabrik*
gas [gæs] *Gas, AE Benzin*
iron ['aɪən] *Eisen*
nuclear (energy) [nju:klɪər 'enədʒɪ] *Kern-(-energie)*
steam [sti:m] *Dampf*
steel [sti:l] *Stahl*

9.3 Kultur, Religion, Medien
art [ɑ:t] *Kunst*
band [bænd] *(Musik-)Kapelle*
church [tʃɜ:tʃ] *Kirche*
custom ['kʌstəm] *Sitte, Brauch*
museum [mju:'zɪəm] *Museum*
performance [pə'fɔ:məns] *Vorstellung, Aufführung*
press [pres] *Presse*
radio ['reɪdɪəʊ] *Rundfunk*
scene [si:n] *Szene*
stage [steɪdʒ] *Bühne*

9.4 Unruhe, Konflikt, Krieg
army ['ɑ:mɪ] *Armee, Heer*
atomic [ə'tɒmɪk] *Atom-*
attack [ə'tæk] *angreifen*
bomb [bɒm] *Bombe, bombardieren*
enemy ['enəmɪ] *Feind(in)*
peace [pi:s] *Frieden*
struggle ['strʌgl] *Kampf*
(nuclear) weapons [nju:klɪə 'wepənz] *(Kern-)Waffen*

9.5 Straftaten, Rechtswesen
cheat [tʃi:t] *betrügen, mogeln*
court [kɔ:t] *Gericht*
crime [kraɪm] *Verbrechen*
guilty ['gɪltɪ] *schuldig*
judge [dʒʌdʒ] *Richter(in)*
law [lɔ:] *Gesetz, Recht*
lawyer ['lɔ:jə] *Rechtsanwalt, Rechtsanwältin*
murder ['mɜ:də] *Mord*
poison ['pɔɪzn] *Gift*
policeman/-woman [pə'li:smən/-wʊmən] *Polizist(in)*
prison ['prɪzn] *Gefängnis*
prisoner ['prɪznə] *Gefangene(r)*
punish ['pʌnɪʃ] *bestrafen*

10 Allgemeiner Wortschatz

10.1 Allgemeine Inhaltswörter (Substantive)
advantage [əd'vɑ:ntɪdʒ] *Vorteil*
adventure [əd'ventʃə] *Abenteuer*
advice [əd'vaɪs] *Rat(schläge)*
agreement [ə'gri:mənt] *Vereinbarung*
aim [eɪm] *Ziel*
argument ['ɑ:gjʊmənt] *Auseinandersetzung, Streit*
arrangement [ə'reɪndʒmənt] *Vereinbarung, Regelung*
average ['ævrɪdʒ] *durchschnittlich, Durchschnitts-*
birth [bɜ:θ] *Geburt*
certificate [sə'tɪfɪkət] *Zeugnis, Bescheinigung*
chance [tʃɑ:ns] *Chance, Gelegenheit*
connection [kə'nekʃn] *Verbindung*
copy ['kɒpɪ] *Kopie, Exemplar*
danger ['deɪndʒə] *Gefahr*
depth [depθ] *Tiefe*
development [dɪ'veləpmənt] *Entwicklung*
discussion [dɪ'skʌʃn] *Diskussion*
doubt [daʊt] *Zweifel*
dust [dʌst] *Staub*
effect [ɪ'fekt] *Wirkung*
effort ['efət] *Anstrengung*
event [ɪ'vent] *Ereignis*
exception [ɪk'sepʃn] *Ausnahme*
exchange [ɪks'tʃeɪndʒ] *Austausch*
fault [fɔ:lt] *Schuld*
fun [fʌn] *Spaß, Freude*
gentleman ['dʒentlmən] *Herr*
influence ['ɪnflʊəns] *Einfluß*
lady ['leɪdɪ] *Dame*
good/bad luck [lʌk] *Glück/Pech*
matter ['mætə] *Sache*
nature ['neɪtʃə] *(die) Natur*
nonsense ['nɒnsəns] *Unsinn*
occasion [ə'keɪʒn] *Gelegenheit*
offer ['ɒfə] *Angebot*
opportunity [ɒpə'tju:nɪtɪ] *Gelegenheit*
owner ['əʊnə] *Eigentümer(in), Inhaber(in)*
point [pɔɪnt] *Punkt*
promise ['prɒmɪs] *Versprechen*
purpose ['pɜ:pəs] *Zweck*
row [rəʊ] *Reihe*

rule [ru:l] *Regel*
sight [saɪt] *Anblick, Sicht*
smell [smel] *Geruch*
spot [spɒt] *Fleck*
step [step] *Schritt, Stufe*
stuff [stʌf] *Zeug*
success [sək'ses] *Erfolg*
suggestion [sə'dʒestʃn] *Vorschlag*
support [sə'pɔ:t] *Unterstützung*
surface ['sɜ:fəs] *Oberfläche*
taste [teɪst] *Geschmack*
truth [tru:θ] *Wahrheit*
value ['vælju:] *Wert*
view [vju:] *(Aus-)Blick, Ansicht*
wheel [wi:l] *Rad*

10.2 Allgemeine Inhaltswörter (Verben)

accept [ək'sept] *annehmen*
add [æd] *hinzufügen*
argue ['ɑ:gju:] *sich streiten*
avoid [ə'vɔɪd] *(ver)meiden*
beg [beg] *(dringend) bitten, betteln*
belong [bɪ'lɒŋ] *gehören*
bet [bet] *wetten*
beware of [bɪ'weə] *sich in acht nehmen vor*
borrow ['bɒrəʊ] *(sich) borgen*
bother ['bɒðə] *belästigen*
build [bɪld] *bauen*
carry ['kærɪ] *tragen*
catch [kætʃ] *fangen, kriegen*
choose [tʃu:z] *(aus)wählen*
climb [klaɪm] *klettern*
complete [kəm'pli:t] *vervollständigen*
connect [kə'nekt] *verbinden*
contact someone ['kɒntækt] *sich mit jem. in Verbindung setzen*
continue [kən'tɪnju:] *fortsetzen, weitermachen*
copy ['kɒpɪ] *kopieren*
correct [kə'rekt] *korrigieren*
cry [kraɪ] *schreien, weinen*
cut [kʌt] *schneiden*
decide [dɪ'saɪd] *entscheiden, beschließen*
depend (on) [dɪ'pend] *abhängen (von)*
describe [dɪ'skraɪb] *beschreiben*
deserve something [dɪ'zɜ:v] *etwas verdienen*
develop [dɪ'veləp] *entwickeln*
discuss [dɪ'skʌs] *diskutieren*
disturb [dɪ'stɜ:b] *stören*
doubt [daʊt] *(be)zweifeln*
draw [drɔ:] *zeichnen*
enter ['entə] *betreten*
exchange (for) [iks'tʃeɪndʒ] *umtauschen (gegen)*
finish ['fɪnɪʃ] *beenden*
fix [fɪks] *festlegen, reparieren*
force [fɔ:s] *zwingen*
forgive [fə'gɪv] *verzeihen*
grow [grəʊ] *wachsen*
hang [hæŋ] *hängen*
imagine something [ɪ'mædʒɪn] *sich etwas vorstellen/einbilden*
improve [ɪm'pru:v] *verbessern*
jump [dʒʌmp] *springen*
lead [li:d] *führen*
lend [lend] *(ver-/aus)leihen*
lift [lɪft] *(hoch)heben*
matter ['mætə] *(jem.) etwas ausmachen*
miss [mɪs] *verpassen*
offer ['ɒfə] *anbieten*
organize ['ɔ:gənaɪz] *organisieren*
prevent [prɪ'vent] *verhindern, verhüten*
promise ['prɒmɪs] *versprechen*
protect [prə'tekt] *(be)schützen*
provide [prə'vaɪd] *zur Verfügung stellen*
push [pʊʃ] *schieben, drücken*
recognize ['rekəgnaɪz] *erkennen*
recommend [rekə'mend] *empfehlen*
refuse [rɪ'fju:z] *sich weigern*
remain [rɪ'meɪn] *bleiben*
repair [rɪ'peə] *reparieren*
repeat [rɪ'pi:t] *wiederholen*
satisfy ['sætɪsfaɪ] *befriedigen*
sit [sɪt] *sitzen*
smell [smel] *riechen*
spoil [spɔɪl] *verderben*
support [sə'pɔ:t] *unterstützen*
trust [trʌst] *(ver)trauen*

10.3 Wie? Was für? Auf welche Weise? (Adjektive und Adverbien)

active ['æktɪv] *aktiv*
aloud [ə'laʊd] *laut*
altogether [ɔ:ltə'geðə] *im ganzen (genommen)*
aware (of something) [ə'weə] *(einer Sache) bewußt*
besides [bɪ'saɪdz] *außerdem*
bitter ['bɪtə] *bitter*

bloody ['blʌdɪ] *verdammt*
bright [braɪt] *hell*
broad [brɔːd] *breit*
broken ['brəʊkən] *kaputt*
brown [braʊn] *braun, Braun*
complete [kəm'pliːt] *komplett, vollständig*
correct [kə'rekt] *richtig, korrekt*
crowded ['kraʊdɪd] *überfüllt, voll*
dangerous ['deɪndʒrəs] *gefährlich*
direct [dɪ'rekt] *direkt, Direkt-*
dirty ['dɜːtɪ] *schmutzig*
dull [dʌl] *trübe, langweilig*
empty ['emptɪ] *leer*
exciting [ɪk'saɪtɪŋ] *aufregend, spannend*
fairly ['feəlɪ] *ziemlich*
free [friː] *frei, kostenlos*
funny ['fʌnɪ] *komisch*
general ['dʒenrəl] *allgemein*
grey [greɪ] *grau, Grau*
loose [luːs] *locker*
loud [laʊd] *laut*
missing ['mɪsɪŋ] *fehlend, vermißt*
modern ['mɒdn] *modern*
narrow ['nærəʊ] *eng*
natural ['nætʃrəl] *natürlich*
necessary ['nesəsərɪ] *notwendig*
original [ə'rɪdʒənəl] *ursprünglich, originell*
particular [pə'tɪkjʊlə] *bestimmt, speziell*
pleasant ['pleznt] *angenehm*
practical ['præktɪkl] *praktisch*
reasonable ['riːznəbl] *vernünftig, angemessen*
red [red] *rot, Rot*
rough [rʌf] *rauh*
separate ['seprət] *getrennt*
similar ['sɪmɪlə] *ähnlich*
slow [sləʊ] *langsam*
smooth [smuːð] *glatt*
soft [sɒft] *weich, leise*
somehow ['sʌmhaʊ] *irgendwie*
sour ['saʊə] *sauer*
steep [stiːp] *steil*
stiff [stɪf] *steif*
straight [streɪt] *gerade, direkt*
sudden(ly) ['sʌdn(lɪ)] *plötzlich*
suitable ['suːtəbl] *geeignet*
sweet [swiːt] *süß*
terrible ['terəbl] *schrecklich*
thick [θɪk] *dick*
tidy ['taɪdɪ] *ordentlich*
ugly ['ʌglɪ] *häßlich*
useless ['juːsləs] *nutzlos*
valuable ['væljʊəbl] *wertvoll*
wet [wet] *naß*
whole [həʊl] *ganz*
wrong [rɒŋ] *falsch*
yellow ['jeləʊ] *gelb, Gelb*

10.4 Spezialverben
ought to [ɔːt] *sollte, müßte*

10.5 Funktionswörter
by means of [baɪ 'miːnz əv] *mittels, mit Hilfe von*
concerning [kən'sɜːnɪŋ] *bezüglich, hinsichtlich*
due to [djuː] *zurückzuführen auf, infolge*
even though ['iːvn 'ðəʊ] *obwohl*
however [haʊ'evə] *jedoch*
neither ... nor ['naɪðə ... 'nɔː] *weder ... noch*
otherwise ['ʌðəwaɪz] *sonst*
therefore ['ðeəfɔː] *deshalb*
unless [ʌn'les] *wenn ... nicht*
within [wɪ'ðɪn] *innerhalb*

10.6 Ausrufe, Grußformeln etc. (Interjektionen)
cheerio! [tʃɪərɪ'əʊ] *tschüs!*
cheers! [tʃɪəz] *prost!*
pardon? ['pɑːdn] *wie bitte?*
what a pity! ['pɪtɪ] *wie schade!*

BEST VALUE
AIR FARES
AMSTERDAM £ 69
AUCKLAND £ 783
CALIFORNIA £ 405
HONG KONG £ 618
JOHANNESBURG £ 611
NEW YORK £ 338
PARIS
SYDNEY
TORONTO
ROUND THE WORLD
ASK FOR DETAILS ON OTHER DESTINATIONS WORLDWIDE
PRICES SUBJECT TO AVAILABILITY, SURCHARGES
AND TAXES WHERE APPLICABLE

TEMPERATURES IN
EUROPE AS AT 9 JUNE
MAJORCA PALMA 73°F
GREECE CORFU 77°F
MALTA MALTA 77°F
TENERIFE TENERIFE 73°F
PORTUGAL LISBON 73°F
RHODES RHODES 79°F
GRAN CANARIA L. PALMAS 72°F
TURKEY ISTANBUL 81°F

Die Grundzahlen

1 one	11 eleven	21 twenty-one	100	a/one hundred
2 two	12 twelve	22 twenty-two	200	two hundred
3 three	13 thirteen	30 thirty	310	three hundred and ten
4 four	14 fourteen	35 thirty-five	442	four hundred and forty-two
5 five	15 fifteen	40 forty	1,000	a/one thousand
6 six	16 sixteen	50 fifty	1,692	one thousand six hundred and ninety-two
7 seven	17 seventeen	60 sixty	7,000	seven thousand
8 eight	18 eighteen	70 seventy	100,000	a/one hundred thousand
9 nine	19 nineteen	80 eighty	1,000,000	a/one million
10 ten	20 twenty	90 ninety	9,000,000	nine million

Beachten Sie:

a) Bei den Zahlen *thirteen* bis *nineteen* wird die Silbe *-teen* in der Regel deutlich ausgesprochen.

b) Zehner und Einer werden durch Bindestrich verbunden: *fifty-six*, *sixty-four* etc.

c) Das *and* in Zahlen über hundert kann im AE entfallen: BE *five hundred and twelve* – AE *five hundred (and) twelve*.

d) Bei Zahlen über tausend werden (außer bei Jahreszahlen und Telefonnummern) in der Regel je drei Stellen von rechts durch Komma abgeteilt: *700,000 (seven hundred thousand)*.

e) *Null* hat im Englischen mehrere Entsprechungen:
(Rechnen:) *Five minus five is* BE *nought* / AE *zero. There are three* BE *noughts* / AE *zeros in 1,000.*
(Telefon, Bankkonto etc.:) *My number is 756 2044 (seven five six, two o* [əʊ] *double four).*
(Temperatur:) *It was ten below zero last night.*
(Fußball, Baseball etc.:) *We won* BE *three–nil* / AE *three–zero.*
Beim Tennis wird *null* als *love* gezählt, im Tie-Break allerdings auch (besonders AE) als *zero*.

Zu den Ordnungszahlen vgl. 19B3; zu den Wiederholungszahlen 16C12.
Zur Aussprache von Jahreszahlen vgl. 13C3; zu Telefonnummern 4B5.

Geldbeträge

How much is it/that? / How much does it/that cost? / How much does it/that come to? – It's . . . / It costs . . . / It comes to . . .

Großbritannien

1p	one penny / a penny / one p [pi:]
2p	two pence / two p
99p	ninety-nine p
£1.99	one pound ninety-nine
£4.95	four pounds ninety-five
£8.00	eight pounds
£76.85	seventy-six pounds eighty-five
£2,965.40	two thousand nine hundred and sixty-five pounds forty

USA

1¢	one cent / a penny
5¢	five cents / a nickel
10¢	ten cents / a dime
25¢	twenty-five cents / a quarter
50¢	fifty cents / a half-dollar
$1.49	a dollar forty-nine / one forty-nine
$5.85	five dollars (and) eighty-five cents / five eighty-five
$8.00	eight dollars
$176.80	one hundred (and) seventy-six dollars (and) eighty cents
$2,965.40	two thousand nine hundred (and) sixty-five dollars (and) forty cents

"I just don't think it looks so dignified."

Uhrzeit

What time is it? / What's the time? / Have you got the time?

It's (exactly) ten o'clock.

British Rail Brighton

It's twenty (minutes) past one.

◀ It's (exactly) eight minutes past three.

▼ It's fourteen minutes to eight.

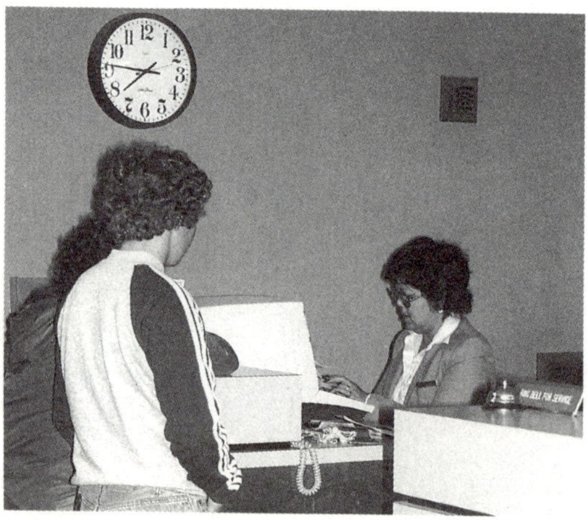

◀ The train for Gravesend leaves from Platform 2 at fifteen fourteen / at fourteen minutes past three.
I've got to catch the fifteen-fourteen to Gravesend.

▼ We are open Monday to Thursday from nine a.m. to five thirty p.m. and Friday from nine a.m. to six p.m.
We close at 6 p.m. on Fridays.

The flight for Stuttgart [ˈstʊtgɑːt] leaves at sixteen o [əʊ] five / at five past four.
The flight for Hanover [ˈhænəvə] leaves at sixteen fifteen / at (a) quarter past four.
The flight for Turin [tjʊˈrɪn] leaves at sixteen thirty / at half past four.
The flight for Paris [ˈpærɪs] leaves at sixteen forty-five / at (a) quarter to five.
The flight for Amsterdam [æmstəˈdæm] leaves at seventeen (hundred) hours / at five o'clock.

Unregelmäßige Verben

(* bedeutet, daß es neben der unregelmäßigen auch die regelmäßige Form gibt.)

awake, awoke, awoken	erwachen, erwachte, erwacht
beat, beat, beaten	schlagen, schlug, geschlagen
become, became, become	werden, wurde, geworden
begin, began, begun	beginnen, begann, begonnen
bend, bent, bent	biegen, bog, gebogen
bind, bound, bound	binden, band, gebunden
bite, bit, bitten	beißen, biß, gebissen
bleed, bled, bled	bluten, blutete, geblutet
blow, blew, blown	blasen, blies, geblasen
break, broke, broken	brechen, brach, gebrochen
bring, brought, brought	bringen, brachte, gebracht
build, built, built	bauen, baute, gebaut
burn, burnt*, burnt*	verbrennen, verbrannte, verbrannt
burst, burst, burst	platzen, platzte, geplatzt
buy, bought, bought	kaufen, kaufte, gekauft
catch, caught, caught	fangen, fing, gefangen
choose, chose, chosen	wählen, wählte, gewählt
come, came, come	kommen, kam, gekommen
cost, cost, cost	kosten, kostete, gekostet
cut, cut, cut	schneiden, schnitt, geschnitten
deal with, dealt [e] with, dealt [e] with	behandeln, behandelte, behandelt
dig, dug, dug	graben, grub, gegraben
do, did, done	tun, tat, getan
draw, drew, drawn	ziehen, zog, gezogen
dream, dreamt* [e], dreamt* [e]	träumen, träumte, geträumt
drink, drank, drunk	trinken, trank, getrunken
drive, drove, driven	fahren, fuhr, gefahren
eat, ate [et], eaten	essen, aß, gegessen
fall, fell, fallen	fallen, fiel, gefallen
feed, fed, fed	füttern, fütterte, gefüttert
feel, felt, felt	fühlen, fühlte, gefühlt
fight, fought, fought	kämpfen, kämpfte, gekämpft
find, found, found	finden, fand, gefunden
fly, flew, flown	fliegen, flog, geflogen
forecast, forecast, forecast	voraussagen, voraussagte, voraus-gesagt
foresee, foresaw, foreseen	vorhersehen, vorhersah, vorher-gesehen
forget, forgot, forgotten	vergessen, vergaß, vergessen
forgive, forgave, forgiven	verzeihen, verzieh, verziehen
freeze, froze, frozen	gefrieren, gefror, gefroren
get, got, got / *AE auch* gotten	bekommen, bekam, bekommen
give, gave, given	geben, gab, gegeben
go, went, gone	gehen, ging, gegangen

grow, grew, grown	wachsen, wuchs, gewachsen
hang, hung*, hung*	hängen, hängte, gehängt
have, had, had	haben, hatte, gehabt
hear, heard [ɜː], heard [ɜː]	hören, hörte, gehört
hide, hid, hidden	verstecken, versteckte, versteckt
hit, hit, hit	schlagen, schlug, geschlagen
hold, held, held	halten, hielt, gehalten
hurt, hurt, hurt	verletzen, verletzte, verletzt
keep, kept, kept	behalten, behielt, behalten
know, knew, known	wissen, wußte, gewußt
lay, laid, laid	legen, legte, gelegt
lead, led, led	führen, führte, geführt
learn, learnt*, learnt*	lernen, lernte, gelernt
leave, left, left	verlassen, verließ, verlassen
lend, lent, lent	leihen, lieh, geliehen
let, let, let	lassen, ließ, gelassen
lie, lay, lain	liegen, lag, gelegen
light, lit*, lit*	anzünden, anzündete, angezündet
lose, lost, lost	verlieren, verlor, verloren
make, made, made	machen, machte, gemacht
mean, meant [e], meant [e]	bedeuten, bedeutete, bedeutet
meet, met, met	treffen, traf, getroffen
mow, mowed, mown*	mähen, mähte, gemäht
pay, paid, paid	zahlen, zahlte, gezahlt
put, put, put	stellen, stellte, gestellt
read, read [e], read [e]	lesen, las, gelesen
ride, rode, ridden	reiten, ritt, geritten
ring, rang, rung	läuten, läutete, geläutet
rise, rose, risen [ɪ]	steigen, stieg, gestiegen
run, ran, run	laufen, lief, gelaufen
say, said [e], said [e]	sagen, sagte, gesagt
see, saw, seen	sehen, sah, gesehen
sell, sold, sold	verkaufen, verkaufte, verkauft
send, sent, sent	schicken, schickte, geschickt
set, set, set	setzen, setzte, gesetzt
sew, sewed, sewn*	nähen, nähte, genäht
shake, shook, shaken	schütteln, schüttelte, geschüttelt
shoot, shot, shot	schießen, schoß, geschossen
show, showed, shown*	zeigen, zeigte, gezeigt
shut, shut, shut	schließen, schloß, geschlossen
sing, sang, sung	singen, sang, gesungen
sink, sank, sunk	sinken, sank, gesunken
sit, sat, sat	sitzen, saß, gesessen
sleep, slept, slept	schlafen, schlief, geschlafen
smell, smelt*, smelt*	riechen, roch, gerochen

speak, spoke, spoken	sprechen, sprach, gesprochen
spell, spelt*, spelt*	buchstabieren, buchstabierte, buchstabiert
spend, spent, spent	ausgeben, ausgab, ausgegeben
spoil, spoilt*, spoilt*	verderben, verdarb, verdorben
spread, spread, spread	verbreiten, verbreitete, verbreitet
stand, stood, stood	stehen, stand, gestanden
steal, stole, stolen	stehlen, stahl, gestohlen
stick, stuck, stuck	kleben, klebte, geklebt
strike, struck, struck	schlagen, schlug, geschlagen
swear, swore, sworn	schwören, schwor, geschworen
swim, swam, swum	schwimmen, schwamm, geschwommen
take, took, taken	nehmen, nahm, genommen
teach, taught, taught	lehren, lehrte, gelehrt
tell, told, told	erzählen, erzählte, erzählt
think, thought, thought	denken, dachte, gedacht
throw, threw, thrown	werfen, warf, geworfen
understand, understood, understood	verstehen, verstand, verstanden
wake, woke, woken	wecken, weckte, geweckt
wear, wore, worn	tragen, trug, getragen
win, won [ʌ], won [ʌ]	gewinnen, gewann, gewonnen
write, wrote, written	schreiben, schrieb, geschrieben

"Somewhere with no irregular verbs."

Adelaide ['ædəleɪd]	Hauptstadt des austral. Bundesstaates South Australia (→ S. 106)
Alan ['ælən]	männlicher Vorname
Alaska [ə'læskə]	nördlichster Bundesstaat der USA
Albiston ['ælbɪstən/'ɔ:lbɪstən]	Familienname
Allan ['ælən]	männlicher Vorname
America [ə'merɪkə]	Amerika
Amtrak ['æmtræk]	staatlich unterstützte Eisenbahngesellschaft der USA (seit 1970)
Annie ['ænɪ]	weiblicher Vorname
Arnold ['ɑ:nəld]	männlicher Vorname
Arsenal ['ɑ:sənl]	Londoner Erstliga-Fußballklub
Arthur ['ɑ:θə]	männlicher Vorname
Atlantic Ocean [ət'læntɪk 'əʊʃn]	Atlantischer Ozean
Australia [ɒ'streɪljə]	Australien
Austria ['ɒstrɪə]	Österreich
Bailey ['beɪlɪ]	Familienname
Baker Street ['beɪkə stri:t]	Straße in London W1
Balcombe ['bɔ:lkəm]	Ort südlich von London (→ 8C1)
Bangkok [bæŋ'kɒk]	Hauptstadt von Thailand
Berlin [bɜ:'lɪn]	Berlin
Bernstein ['bɜ:nstaɪn/'bɜ:nsti:n]	Leonard (1918–), amerik. Komponist u. Dirigent (→ 4C6)
Bill [bɪl]	männlicher Vorname
Blackheath [blæk'hi:θ]	Londoner Stadtteil (→ 8C12)
Bogart ['bəʊgɑ:t]	Humphrey (1899–1957), amerik. Filmschauspieler (→ 13C15)
Brenda ['brendə]	weiblicher Vorname
Brian ['braɪən]	männlicher Vorname
Brighton ['braɪtn]	Seebad an der engl. Südküste
Britain ['brɪtn]	Großbritannien
British Airways ['brɪtɪʃ 'eəweɪz]	brit. Luftverkehrsgesellschaft
British Rail ['brɪtɪʃ 'reɪl]	staatl. brit. Eisenbahngesellschaft (→ 8C8)
Broadway ['brɔ:dweɪ]	Straße in London SW1 (→ 2C7)
(the) **Bronx** [brɒŋks]	New Yorker Stadtbezirk (→ 6C7)
Buckingham Palace ['bʌkɪŋəm 'pæləs]	königl. Residenz in London (→ 20C6)
Caine [keɪn]	Familienname
California [kælɪ'fɔ:njə]	Kalifornien
Californian [kælɪ'fɔ:njən]	kleiner brit. Liniendampfer der Leyland Steamship ['sti:mʃɪp] Line
(the) **Canaries** [kə'neərɪz]	die Kanaren (= Kanarischen Inseln)
(the) **Canary Islands** [kə'neərɪ 'aɪləndz]	die Kanarischen Inseln
Cannon Street ['kænən stri:t]	Straße und Fernbahnhof in London EC4 (→ 8C11)

Carpathia [kɑːˈpeɪθjə]	brit. Liniendampfer der Cunard Steamship [ˈstiːmʃɪp] Line
Cartwright [ˈkɑːtraɪt]	Familienname
Casablanca [kæsəˈblæŋkə]	größte Stadt Marokkos, am Atlantik
Cathy [ˈkæθɪ]	weiblicher Vorname
Celsius [ˈselsjəs]	Celsius (→ 20C5)
Central Park [ˈsentrəl ˈpɑːk]	riesiger Park in Manhattan (→ S. 213)
Chandler [ˈtʃɑːndlə]	Raymond (1888–1959), amerik. Kriminalschriftsteller (→ 13A)
Chicago [ʃɪˈkɑːgəʊ]	Stadt in Illinois, USA
Claire [kleə]	weiblicher Vorname
Clinton Hotel [ˈklɪntən həʊˈtel]	Hotel in New York City (→ 4C6)
Coca-Cola [ˈkəʊkə-ˈkəʊlə]	amerik. Erfrischungsgetränk
Cornwell [ˈkɔːnwəl]	Familienname
Cunard [kjuːˈnɑːd]	Familienname
Dave [deɪv]	männlicher Vorname
David [ˈdeɪvɪd]	männlicher Vorname
Dean [diːn]	James (1931–55), amerik. Filmschauspieler
Debbie [ˈdebɪ]	weiblicher Vorname
Doyle [dɔɪl]	Sir Arthur Conan [ˈkɒnən] (1859–1930), engl. Schriftsteller
Edgar [ˈedgə]	männlicher Vorname
England [ˈɪŋglənd]	größter Teil von Großbritannien
Eric [ˈerɪk]	männlicher Vorname
Everton [ˈevətn]	Stadtteil von Liverpool (→ 19C2)
Fahrenheit [ˈfærənhaɪt]	Fahrenheit (→ 20C5)
Farrell [ˈfærəl]	James T. (1904–79), amerik. Schriftsteller
Florida [ˈflɒrɪdə]	südöstlichster Staat der USA
Ford [fɔːd]	Henry (1863–1947), am. Industrieller
France [frɑːns]	Frankreich
Frank [fræŋk]	männlicher Vorname
Germany [ˈdʒɜːmənɪ]	Deutschland
Gidman [ˈgɪdmən]	Familienname
Great Scotland Yard [skɒtlənd ˈjɑːd]	Straße in London SW1 (→ 2C7)
Greece [griːs]	Griechenland
(The) **Green Gate** [ˈgriːn ˈgeɪt]	(„Das Grüne Tor“) Pub in London E2
Grosvenor Gardens [ˈgrəʊvnə ˈgɑːdnz]	Straße in London SW1 (→ 3C4)
Hampton Court [ˈhæmptən ˈkɔːt]	königl. Palast in SW-London
Hawks [hɔːks]	Howard (1896–1977), amerik. Filmregisseur (→ 13C13)
Hayworth [ˈheɪwɜːθ]	Rita (1918–1987), amerik. Filmschauspielerin (→ 11C8)
Heathrow (Airport) [ˈhiːθrəʊ ˈeəpɔːt]	Londoner Hauptflughafen (→ 21C16)

Helen [ˈhelən]	weiblicher Vorname
Henry [ˈhenrɪ]	männlicher Vorname
Hollywood [ˈhɒlɪwʊd]	Stadtteil von Los Angeles
Holmes [həʊmz]	Familienname
Howard [ˈhaʊəd]	männlicher Vorname
Hughes [hju:z]	Familienname
Humphrey [ˈhʌmfrɪ]	männlicher Vorname
Illinois [ɪlɪˈnɔɪ]	Staat im „mittleren Westen" der USA
James [dʒeɪmz]	männlicher Vorname
Jane [dʒeɪn]	weiblicher Vorname
Joan [dʒəʊn]	weiblicher Vorname
John [dʒɒn]	männlicher Vorname
Joyce [dʒɔɪs]	weiblicher Vorname
Judy [ˈdʒu:dɪ]	weiblicher Vorname
Julie [ˈdʒu:lɪ]	weiblicher Vorname
Kane [keɪn]	Familienname
Karen [ˈkærən]	weiblicher Vorname
Kay [keɪ]	weiblicher Vorname
Kent [kent]	Grafschaft in Südostengland
Kevin [ˈkevɪn]	männlicher Vorname
Le Carré [lə ˈkæreɪ]	John, Pseudonym für: David John Moore Cornwell (1931–), engl. Schriftsteller (→ 8C6)
Lee Chang-Soon [ˈli: tʃæŋ ˈsu:n]	koreanischer Name (→ 6C5)
Leicester Square [ˈlestə ˈskweə]	Platz in London WC2
Leonard [ˈlenəd]	männlicher Vorname
Letchworth [ˈletʃwəθ]	Kleinstadt nördl. v. London (→ 8C7)
Leyland [ˈleɪlənd]	Familienname
Lisson Grove [ˈlɪsn ˈgrəʊv]	Straße in London NW1
Live and Let Live [ˈlɪv n ˈlet lɪv]	Pub in London W14
London [ˈlʌndən]	Hauptstadt des Vereinigten Königreichs von Großbritannien und Nordirland (→ S. 214–215)
London Bridge [ˈlʌndən ˈbrɪdʒ]	älteste der 27 Londoner Thames-Brücken (→ 8C10)
London Tourist Board [ˈtʊərɪst bɔ:d]	(→ 3C4)
Los Angeles [lɒˈsændʒələs]	Hafenstadt in Kalifornien, USA
Majorca [məˈjɔ:kə/məˈdʒɔ:kə]	Mallorca
Manchester United [ˈmæntʃɪstə jʊˈnaɪtɪd]	Erstliga-Fußballklub von Manchester
Manhattan [mænˈhætn]	zentraler Stadtteil von New York
Mark [mɑ:k]	männlicher Vorname
Marlowe [ˈmɑ:ləʊ]	Familienname
(the) **Mediterranean (Sea)** [medɪtəˈreɪnjən (ˈsi:)]	(das) Mittelmeer

Melbourne [ˈmelbən]	Hauptstadt des austral. Bundesstaates Victoria (→ S. 106)
(the) **Met** [met]	(the) Metropolitan Police (→ 2C7)
(the) **Metropolitan Police** [metrəˈpɒlɪtn pəˈliːs]	die Polizei von Greater London mit Ausnahme der City (→ 2C7, 8C2)
Miami [maɪˈæmɪ]	Stadt in Florida, USA (→ 17C13)
Mike [maɪk]	männlicher Vorname
Mississippi [mɪsɪˈsɪpɪ]	Staat im Süden der USA
Moore [mʊə/mɔː]	Familienname
Moran [ˈmɔːrən]	Familienname
Morna [ˈmɔːnə]	weiblicher Vorname
Newfoundland [ˈnjuːfəndlənd]	Neufundland
New Scotland Yard [ˈnjuː skɒtlənd ˈjɑːd]	Hauptquartier der Metropolitan Police (→ 2C7)
New York (City) [njuː ˈjɔːk / ˈnjuː jɔːk ˈsɪtɪ]	größte Stadt der USA, im Bundesstaat New York, an der Ostküste
Nottingham [ˈnɒtɪŋəm]	mittelengl. Industriestadt
Orson [ˈɔːsn]	männlicher Vorname
Park Lane [ˈpɑːk ˈleɪn]	Straße in London W1 (→ S. 205)
Peter [ˈpiːtə]	männlicher Vorname
Philip [ˈfɪlɪp]	männlicher Vorname
Piccadilly Circus [ˈpɪkədɪlɪ ˈsɜːkəs]	Platz in London W1
Poe [pəʊ]	Edgar Allan (1809–49), amerik. Schriftsteller
Raymond [ˈreɪmənd]	männlicher Vorname
Reagan [ˈreɪgən]	Ronald Wilson (1911–), Präsident der USA (1981–89)
Reid [riːd]	Familienname
Richard [ˈrɪtʃəd]	männlicher Vorname
Rio de Janeiro [ˈriːəʊ də dʒəˈnɪərəʊ]	Hafenstadt im Südosten Brasiliens
Rita [ˈriːtə]	weiblicher Vorname
Robson [ˈrɒbsn]	Familienname
Ronald [ˈrɒnld]	männlicher Vorname
Roy [rɔɪ]	männlicher Vorname
Royal Hotel [ˈrɔɪəl həʊˈtel]	häufiger Name von Hotels
Sally [ˈsælɪ]	weiblicher Vorname
Santa Rosa [ˈsæntə ˈrəʊzə]	Stadt nördlich von San Francisco im US-Staat Kalifornien
Scotland Yard [ˈskɒtlənd ˈjɑːd]	Hauptquartier der Metropolitan Police (→ 2C7)
Sea Shell [ˈsiː ʃel]	Fischrestaurant in London NW1 (→ 3A)
Sherlock Holmes Hotel [ˈʃɜːlɒk ˈhəʊmz həʊˈtel]	Hotel an der Baker Street, London W1
Smith [smɪθ]	Familienname

South Australia [ˈsaʊθ ɒˈstreɪljə]	Südaustralien (austral. Bundesstaat) (→ S. 106)
Southall [ˈsaʊθɔːl]	Familienname
Southampton [saʊˈθæmtən]	südengl. Hafenstadt
Spain [speɪn]	Spanien
Stapleton [ˈsteɪpltən]	Familienname
Stevens [ˈstiːvnz]	Familienname
Stokes [stəʊks]	Familienname
Sue [suː]	weiblicher Vorname
Susan [ˈsuːzn]	weiblicher Vorname
Swissair [swɪˈseə]	schweizerische Luftverkehrsges.
Switzerland [ˈswɪtsələnd]	die Schweiz
Texas [ˈteksəs]	Staat im Süden der USA (→ S. 210–211)
(the) **Thames** [temz]	(die) Themse (Fluß in Südengland)
Titanic [taɪˈtænɪk]	brit. Luxusdampfer der White Star Line [ˈwaɪt ˈstɑː laɪn] (→ 22A)
Tony [ˈtəʊnɪ]	männlicher Vorname
Tottenham Hotspur [ˈtɒtnəm ˈhɒtspɜː]	Londoner Erstliga-Fußballklub
Tower Bridge [ˈtaʊə ˈbrɪdʒ]	Londoner Thames-Brücke (→ 8C10)
Toynbee [ˈtɔɪnbɪ]	Arnold (1889–1975), brit. Historiker
Tracey [ˈtreɪsɪ]	weiblicher Vorname
Turner [ˈtɜːnə]	Familienname
(the) **United States (of America)** [jʊˈnaɪtɪd ˈsteɪts əv əˈmerɪkə]	die Vereinigten Staaten von Amerika
Upper East Side [ˈʌpər ˈiːst saɪd]	„Obere Ostseite" (→ 6C6)
Vicky [ˈvɪkɪ]	weiblicher Vorname
Victoria Station [vɪkˈtɔːrɪə ˈsteɪʃn]	Fernbahnhof in London SW1 (→ 3C5)
Victoria Street [vɪkˈtɔːrɪə striːt]	Straße in London SW1
Viv(ien) [vɪv/ˈvɪvɪən]	weiblicher Vorname
Washington D.C. [ˈwɒʃɪŋtən diːˈsiː]	Hauptstadt der USA (→ 17C3)
Welles [welz]	Orson (1915–85) (→ 11C8)
Wembley [ˈwemblɪ]	(→ 19C5)
West Germany [ˈwest ˈdʒɜːmənɪ]	(inoffizielle Bezeichnung für:) (die) Bundesrepublik Deutschland
West Ham United [ˈwest hæm jʊˈnaɪtɪd]	Londoner Erstliga-Fußballklub
West Side Story [ˈwest saɪd ˈstɔːrɪ]	(→ 4C6)
Whiteside [ˈwaɪtsaɪd]	Familienname
Williams [ˈwɪljəmz]	Familienname
Willis [ˈwɪlɪs]	Familienname
Wilson [ˈwɪlsn]	Familienname
Wollaton Street [ˈwʊlətn striːt]	Straße in Nottingham
Wyoming [waɪˈəʊmɪŋ]	Staat im Westen der USA

Grammatikregister

Grammatikregister mit Begriffserklärungen

Das Grammatikregister berücksichtigt nicht nur die in diesem Buch verwendete lateinische Terminologie (z. B. Infinitiv), sondern auch die englische (z. B. infinitive) und die deutsche (z. B. Grundform/Nennform). Zusätzlich werden für alle in diesem Buch verwendeten Fachausdrücke Begriffserklärungen gegeben (z. B. Infinitiv = Grundform des Verbs).

Grammatikregister

Wortschatzregister

Die Zahlen verweisen auf die Lektionen.
Das Register gibt in jedem Fall an, in welcher Lektion ein Wort zum erstenmal vorkommt. Bei Wörtern, die nicht häufiger als achtmal im Wörterverzeichnis nach Lektionen (S. 168 ff.) auftreten, werden sämtliche Fundstellen angegeben; bei den am häufigsten vorkommenden Wörtern (*the, of, and, to, a, that* etc.) wird in der Regel nur die Lektion der Ersteinführung vermerkt.
Namen von Personen, Ländern etc. werden grundsätzlich im Namenregister (S. 237 ff.) erklärt; die Namen der für deutschsprachige Lernende wichtigsten Länder sind zusätzlich auch in diesem Wortschatzregister erfaßt. Von geographischen Namen abgeleitete Adjektive bzw. Substantive (*Austrian, Swiss, American, British, Irishman* etc.) stehen nur im vorliegenden Wortschatzregister.